U0853377

21世纪高职高专会计类专业课程改革规划教材

出纳实务

第二版

主　编◎许秀萍　郑　维
参　编◎黄倩雪　干晓露

中国人民大学出版社
· 北京 ·

前 言

自2014年《出纳实务》发行迄今已历时五年。其间，国家在“保经济、促发展”的进程中，适时有序地制定、出台了一系列经济改革的措施及规章制度，编者根据出纳工作内容和要求，在原教材内容的基础上进行了修改和补充。

1. 补充2015版第五套人民币的防伪知识内容。

1999年10月，根据国务院令第268号，中国人民银行发行了第五套人民币。2005年8月，为提升防伪技术和印制质量，中国人民银行发行了2005版第五套人民币。十多年以来，由于现金流通及银行金融机构对钞票处理的手段发生了巨大变化，自动售货设备和现金自动处理设备蓬勃发展，对人民币的机读性能提出了更高要求；同时，不法分子不断利用新技术来伪造人民币。为不断提高人民币的防伪技术和印制质量，2015年11月，中国人民银行发行了2015版第五套人民币100元纸币，对防伪特征进行了调整，采用了先进的公众防伪技术。因此，编者在第二章第四节“人民币真假鉴别技能”中增加了2015版第五套人民币100元纸币的防伪知识。

2. 基于“五证合一、一照一码”改革对教材相关内容进行调整和修改。

为推进、深化商事制度改革，优化营商环境，2015年6月23日，国务院办公厅发布了《关于加快推进“三证合一”登记制度改革的意见》(国办发〔2015〕50号)；2016年6月30日，国务院办公厅又发布了《关于加快推进“五证合一、一照一码”登记制度改革的通知》(国办发〔2016〕53号)，决定从2016年10月1日起正式实施“五证合一、一照一码”登记制度。据此，编者修改了银行结算账户的开立和管理，税务设立登记、变更登记、注销登记等内容。

3. 对税务基础知识内容做了较大的修改。

2016年3月23日，财政部、国家税务总局发布了《关于全面推开营业税改征增值税试点的通知》(财税〔2016〕36号)，自2016年5月1日起，在全国范围内全面推开营业税改征增值税试点。2018年3月17日，全国人大通过了《国务院机构改革方案》，改革国税、地税征管体制，将省级和省级以下国税、地税机构合并，承担所辖区域内的各项税收、非税收入征管等职责。根据上述国家制定的新规定，编者对教材的相关内容做了修改。

编者

目　录

第一章 出纳概述

学习目标

知识目标

通过本章的学习，掌握出纳工作内容和出纳的工作流程；理解出纳人员及其职责与权限、出纳工作岗位的设置和人员的配备；了解出纳人员及出纳工作。

技能目标

通过本章的学习和训练，掌握出纳工作组织技能、出纳的工作流程和出纳岗位的工作安排技能。

❖ 引导案例

❖ 本章内容

第一节　出纳的概念

第二节　出纳人员

第三节　出纳工作的组织

❖ 主要概念

❖ 思考讨论

❖ 案例分析

❖ 技能实训

引导案例

某公司因业务发展需要，从人才市场招聘了一名具有大专学历的张某任出纳。开始，他勤恳敬业，公司领导和同事对他的工作都很满意。但受到同事在股市赚钱的影响，张某也开始涉足股市。然而事非所愿，进入股市后他很快被套牢，想急于翻本又苦于没有资金，于是他开始对自己每天经手的现金动了邪念。凭着财务主管对他的信任，张某拿了财务主管保管的财务专用章在自己保管的空白现金支票上任意盖章取款。月底，银行对账单也由其到银行提取且自行核对，因此在很长一段时间内张某的这些行为未被发现。直至案发，公司才知道蒙受了巨大的经济损失。张某犯罪，公司蒙受损失，教训是非常深刻的。这个案例给我们哪些警示？

第一节　出纳的概念

一、什么是出纳

出纳是商品经济的产物。当社会发展到一定阶段，因物物交换在商品交换过程中存在着许多不便，使得固定地充当一般等价物的特殊商品——货币应运而生；而货币的出现直接导致了新的行业——货币兑换业的产生。

货币从商品交换过程中分离出来，成为充当一般等价物的特殊商品后，商品交换变得更加简单和频繁了。但是，由于各国或各地区的货币只能在本国或本地区范围内使用，商人们在异地或异国从事商品交换还是很不方便。于是，在社会上逐渐出现了一种专门从事货币兑换的行业。并且，随着经济的发展，商人们开始委托这些货币兑换商专门为他们兑换货币并担负起为他们保管和收付货币的业务。这些兑换商便是最早的出纳，而他们所从事的工作便是原始的出纳工作。据有关资料记载，在意大利等地，大约在公元1000年，便有一些坐在路边专门从事铸币兑换的人，这可能就是世界上最早的出纳。

随着商品经济的进一步发展，很多兑换商利用兑换货币的工作取得高额报酬，他们以此作为积累财富的手段，不断拓展自己的业务，并将这些财富作为资本，办理存、放款业务，于是促进了银行业的发展，这便是最早的银行出纳。而专门为某个商人从事货币兑换及收付业务的工作，便是社会出纳，以后逐渐发展为单位出纳。

“出纳”一词中的“出”是支出，“纳”是收入，合起来作为一个会计名词，特指以货币资金收付为核心内容的出纳工作。现今，出纳工作已不是简单的货币资金收入与支付工作，它是管理货币资金、票据以及有价证券的收付、保管、核算工作的总称。具体地说，出纳是指按照有关规定和制度，办理本单位的现金收付、银行结算及进行有关账务处理，保管库存现金、有价证券、财务印章及有关票据等的工作人员。

出纳工作是企事业单位、国家机关和社会团体等会计工作中最基础、最具体的事务工作。各单位的经济业务活动都需要通过货币资金的收付、往来进行结算。如材料的购买、商品的销售、工资的发放、费用的报销等。可见，任何有独立资金的单位，都需要设置一个专职的岗位并配备专业人员从事货币资金的管理，掌握其变化情况，控制其来源去向，同时保证货币资金的安全与完整。这个岗位就是出纳岗位，在这个岗位上工作的人就是出纳人员。所以，通俗地说，出纳就是各个单位货币性财产的管家。

出纳人员是指从事出纳工作的人员。出纳人员也有广义和狭义之分。从广义上讲，会计部门的从事出纳工作的人员和业务部门的各类收款员（收银员）都是出纳人员。收款员（收银员），从其工作内容、方法、要求以及他们本身应具备的素质等方面看，与会计部门的专职出纳人员有很多相同之处。他们的主要工作是办理货币资金收入和各种收款票据业务，保证自己经手的货币资金和票据的安全与完整。他们需填制和审核原始凭证；直接办理现金和银行结算票据；他们除了要有过硬的出纳业务知识以外，还必须具备良好的财经法纪素养和职业道德修养。所不同的是，他们一般工作在经济活动的第一线，各种票据和货币资金的办理，特别是货币资金的收入，通常是由他们转交给专职出纳人员；另外，他们的工作过程是收入、保管、核对与上交，一般不专门设置账户进行核算，他们所从事的收款业务实际上是整个出纳工作的一部分，是单位出纳人员工作的延伸。从狭义上讲，出纳人员仅指会计部门的出纳人员。

出纳人员采用的专门的出纳核算方法主要有设置账户、复式记账、审核和填制凭证、登记账簿、财产清查、编制报表，以及对出纳核算资料进行分析、利用等，对在出纳工作中所受理的业务活动进行全面、连续的记录、计量及账务处理。

可见，出纳包括三层含义：一是出纳工作。即按照有关财经法规及规章制度，办理本单位的现金收付、银行结算业务以及保管库存现金、有价证券、财务印章及有关票据的具体工作。它是每个单位经济工作的重要内容，也是会计工作中最具体的事务性工作。二是出纳核算。它是对出纳工作的对象即货币资金及其运动进行的记录、计量及账务处理等业务处理活动，是会计核算的重要组成部分。三是出纳人员。习惯上称为出纳或出纳员，是指担任出纳核算、从事出纳工作的会计人员。

二、出纳工作的对象和特点

（一）出纳工作的对象

出纳工作的对象概括地说是指各单位的货币资金运动以及用货币形式表现的经济业务活动。货币资金是广义的现金，是指停留在货币形态的那部分流动资产，主要是单位实际持有的库存现金、银行存款及有价证券等。货币资金的核算基本上是通过出纳人员来办理的。出纳工作的对象主要表现在下述三个方面。

1. 货币资金的收入和付出

企业的基本经济活动是产品的生产经营活动。企业的生产经营过程可按流程分为供应、生产、销售三个阶段。经营资金投入企业以后，在生产经营过程中，随着供应、生产、销售过程的不断进行而不断改变其形态。以货币资金为起点，依次经过供应过程、生产过程、销售过程，分别转化为储备资金、生产资金、产品资金以及结算资金等各种不同形态，最后又回到货币资金形态，这一资金的运动变化过程称为资金循环。企业再生产的不断进行，引起资金连续不断的循环，这种循环称为资金周转。

从企业货币资金的收入和付出来看，企业生产出来的产品，通过销售收入，表现为货币资金进入单位。企业为了产品生产的正常进行，要组织原材料购买，必须支付一定数额的材料价款；为换取工人和管理人员的劳动要支付一定的工资；在生产经营过程中，还要支付其他费用。这些支付使企业的资金减少，表现为货币资金退出单位。同时，在生产过程中，企业由于扩大生产规模或季节性储备原材料、物资等，可能会追加投资或向银行及其他单位借入资金，引起货币资金收入；也会因偿还到期贷款、缴纳税款及其他费用，引起货币资金付出。

2. 货币资金的存入和提取

为了加强货币资金的管理，保证货币资金的安全与完整，按照《现金管理暂行条例》的规定，企事业单位、国家机关、社会团体、军队等对各项收入的现金，超过库存限额的部分或者超过坐支额度的部分，必须于当日存入开户银行。现金存入银行，就表现为单位现金减少、银行存款增加。

各单位在发放工资、薪金、津贴、补贴，支付差旅费以及未达到银行结算起点的零星支出等，需要支付现金时，可以从本单位库存现金限额中支付或从银行提取，不得从本单位的现金收入中直接支付（在坐支额度以内的部分除外）。

3. 货币资金的结存

货币资金收付频繁，是单位流动性最强的一项资产，因此出纳人员需及时结算出各单位在某一时点上库存现金和银行存款的余额，并负责其安全与完整。

由此可知，出纳的工作对象即记录、反映和监督所在单位货币资金的收入和付出、货币资金的存入和提取、货币资金的结存。也就是说，出纳的主要工作范围是停留在各单位货币形态的资金运动。

（二）出纳工作的特点

出纳工作是会计工作的组成部分，具有一般会计工作的本质属性，但它又是一个专门的岗位、一项专门的技术。因此，出纳工作具有其独特的特点，具体表现在：

（1）社会性。出纳工作担负着一个单位货币资金的收付、存取活动，而这些活动是置身于整个社会经济活动的大环境之中的，是和整个社会的经济运转相联系的。只要这个单位发生经济活动，就必然要求出纳人员与之发生经济关系。如出纳人员要了解国家有关财会政策法规并参加这方面的学习和培训，出纳人员要经常去银行办理业务等。因此，出纳工作具有广泛的社会性。

（2）专业性。出纳工作作为会计工作的一个重要组成部分，有着专门的操作技术和工作规则。凭证如何填制，出纳账怎样记都很有学问，就连保险柜的使用与管理也很讲究。因此，要做好出纳工作，一方面要求出纳人员要经过一定的职业教育；另一方面出纳人员也需要在实践中不断积累经验，掌握出纳工作要领，熟练使用现代化办公工具。只有这样，才能成为一名合格的出纳人员。

（3）政策性。出纳工作是一项政策性很强的工作，工作的每一环节都必须依照国家有关规定进行。如办理银行结算业务须按照银行《支付结算办法》进行，办理票据业务须按照我国《票据法》的有关规定进行，办理现金收付业务必须遵照《现金管理暂行条例》进行，并且我国《会计法》《会计基础工作规范》等法律法规都把出纳工作并入会计工作中，并对出纳工作提出具体规定和要求。出纳人员不掌握这些政策法规，就做不好出纳工作；不按这些政策法规办事，就违反了财经纪律。

（4）时间性。出纳工作具有很强的时间性，何时发放职工工资，何时核对银行对账单等，都有严格的时间要求，一天都不能延误。因此，出纳人员心里应有个时间表，及时办理各项业务，保证出纳工作质量。

（5）频繁性。企业经济业务的频繁发生必然导致货币资金收付业务的大量存在，并且货币资金渗透于社会经济生活中的各个领域，流动性强，也最受人们青睐，这就必然使出纳工作具有频繁性的特点。

三、出纳的职能和任务

（一）出纳的职能

出纳工作是财会工作的一个重要组成部分，总的来讲，其职能可概括为收付、核算、监督、管理四个方面。

1. 收付职能

出纳最基本的职能是收付。企业经营活动少不了货物价款的收付、往来款项的收付，也少不了各种有价证券以及金融业务往来的办理，这些业务往来的现金、票据和有价证券的收付和办理，以及银行存款收付业务的办理，都必须经过出纳人员之手。

2. 核算职能

出纳的核算职能也叫反映职能。出纳工作要利用统一的货币计量单位，通过其特有的现金日记账、银行存款日记账与有价证券的各种明细分类账，对本单位的货币资金和有价证券进行详细的记录与核算，以便为经济管理和投资决策提供完整、系统的经济信息。

3. 监督职能

出纳的一个重要职能是监督。出纳不仅要对本单位的货币资金和有价证券进行详细的记录与核算，为经济管理和投资决策提供完整、系统的经济信息，而且要对企业的各种经济业务，特别是货币资金收付业务的合法性、合理性和有效性进行全过程的监督。

4. 管理职能

除上述职能外，出纳还有一个重要的职能，即管理。对货币资金与有价证券进行保管，对银行存款和各种票据进行管理，对企业资金使用效益进行分析研究，为企业投资决策提供金融信息，甚至直接参与企业的方案评估、投资效益预测分析等也是出纳人员的职责所在。

（二）出纳的任务

出纳在会计实务中发挥着十分重要的作用，肩负着独特的使命。其任务主要有：

（1）按照国家现金管理、银行支付结算和财务管理的有关规定，办理各项货币资金和有价证券收支的结算。

（2）负责对各项收支业务进行监督，力求收入的足额与及时、支出的合理与合法。

（3）按照我国《会计法》的规定填制和审核相关凭证，并登记现金日记账和银行存款日记账等，为加强经济管理与核算提供及时、真实、准确的信息。

（4）保管库存现金、各种有价证券、贵重物品和结算所需使用的印章、空白收据、空白支票等。

（5）负责保护本单位各种货币资金、有价证券等的安全与完整，严防差错、丢失、被盗和毁损。

（6）维护财经纪律，执行财务会计制度，抵制不合法的收支和弄虚作假、巧立名目的收入与支出。

（7）出纳人员调离本岗位、离职或请假较长时间的，要将经管的款项、有价证券、贵重物品、凭证、账册、报表、公章、收据、支票和未了事项，向接办人移交清楚，办妥交接手续。

（8）出纳的日常工作主要包括货币资金核算、往来结算、工资核算等内容。

第二节 出纳人员

出纳是一项特殊的职业，做好出纳工作并不是一件容易的事，出纳人员应具备的素质与出纳工作的性质密切相关。

一、出纳人员应具备的基本条件

由于出纳人员每天与金钱打交道，因此出纳人员的个人道德和专业素质便显得极其重要。作为专职出纳人员，不但要具备处理一般会计事项的专业基本知识，还要有严谨细致的工作作风，增强自身的安保意识，把保护自身分管的公共财产物资的安全作为自己的首要任务来完成；同时，还应具备良好的职业道德。

（一）出纳人员应具备的职业道德

《会计基础工作规范》中规定了出纳人员应具有的职业道德主要包括下述六个方面。

1. 爱岗敬业，尽职尽责

爱岗就是要求出纳人员要热爱本职工作，安心本职岗位，并为做好本职工作尽心尽力、尽职尽责。敬业是指出纳人员对其所从事的出纳工作要有正确的认识和恭敬的态度，并用这种严肃恭敬的态度认真地对待本职工作。

2. 了解政策，熟悉法规

出纳人员应了解企业所在地区的相关经济政策，熟悉财经法律、法规和会计准则、制度，在处理经济业务过程中，不为主观或他人意志左右，始终坚持按照会计法律、法规和国家统一的会计准则及会计制度的要求进行核算与监督，确保所提供的会计信息真实、完整，并自觉维护国家利益、社会公众利益和正常的经济秩序。

3. 依法办事，规范操作

出纳人员应按照会计法律、法规和会计准则、会计制度规定的程序和要求进行工作，保证会计资料的合法、真实、准确、完整。

4. 客观公正，实事求是

客观是指出纳人员开展工作时，要端正态度、依法办事、实事求是，以客观事实为依据，如实地记录和反映实际经济业务事项，会计核算要准确，记录要可靠，凭证要合法。公正是指出纳人员在履行其职能时，要做到公平公正、不偏不倚，保持应有的独立性，以维护会计主体和社会公众的利益。

5. 诚实守信，保守秘密

出纳人员要谨慎从业，信誉至上，不为利益所诱惑，不伪造账目，不弄虚作假，如实反映单位经济业务事项。同时，还应当保守本单位的商业秘密，除非法律有规定和单位领导同意，否则不得私自向外界提供或者泄露本单位的会计信息。

6. 强化意识，提高服务

出纳人员应具有强烈的服务意识、文明的服务态度，提供优良的服务。出纳人员必须端正服务态度，做到讲文明、讲礼貌、讲信誉、讲诚实，坚持原则，真实、客观地核算单位的经济业务，努力维护和提升出纳职业的良好社会形象。

除此之外，出纳人员还应特别注意以下几点：

第一，廉洁奉公。廉洁奉公是出纳人员立身之本，是出纳职业道德的核心。出纳人员时时都在经受着金钱的诱惑，如果要将公款据为己有或挪作他用，有方便的条件和较多的机会。同时，外部的经济违法分子也时常会在出纳人员身上打主意，施以小惠以达到其目的。在已经揭露的经济案件中，出纳人员利用职务之便贪污舞弊、监守自盗的案件屡见不鲜。出纳人员应当保持廉洁奉公的良好品质，以其实际行动赢得人们的尊重。

第二，提高技能。出纳人员应通过学习、培训和实践等途径，不断提高理论水平、实务能力、职业判断能力、自动更新知识能力、提供会计信息能力、沟通交流能力，积累职业经验，运用所掌握的知识、技能和经验，开展出纳工作，履行出纳职责，以适应社会不断发展的出纳工作需要。

第三，参与管理。参与管理要求出纳人员在做好本职工作的同时，树立参与管理的意识，努力钻研相关业务，全面熟悉本单位货币资金及相关的经营管理活动和业务流程，主动向领导反映货币资金管理活动中的情况和存在的问题，主动提出合理化建议，协助领导决策，参与管理活动，做好领导的参谋。

（二）具备专业的财会知识

出纳人员需具备一定的国家财经政策和会计、税务法规知识。出纳人员需要不断参加专业继续教育和培训，了解和掌握国家财经制度、会计政策、专业知识及税务法规等的变化，提高业务水平，满足企业经营管理的需要。

（三）熟练掌握业务技能

出纳工作是一项政策性和技术性并重的工作，出纳人员只有具备一定程度的专业知识和技能，才能适应所担负的工作。出纳工作需要很强的操作技巧，打算盘、用电脑、填票据、点钞票等，都需要深厚的基本功。作为专职出纳人员，不但要具备处理一般会计事务的财会专业基本知识，还要具备较高的处理出纳事务的专业知识水平和较强的数字运算能力。出纳的数字运算往往在结算过程中进行，要按计算结果当场开出票据或收付现金，速度要快，不能出错。这和事后的账目计算有着很大的区别。账目计算错了还可以按规定方法更改，但钱算错了就不一定能说得清楚，不一定能“改”得过来了。所以，出纳人员要具备很强的数字运算能力，必须具备较快的运算速度和非常高的准确性。在“快”和“准”的关系上，作为出纳人员，要把“准”放在第一位，要准中求快。

（四）具备严谨细致的工作作风

出纳人员必须养成与出纳职业相符合的工作作风，作风的培养在成就事业方面是关键问题，概括起来有以下几点：

（1）精神集中。工作时全身心投入，不为外界所干扰；做事有始有终，办妥一件事后再办另一件事。

（2）有条不紊。安排工作时要分清轻重缓急，保证各项事务安排有序，并能妥善解决。

（3）严谨细致。收支计算准确无误，手续完备，符合“真实、准确、完整”的原则，不发生工作差错。

（4）沉着冷静。在工作时应心平气和，在复杂的环境下能随机应变、化险为夷。

（5）安全意识。在工作中要有敏锐的安全意识，以保证财产物资的安全完整；严守相关的商业秘密。

二、出纳人员的职责与权限

（一）出纳人员的职责

出纳人员的职责主要有：

（1）按照国家有关现金管理和银行结算制度的规定，办理现金收付和银行结算业务。出纳人员应严格遵守现金收支范围，非现金结算范围不得用现金收付；遵守库存现金限额制度，超限额的现金要按规定及时送存银行；现金管理要做到日清月结，账面余额与库存现金每日下班前应核对，发现问题要及时查对；银行存款日记账与银行对账单要及时核对。

（2）根据会计制度的规定，在办理现金和银行存款收付业务时，要严格审核有关原始凭证，再据以编制收、付款凭证，然后根据编制的收、付款凭证逐笔按顺序登记现金日记账和银行存款日记账，并结出余额。

（3）按照国家外汇管理和结购汇制度的规定及有关批件办理外汇出纳业务。

（4）掌握银行存款余额，不准签发空头支票，不准出租、出借银行账户为其他单位办理结算。

（5）保管库存现金和各种有价证券（如国库券等）的安全与完整。

（6）保管有关印章、空白收据和空白支票。

（二）出纳人员的权限

出纳人员的权限可归纳为以下三方面：

（1）维护财经纪律，执行财会制度，抵制不合法的收支和弄虚作假行为。

（2）参与货币资金计划的制订与管理。

（3）管好货币资金。

三、出纳人员与会计人员的关系

会计，从其所分管的账簿来看，可分为总账会计、明细账会计和出纳。三者既有区别又有联系，是分工与协作的关系。

一方面，总账会计、明细账会计和出纳有着明确的分工。总账会计负责企业经济业务的总括核算，为企业经济管理和经营决策提供总括的、全面的核算资料；明细账会计分管企业的明细账，为企业经济管理和经营决策提供明细分类核算资料；出纳则分管企业票据、货币资金，以及有价证券等的收付、保管和核算工作，为企业经济管理和经营决策提供各种金融信息。总体上讲，必须实行钱账分管，出纳不得兼管稽核和会计档案保管，不得负责收入、费用、债权债务等账目的登记工作；总账会计和明细账会计则不得管钱、管物。

另一方面，总账会计、明细账会计和出纳之间又有着密切的联系，既互相依赖又互相控制。他们核算的依据是相同的，都是会计原始凭证和会计记账凭证。这些作为记账凭据的会计凭证必须在出纳、明细账会计、总账会计之间按照一定的顺序传递；他们相互利用对方的核算资料，共同完成会计任务，不可或缺。同时，他们之间又互相牵制。如出纳的现金日记账、银行存款日记账与总账会计的现金总账、银行存款总账；总账与其所属明细账；明细账中的有价证券账与出纳账中相应的有价证券账，在金额上有着等量关系。

第三节　出纳工作的组织

一、出纳工作岗位的设置

出纳机构是指会计机构内部设立的专门负责处理出纳业务的专职机构。出纳机构是随着企业会计机构的设立而设立的。凡是独立核算的单位均应设立会计机构。会计机构是直接从事或组织领导会计工作的职能机构，建立和健全会计机构是保证会计工作顺利进行的重要条件。出纳机构一般设置在会计机构内部，如在企业单位财务科、财务处内设出纳组、出纳室、结算中心等。在实际工作中，出纳机构是根据单位规模的大小和货币资金管理的要求，结合出纳工作的繁简程度来设置的。大型企业可在财务处下设出纳科（或结算中心）；中型企业可在财务科下设出纳室；小型企业一般在财务部门下配备专职出纳员。

二、出纳人员的配备

设置了出纳机构，就应当配备相应的人员。一般来说，实行独立核算的单位、在银行开立了独立账户的单位、有经常性现金收入和支出的单位，都应当配备专职或兼职出纳人员。出纳人员配备的多少，主要取决于本单位出纳业务量的大小和出纳工作的效率。因此，企业可根据实际工作需要设岗定人。一般可采用一人一岗、一人多岗和一岗多人等几种形式。

（1）一人一岗。规模不大的单位，出纳工作量不大，可设专职出纳员一名。

（2）一人多岗。规模较小的单位，出纳工作量较小，可设兼职出纳员一名。如无条件单独设置会计机构的单位，至少要在有关机构中（如行政单位的办公室、后勤部门等）配备兼职出纳员一名。但出纳员不得兼任稽核、会计档案保管和收入、支出、费用、债权债务账目的登记工作。

（3）一岗多人。规模较大的单位，出纳工作量较大，可设两名或两名以上的出纳员。但同时要在出纳部门内部实行岗位责任制，对出纳员的工作进行明确的职责分工，使每一项出纳工作都要有专人负责，从而明确出纳员的职责。

三、出纳工作回避要求

在这里，需要着重强调一点，在出纳人员的配备过程中，应当贯彻出纳人员的回避制度。我国《会计基础工作规范》中已明确规定："国家机关、国有企业、事业单位任用会计人员应当实行回避制度。单位领导的直系亲属不得担任本单位的会计机构负责人、会计主管人员。会计机构负责人、会计主管人员的直系亲属不得在本单位会计机构中担任出纳工作。”

四、出纳工作流程

（一）业务受理流程

出纳人员每天要处理大量的经济业务，协调各方面的经济利益关系，如何才能提高工作效率，保证工作质量呢？在这里，我们设计了一个合理且有效的工作流程。

1. 资金收入的一般程序

（1）清楚收入的金额和来源。出纳人员在收到一笔资金之前，应当清楚地知道收到多少钱、收谁的钱、收什么性质的钱，再按不同的情况进行分析处理。

1）确定收款金额。如为现金收入，应考虑库存限额的要求。

2）明确付款人。出纳人员应当明确付款人的全称和有关情况，对于收到背书支票或其他代为付款的情况，应由经办人加以注明。

3）收到销售或劳务性质的收入。出纳人员应当根据有关销售（或劳务）合同确定收款额是否按协议执行，并对预收账款、当期实现的收入及收回以前应收账款分别进行处理，保证账实一致。

4）收回代付、代垫及其他应付款。出纳人员应当根据账务记录确定其收款额是否相符，具体包括单位为职工代付的水电费、房租、保险金、个人所得税、职工的个人借款和差旅费借款、单位交纳的押金等。

（2）清点收入。出纳人员在清楚收入的金额和来源后，进行清点核对，清点时应沉着冷静，不要图快。

1）现金清点。现金收入应与经办人当面点清，在清点过程中，出纳人员若发现短缺、假钞等特殊问题，应由经办人负责。

2）银行核实。出纳人员应将银行结算收入与银行相核对，如为电话询问或电话银行查询的，只能作为参考，在取得银行有关的收款凭证后，方可正式确认收入，进行账务处理。

3）现金清点核对无误后，对于按规定开具发票或内部使用的收据收入金额较大的，应及时上报有关领导，便于资金的安排调度。完毕后，在有关收款凭据上加盖“收讫”章。

4）如现金清点核对并开出单据后，才发现现金短缺或假钞，应由出纳人员负责。

（3）收入退回。如因特殊原因导致收入退回的，如支票印鉴不全，应重新办理收款。

2. 资金支出的一般程序

（1）明确支出的金额和用途。

1）出纳人员支付每一笔资金的时候都要核对金额，合理安排资金。

2）明确收款人。出纳人员必须严格按合同、发票或有关依据上记载的收款人进行付款。对于代为收款的情况，应当出具原收款人的证明材料并与原收款人核实后，方可办理付款手续。

3）明确付款用途。对于不合法、不合理的付款应当坚决抵制，并向有关领导汇报，行使出纳人员的工作权力。对于用途不明的付款，出纳人员可以拒付。

（2）付款审批。

1）经办人填制付款单证，对该事项的真实性和准确性负责。应注意，需指明付款金额和用途。

2）有关证明人的签收。在经办人的付款用途中，涉及实物的，应当有仓库保管员或实物负责人的签收；涉及差旅费、销售费用等的，应当由证明人或知情人加以证明。

3）有关领导的签字。收款人应持手续完备的付款单据，并经有关领导审阅和签字。

4）到财务部门办理付款。收款人持内容完备的付款单证，经会计审核后，由出纳办理付款。

（3）办理付款。付款是资金支出中最关键的一环，出纳人员应当特别谨慎，要用“如履薄冰”的态度认真对待，因为款项一旦付出，发生差错是很难追回的。

1）严格核实付款金额、用途及有关审批手续。

2）现金付款。双方应当面点清，在清点过程中发现短缺、假钞等情况，由出纳人员负责。

3）银行付款。开具支票时，出纳人员应认真填写各项内容，保证要素完整、印鉴清晰、书写正确，如为现金支票，应附领票人的姓名、身份证号码及发证单位名称。办理转账或汇款时，出纳人员书写要准确、清晰、完整，保证收款人能按时收到款项。

4）付款金额经双方确认后由收款人在收款凭据上签字并加盖“收讫”章。如为转账或汇款，银行单据直接作为已付款证明。

5）如确认签字后，发现现金短缺或其他情况，应由经办人负责。

（4）付款退回。如因特殊原因造成支票或汇款退回的，出纳人员应当立即查明原因，如因己方责任引起的，应换开支票或重新汇款，不得借故拖延；如因对方责任引起的，应由对方重新补办手续。（特别提示：办理完汇款或转账后，应及时将有关银行单据传真给收款方确认。）

（二）出纳业务账务处理流程

出纳业务账务处理流程见图1-1，具体为：

（1）按照经济业务内容设置出纳账户。

（2）按照各项规章制度审核原始凭证。

（3）根据复式记账原理填制记账凭证。

（4）登记出纳日记账和相关备查簿。

（5）财产清查，保证账实相符、账账相符。

（6）编制出纳报告。

（7）保管出纳资料，按规定办理移交手续。

（三）出纳工作一般日程安排

出纳工作是按时间顺序分阶段进行处理和总结的，因此出纳人员在了解出纳业务受理的一般程序和账务处理流程之后，要对工作有个大致安排。

（1）上班后，检查现金、有价证券及其他贵重物品。

（2）向有关领导及会计主管请示资金安排计划。

（3）列明当天应处理的事项，分清轻重缓急，根据工作时间合理安排。

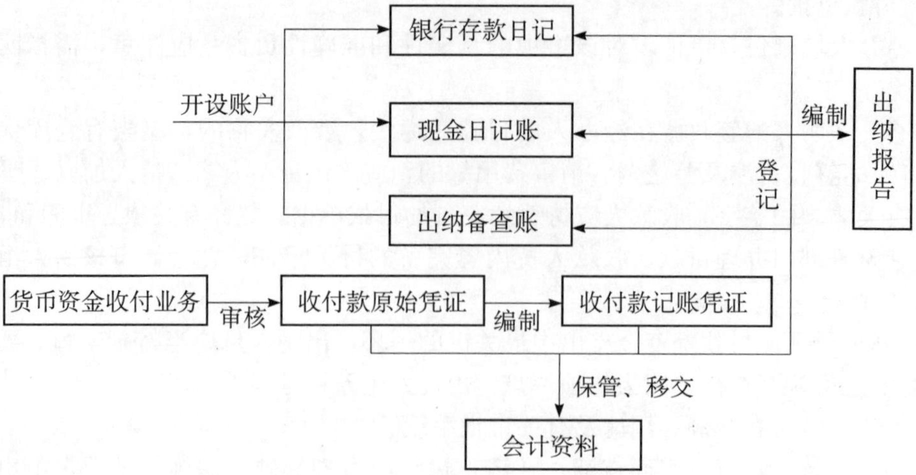

图 1－1　出纳业务账务处理流程

（4）按顺序办理各项收付款业务。

（5）当天下班前，应将所有的收付款单据编制记账凭证并登记入账。

（6）因特殊事项或情况造成工作未完成的，应列明未尽事项，留待次日优先办理。

（7）根据单位需要，每天或每周报送一次出纳报告。

（8）当天下班前，出纳人员进行账实核对，必须保证现金实有数与日记账、总账相符；收到银行对账单的当天，出纳人员进行核实，使银行存款日记账、总账与银行对账单在进行余额调节后相符；将多余现金送存银行；根据需要编制当天的现金和银行存款日报表，报送给相关领导和会计人员。

（9）每月终了 3 日内，出纳人员应当对其保管的支票、发票、有价证券、重要结算凭证进行清点，按顺序进行登记核对。

（10）其他出纳工作的办理。

（11）当天下班前，出纳人员应整理好办公用品，锁好抽屉及保险柜，保持办公场所的整洁，无资料遗漏或乱放现象。

主要概念

出纳　出纳工作　出纳人员　职业道德　出纳机构

思考讨论

1. 简述出纳的工作内容。
2. 简述出纳的业务流程。
3. 简述出纳的职责与权限。
4. 简述出纳人员与会计人员的关系。
5. 简述出纳人员应遵守的职业道德。
6. 思考如何才能成为一名合格的出纳人员。

案例分析

小张和小李都是应届会计专业毕业的高职生，同时到江苏长江科技有限公司应聘会计职位。财务经理对小张、小李面试的表现都十分满意，难以取舍。在等待通知期间，小张、小李分别接到财务经理的来电：单位出纳休产假三个月，担任会计期间同意兼任出纳吗？小张说："没问题，年轻人应该在实践中多锻炼。"小李说："不合适吧，会计不可以兼任出纳，经理还是另做安排吧。"请问：最终应录用谁？为什么？

技能实训

［实训目的］

明确出纳的任职要求，熟悉出纳的工作流程。

［实训要求］

将学生分组，走进企业，了解企业对出纳人员的任职要求，熟悉出纳的具体工作。

［实训考评］

各组陈述调查的基本情况，提出小组意见和建议，教师进行讲评。

第二章 出纳基本业务技能

学习目标

知识目标

通过本章的学习，熟悉出纳岗位的基本技能，掌握各项业务技能的要点。

技能目标

通过本章的学习和训练，掌握和提升出纳人员的数字书写技能、数字运算技能、手工点钞技能、真假人民币识别及处理技能、出纳凭证填制和审核技能，以及出纳账簿的设置和登记技能。

❖ 引导案例

❖ 本章内容

第一节　会计数字的书写技能

第二节　数字运算技能

第三节　点钞技能

第四节　人民币真假鉴别技能

第五节　出纳凭证的填制和审核技能

第六节　出纳账簿的设置与登记技能

❖ 主要概念

❖ 思考讨论

❖ 案例分析

❖ 技能实训

引导案例

小张是某高职院校财会专业的学生，毕业后到某市一家最大的超市进行收银工作的实习。超市的经营规模很大，商品种类齐全，流转速度快，每天的现金收入量很可观。所收取的现金面额有100元、50元、20元、10元、5元，还有零散的硬币等。每天面对大量的面额不等的现金，小张应如何开展工作？他应如何做好这项工作？

第一节 会计数字的书写技能

数字是会计人员反映经济活动的主要载体。数字的书写是出纳工作的一项基本功。出纳工作中常用的数字书写有两种：一种是阿拉伯数字书写；另一种是中文大写数字书写。通常将前一种数字表示的金额称为小写金额，将后一种数字表示的金额称为大写金额。数字的书写要求清楚、正确、规范。

一、阿拉伯数字的书写

（1）阿拉伯数字应一个一个地写，笔画要流畅，不能连笔。阿拉伯金额数字前应当书写货币币种符号（如人民币符号“￥”）或者货币名称简写和币种符号。币种符号与阿拉伯金额数字之间不得留有空白。凡在阿拉伯金额数字前面写有币种符号的，数字后面不再写货币单位（如人民币“元”）。

（2）所有以元为单位（其他货币种类为货币基本单位，下同）的阿拉伯数字，除表示单价等情况外，一律在元位小数点后填写到角分。无角分的，角位、分位可写“00”或符号“—”；有角无分的，分位应写“0”，不得用符号“—”代替。

（3）数字书写时需要注意两个方面：倾斜度一般为45°～60°；数字高度应为表格高度的1/2～2/3，其中，“6”要比其他数字高一些，但一般不超出表格，“7”和“9”比其他数字低一些，下半部分占据下一行的上半格，写“0”时不能有缺口，写“8”时上方不能开口，“4”的两竖要平行，“9”不能开口和留尾巴。

（4）数字书写要自上而下、自左向右进行。数字间应保留一定的间距，且距离相等。数字上下左右对齐，数字间不能留有空格。

阿拉伯数字的书写示例见图2-1。

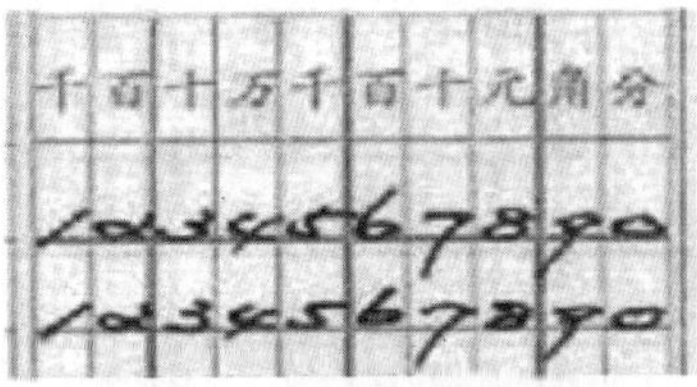

图2-1 阿拉伯数字的书写

二、中文大写数字的书写

（1）中文大写金额数字一律用正楷或行书书写，如壹、贰、叁、肆、伍、陆、柒、捌、玖、拾、零等，或使用易于辨认、不易涂改的字样，不得用〇、一、二、三、四、五、六、七、八、九、十、另等代替，不得任意自造简化字。

（2）中文大写数字是由数字和数位两部分组成，两者缺一不可。数字和数位一定要规范用字，切不可自造。

（3）大写金额数字到元位的，在“元”字后面应写“整”或“正”字；大写金额数字到角位的，“角”后面的“整”或“正”字可写可不写；大写金额数字有分的，分字后面不写“整”或“正”字。

（4）大写金额数字前须加结算货币币种名称，如“人民币”等字样，有固定格式的重要单证，大写金额栏一般都印有“人民币”等货币币种字样。大写金额数字前未印有货币名称的，应当加写货币名称（如“人民币”三字），货币名称与金额数字之间不得留有空白。

（5）大写金额如亿、万、仟、佰、拾、元等数字前面的“壹”“贰”“叁”等不可省略。例如，“¥120 000”大写金额应写成“人民币壹拾贰万元整”，而不能写成“人民币拾贰万元整”。

（6）大写数字“零”的写法要求：阿拉伯金额数字中间有“0”时，中文大写金额要写“零”字；阿拉伯金额数字中间连续有几个“0”时，中文大写金额中可以只写一个“零”字；阿拉伯金额数字元位是“0”，或者数字中间连续有几个“0”、元位也是“0”但角位不是“0”时，中文大写金额可以只写一个“零”字，也可以不写“零”字。示例如下：

1）小写金额 6 500 元。

正确写法：人民币陆仟伍佰元整

错误写法：人民币：陆仟伍佰元整

错误原因：“人民币”后面多一个冒号

2）小写金额 3 150.50。

正确写法：人民币叁仟壹佰伍拾元零伍角整或人民币叁仟壹佰伍拾元伍角整

3）小写金额 105 000.00 元。

正确写法：人民币壹拾万零伍仟元整

错误写法：人民币拾万伍仟元整

错误原因：漏写“壹”和“零”字

4）小写金额 60 036 000.00 元。

正确写法：人民币陆仟零叁万陆仟元整

错误写法：人民币陆仟万零叁万陆仟元整

错误原因：多写一个“万”字

5）小写金额 35 000.96 元。

正确写法：人民币叁万伍仟元零玖角陆分

错误写法：人民币叁万伍仟零玖角陆分

错误原因：漏写一个“元”字

6）小写金额 150 001.00 元。

正确写法：人民币壹拾伍万零壹元整

错误写法：人民币壹拾伍万元另壹元整

错误原因：将“零”写成“另”，多写一个“元”字

第二节 数字运算技能

在日常出纳业务中，有大量的数据需要计算。因此，要求出纳人员掌握常用的计算技术。

一、珠算技术

算盘（见图2-2）是一种传统的、方便好用的计算工具，用算盘做加减运算简便迅速，是其他计算工具不可替代的，它与计算机、计算器及心算同时运用更能提高工作效率。在出纳工作中，从现金收付、凭证汇总到账务处理等，都可以广泛地应用珠算技术。

图2-2 算盘

出纳人员平时应认真学习珠算技术，熟练掌握珠算的加、减、乘、除等基本方法，并结合出纳工作的各项计算业务进行实际应用，力求做到稳、准、快，逐步掌握珠算技术的技巧。

珠算技术学习的基本要求为：珠算技术学习的实践技能性很强，应着重于平时练习，理论联系实际，勤学苦练，循序渐进；平时严格要求自己，养成良好的习惯，熟练掌握并运用正确的拨珠指法，看数快，拨珠准，反应要敏捷，精神要集中，脑、手、眼并举，做到既准又快；提高珠算技术，不仅要熟练掌握珠算基础知识、基本方法、基本技能和技巧，而且应在此基础上掌握一些实用快捷的速算方法，学会常用的心算技术。

算盘具有一定的结构、种类及特点。算盘由边（框）、梁、档、珠、清盘器、计位点和垫脚组成。珠分上珠和下珠，下珠一颗表示1，上珠一颗表示5。算盘有圆形七珠大算盘、菱珠中型算盘、菱珠小算盘三种。打算盘不仅要有正确的坐姿、清盘及握笔的方法，而且要使用正确的拨珠指法。拨珠指法有三种，即三指拨珠法、两指拨珠法及双手拨珠法。拨珠靠梁为“加”，离梁为“减”。三指拨珠法一般适用于大中型算盘，是用拇指、食指、中指三个手指拨珠，无名指和小指屈向掌心。两指拨珠法适用于小算盘，是用拇指与食指拨珠，其余三指屈向掌心。双手拨珠法是以右手拨珠为主，左手协助右手同时完成某一拨珠动作。下面以两指拨珠法为例介绍算盘拨珠的一般指法。

（一）算盘拨珠（两指拨珠法）的一般指法

（1）拇指拨入1、2、3、4称“上”，表示加1、2、3、4；食指拨去1、2、3、4称“下”，表示减1、2、3、4。

（2）食指拨入5，称“下”，表示加5；食指拨去5，称“上”，表示减5。

（3）拇指和食指协同拨珠，使算珠靠梁或离梁。拇指拨下珠靠（离）梁，食指拨上珠靠（离）梁。满5加，破5减。如拨入6、7、8、9，表示加6、7、8、9；拨去6、7、8、

9，表示减 6、7、8、9。

（二）珠算加法

（1）直加法。两数相加的和小于 10，在算盘上能直接加上要加的数，使用直加口诀（即够加直加）。

（2）满 5 加。两数相加的和大于 5 小于 10，本档下珠不够加，需要拨上珠靠梁（满 5），同时从本档下珠中减去要加数的凑数（和为 5 的两个数互为凑数），使用满 5 加口诀（即下加不够，加 5 减凑）。

（3）三位加。两数相加的和等于或大于 10，本档不够加，需要向前进位，同时在本档减去要加数的补数（和为 10 的两个数互为补数），使用进位加口诀（即本档不够加，减补进 1）。

（三）珠算减法

（1）直减法。在算盘上能够直接减去要减的数，使用直减口诀（即够减直减）。

（2）破 5 减。本档下珠不够减，需要拨入减数的凑数，同时拨去 5（破 5），使用破 5 减口诀（即下减不够，加凑减 5）。

（3）退位减。本档不够减，需要从前退 1 当 10 减，同时在本档加上减数的补数，使用退位减口诀（即本档不够减，退 1 加补）。

（四）珠算乘法

（1）整数空盘前乘法。从左边顶格算起，逐位相乘，对应相加；读乘法口诀时不读数位，只读数字，积是一位数的在前面加“0”，用“0”占位；从被乘数、乘数的最高位乘起，逐位边乘边将两因数之积拨加在对应的档位上，坚持手不离档。

（2）小数乘珠算。该方法是在整数空盘前乘法的基础上进行的，主要解决小数点的问题，其运算顺序与整数空盘前乘法完全相同。积中小数点的位置是由积的定位决定的，小数乘珠算的运算方法与步骤如下：按公式定位法确定积的位数；将小数乘珠算题看作整数乘珠算题进行运算；确定最后积。

积的定位方法：通过计算被乘数与乘数的位数和来确定积的位数，用公式表示为 $X=M+N$。式中，X 表示积的位数，M 表示被乘数的位数，N 表示乘数的位数。这里“积的位数”包括乘得的积首“0”。

（五）珠算除法

（1）商除法的运算步骤及法则。布数：将被除数从算盘左边第三档起拨入；置商：够除隔位商，不够除挨位商；估商：根据估商的方法求出准确的商数（估一个数与除数首位相乘接近被除数的一位或两位）；乘减：用乘法将商与除数的积从被除数高位起逐位对应相减。

（2）多位数珠算除法。

1）多位数的除法应在熟练掌握商除法（一位数除法）的基础上进行。估商的准确性是一个难点，应根据算题的具体情况灵活使用四舍五入法进行估商。减积时注意：一是始终用商去乘除数的每一位；二是手不离档，依次退位叠减。

2）四舍五入进行估商。当除数第二位数字为 0、1、2、3、4 时，直接用除数首位（四舍）估商；当除数第二位数字是 5、6、7、8、9 时，用除数首位加 1（五入）估商。

3）补商与退商。当试商乘以除数在被除数中减去后余数还大于或等于除数时，说明试商小了，需要补商。其方法是：在原商上加1，隔位减一个除数；减后如果余数大于或等于除数，则还需要在商上补加1直至余数小于除数为止。其口诀是“原商补加1，隔位减除数”。

退商是估商过大，不够减。其方法是：用商数乘以除数在被除数中相加，还原被除数再调整商数。其要点是用商乘以除数在被除数中做反向操作。

（3）商的定位。用 M 表示被除数的数位，N 表示除数的数位，当被除数不够除时：采用“$M-N$”来确定商的数位，即“不够除位相减”；如被除数够除，则采用“$M-N+1$”来确定商的数位，即“够除位相减加1”。

（4）小数除珠算。对除不尽的除法需要用小数来表示，在运算之前先对商进行定位，再把小数的被除数和除数看成整数进行运算。

二、计算器操作技能

计算器（见图2-3）一般是指电子计算器，该名词由日本传入中国。计算器一般由运算器、控制器、存储器、键盘、显示器、电源和一些可选外围设备及电子配件通过人工或机器设备组装而成。其比现代计算机结构简单得多，功能也较少，但价格低廉，便于携带，稳定性好，是出纳人员常用的办公用品之一。

图2-3　计算器

计算器包括标准型和科学型两种，出纳工作中常使用的是标准型计算器。标准型计算器的使用方法如下：

（1）键入数字时，按下相应的数字键，如果按错可用“CE”键消去一次数值，再重新输入正确的数字。

（2）直接输入数字后，按下乘号将它变为乘数，在不输入被乘数的情况下直接按“=”键，就是该数字的二次方值。

（3）根号键默认是开二次方根，只有科学型计算器才能开多次方根。

（4）按下“+/−”键可改变数字的正负值。

（5）当输入数字并决定运算符号后，按下“%”键会将这之前的参数自动赋值为它前面参数的百分之这个参数参加运算。如“78+2（%）”相当于78+78×2%，最后结果为79.56。使用标准型计算器时，一定要注意“%”键的用法。

（6）部分标准型计算器具备数字存储功能，它包括四个按键：MRC、M−、M+、

MU。键入数字后，按“M＋”键将数字读入内存，此后无论进行多少步运算，只要按一次“MRC”键即可读取先前存储的数字，按下“M－”键则把该数字从内存中删除，或者按两次“MRC”键。“MU”键则为利率计算。

(7) 按“×”键后再按“＝”键可以表示平方。如 10 的平方，可以按 10 然后按“×”键、“＝”键，结果就会是 100。但依次按 10，“＋”键、“＝”键，结果为 20，即“＋＝”表示 2 倍，因为它相当于 10＋10＝20。

三、计算机基本操作技能

目前，随着计算技术的高速发展，办公自动化和会计电算化的推广和普及，出纳工作已经越来越离不开计算机了。出纳人员必须熟练运用一些常用的计算机软件，如文字处理软件 Word、制表软件 Excel 等。出纳人员运用计算机，可以轻松地完成大量的数据处理和账册登记工作，从日常烦琐、单调的事务中解脱出来，从而减轻劳动强度，提高工作效率；以前经常出现的错记、漏记、误记等问题，会得到避免，从而大大地提高出纳核算的质量，减少工作差错，促进出纳人员自身素质的提高。

就目前来看，出纳人员应具备的计算机应用操作技能主要包括：(1) 计算机的文字处理能力；(2) 计算机数据处理能力；(3) 系统软件的操作能力；(4) 计算机常见故障的排除能力及其他相关的计算机应用能力，如网上办公能力、网上银行的操作能力及对其他软件的了解操作能力等。因计算机的知识内容应用面广，内容专业且复杂，各高职院校按照人才培养的目标要求均须开设与专业相关的计算机课程，故在此不再赘述。

第三节　点钞技能

点钞又称票币整点。票币整点就是整理、清点现钞，即整点各种纸币和硬币。票币整点是一项严肃、细致的工作，它不仅要求点数准确无误，而且要求对损伤票币以及伪造、变造币进行挑剔和鉴别处理，同时要求出纳人员掌握点钞技术，逐步提高点钞速度。点钞是财会、金融专业学生应掌握的一项专业技术。点钞作为整理、清点货币的一项专业技术，是从事出纳工作必须具备的基本技能，也是企业对货币进行管理的一个重要环节。

一、点钞的基本要求

(1) 点准。票币必须当面点清，数量必须准确无误。票币点数准确无误是票币整点工作的基础和核心。整点过程中应分券平铺整理，通常要经过初点和复点。若清点时发现差错，应换人复核，直到准确无误为止。

(2) 挑净。将损伤券、变造及伪造币挑净，当面处理辨认不清或有疑问的票币。在整点过程中，根据损伤票币挑剔标准将不能再流通的损伤券挑出，完整券和损伤券分别整理；认真进行真伪鉴别，及时将假币剔除，并呈报有关部门追查。

(3) 蹾齐。票币在挑选整理和清点无误后，应码齐整理好，以便于存放。票币要平铺，使一把票币中间及四边无折叠，并将票币四边蹾齐。

(4) 算对。票币金额与收款凭据（如合同、发票）的金额必须一致。

(5) 捆紧。票币经整点准确无误后，以 100 张（枚）为一把（卷），十把（卷）为一捆扎紧。做到小把扎紧、硬币卷包紧、大捆捆紧。

（6）盖章清晰。每点完一把票币，在扎条上加盖点钞人员的名章，以明确责任。盖名章必须端正、清晰，不可缺字或辨认不清。

二、点钞的基本程序

出纳人员在点钞时，一般按下列程序办理：（1）审查现金收、付凭证及其所附的原始凭证，检查应填项目是否填写齐全、清楚，两者内容是否一致；（2）依据现金收、付凭证的金额，先点大额票面金额数，再点小额票面金额数；（3）在点数过程中，一般应边点数，边在算盘或计算器上加计金额，点数完毕，算盘或计算器上的数字应与应点数额及现金收、付凭证上的金额相一致。需要注意的是：在点数过程中，对于成捆、成把现钞上原有的封签、封条和封纸，应暂时保存，点数无误后方可扔掉；点数无误后，办理具体的现金收付业务。

点钞的方法主要有手工点钞和机器点钞两种。手工点钞根据持票的姿势不同，又可分为手持式点钞法、手按式点钞法和扇面式点钞法。

（一）手工点钞的基本程序

（1）拆把。脱去扎钞纸条或将纸条勾断，为点数做好准备。

（2）点数。左手持钞，右手点钞，眼睛紧盯捻动的钞票，同时脑中记数。手、眼、脑三位一体，协调配合，将钞票清点准确。

（3）扎把。将整点准确的 100 张钞票蹾齐，用纸条捆扎牢固。

（4）盖章。在捆扎钞票的纸条上加盖点钞人员的名章，以明确责任。

为了确保点准，消除差错，票币整点要坚持以下操作要点：

第一，在票币整点时，应将纸币按券别、硬币、币别分类平铺清点。清点时，票面要平铺，有折角的要展开，要注意将不能流通的票币挑剔出来另做整理。损伤券要挑出，发现假币应挑出并及时报告，以利于追查，发现有疑问的票币先挑出后再送银行鉴别。

第二，票币整点时通常要经过初点、复点，发现差错换人复核，准确无误后，如为纸币，够 100 张为一把，够 10 把为一捆进行捆扎；如为硬币，则按 100 枚（或 50 枚）为一卷进行包扎。对于零星票币，根据券别顺序清点后，由小到大扎在一起。

第三，对整点好的捆、把、零张（枚）进行统计，核对金额，并在第一把（张）票币上垫上一张与票币大小相同的纸，注明券别、日期、清点人员名单。

（二）机器点钞的基本程序

（1）拆把。右手取钞票，握住钞票的右端，拇指在前，其余四指在钞票背面；掌心向下用力，将钞票捏成瓦形，左手上前顺势将扎钞纸条从左侧脱去。

（2）点数。右手横握钞票，将钞票捻成前低后高的坡形，然后横放在点钞机的划钞板上并使钞票顺着划钞板形成自然斜度。钞票进入机器后，目光应紧盯传动的钞票，检查是否有残破票、假钞和其他异物。钞票全部下到接钞板后，左手将钞票取出，右手立即放入第二把钞票。

（3）扎把。将清点准确的钞票蹾齐，右手取纸条进行扎把，同时眼睛紧盯着机器上传动的钞票；将扎好把的钞票放在点钞机的左侧。

（4）盖章。将所有钞票清点、捆扎完毕后，应在钞票侧面的纸条上加盖点钞人员个人名章，以明确责任。

三、点钞的具体方法

（一）手工点钞

1. 手持式点钞法

手持式点钞法可分为手持式单指单张点钞法、手持式单指多张点钞法、手持式多指多张点钞法和手持式五指拨动点钞法。

（1）手持式单指单张点钞法。该方法是指用一个手指一次点一张的点钞方法，是最基本也是最常用的一种方法（见图 2－4）。它的适用范围较广，可用于收款、付款和整点各种新旧大小钞票。使用此种点钞法，由于持票所占的票面小，能看到的票面大，看得清楚，故容易发现假钞，挑剔残钞也方便，优点很多，但是也有缺点，那就是一张记一个数，比较费力。操作方法可分为以下六个步骤：

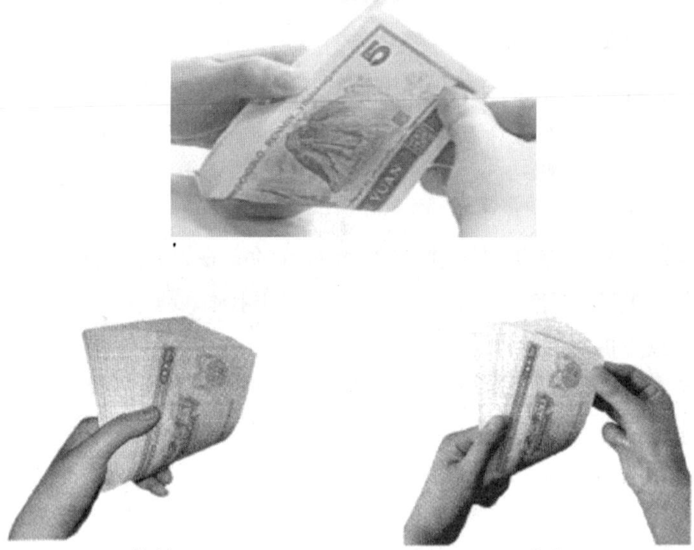

持钞　　清点

图 2－4　手持式单指单张点钞法

1）拆小把。初点拆小把，钞票横执，正面朝向身体，持票时左手拇指在票前（即钞票正面）的左端中央，约占全票的 1/4 处，二指（即食指）和三指（即中指）在票后（即钞票背面），拇指捏住钞票，四指（即无名指）自然卷曲；捏起钞票后，四指和五指伸向票前压住钞票的左下方，三指弯曲稍用力，与四指、五指（即小指）卡紧钞票，二指伸直，拇指向上移动，按住钞票的侧面将钞票压成瓦形（左手心向下），右手脱去钞票上的纸条，这时左手将钞票往桌上轻轻一掀（从桌面擦过），将钞票向上翻起，拇指借桌面的摩擦力将钞票展成微开的扇面形；右手三个指头沾水做点钞准备。这个方法的优点是不撕断捆钞票的纸条，便于查看图章和继续使用。

复点拆小把，钞票横执，正面朝向身体，用左手的中指和无名指夹住票面的左上角，拇指扶在钞票的上边里沿处，食指伸直，中指稍用力把钞票放倒在桌面上，使钞票的左上角翘起后（成瓦形），用食指钩住纸条的上半部，往下用力从上边外沿处将其划破，抬起食指使纸条自然落在桌面上，再用左手拇指翻起钞票成微扇面，食指在钞票后面伸直支撑钞票，右手拇指、食指、中指沾水做点钞准备。

2）清点。拆把后用右手的拇指尖逐张向下捻动钞票的右上角，食指在钞票的背面托住右上角，配合拇指捻动钞票（捻动时，用右手拇指的大关节带动小关节配合活动，拇指抬得不要过高，动作不要太大，捻的幅度要小）。捻下来的钞票用无名指往里弹拨（轻点快弹），中指翘起沾水备用，在清点中，拇指上的水用完可向中指沾一下。

3）记数。记数有两种方法：一种是双数记法；另一种是单数分组记法。

双数记法，即从 1 至 100。单数分组记法，即从 1、2、3、4、5、6、7、8、9、1（即 10），1、2、3、4、5、6、7、8、9、2（即 20），数到 1、2、3、4、5、6、7、8、9、10（即 100），分十组来记数。在点钞记数时，不要用嘴念出数来，要用心记。心、眼、手三者要密切配合，这样才能既快又准。

4）挑残破票。清点时发现残破票，随手向外一扭，插在外边，待点完一把后，抽出残破票，补上好票。

点票时要注意姿势，身体笔直，胸部稍挺，眼睛和钞票要保持一定距离，一般以 20 厘米较适宜。清点时，左手和肘部放在桌上，右手和肘部也放在桌上，手腕稍抬起，这样能减轻劳动强度，便于持久工作。

5）扎把。扎把有两种方法：一种是半径拧扎法；另一种是缠绕折掖法。

半径拧扎法：左手横执已蹾齐的钞票，正面朝向整点员，拇指在前，中指、无名指、小指在后，食指在钞票上侧伸直。捏住钞票左端约票面的 1/3 处，右手的拇指与食指、中指取纸条（纸条的长度一般约等于票面宽的 3 倍），拿住纸条的 1/3 处，把纸条的 2/3 搭在钞票的上侧中央，用左手食指压住纸条，使纸条较短一端在钞票的背面，较长一端在钞票的前面，用拇指和中指捏住纸条长的一端往下绕半圈，用食指钩住短的一端纸条，使纸条的两端在钞票的后面中间合拢捏紧，然后用左手稍用力握住钞票的正面（中指、无名指、小指在外侧，拇指在里侧，食指伸直扶在钞票上半部），捏成斜瓦形（正面凸、前面凹），左手腕向外转动，右手捏住纸条向内转动，随后双腕还原的同时将右手中的纸条拧成半径，用食指将纸条掖在斜瓦里，使纸条卡在下部。采用半径拧扎法扎把又快又紧。

缠绕折掖法：将蹾齐的钞票横执，左手拇指在票前，中指、无名指在票后，捏住钞票 1/3 处，食指在钞票上侧，把 100 张钞票分开一条缝，右手将纸张一端插入缝内（或将纸条一端以左手食指按在钞票背面中间），然后由内往外缠绕，将纸条一端留在票面上部，用右手食指和拇指捏住纸条（纸条长度一般为票面宽的 4 倍）向右折掖在钞票正面上侧。

6）盖章。每点完一把钞票（100 张），扎把后都要盖上图章，图章盖在钞票的上侧纸条上。

图 2－5　手持式单指多张点钞法

（2）手持式单指多张点钞法。手持式单指多张点钞法是在手持式单指单张点钞法的基础上发展为单指可点 2 张以上钞票的点钞法（见图 2－5）。目前有人做到了单指可点 7 张。这种点钞法适用于收款、付款和整点工作，新旧币、主辅币都能点。这种方法的主要优点是记数比单指单张点钞省力，效率高；缺点是第二张以后的钞票看的面积小。这种方法除点数、记数外，其他均与手持式单指单张点钞法相同，只是持票时钞票的倾斜度稍大。

1）点数。以右手拇指肚放在钞票的右上角，拇指尖超出票面，点双张时拇指肚捻第1张，拇指尖往下捻第2张；点3张以上时拇指均衡用力，捻的幅度不要太大，二指、三指在票后配合拇指捻动，四指向怀里弹，弹的速度要快。点数则从左侧看，这样看的范围大，看得清楚。

2）记数。采用分组记数，如点3张，即3张为1组，记1个数，点33次余1张，即是100张，点4～7张以上时，均以此方法计算。

（3）手持式多指多张点钞法。手持式多指多张点钞法（见图2-6）是用小指、无名指、中指、食指依次捻下一张钞票，一次点4张，是目前较为先进的一种点钞方法。其技术性较强，速度快、省力。该方法一般适用于较新的钞票，多用于比赛，实践工作中使用较少。操作时主要用手关节活动，动作范围小，可以减轻劳动强度。最适用于点数把券，不适于点残破票太多的钞票。

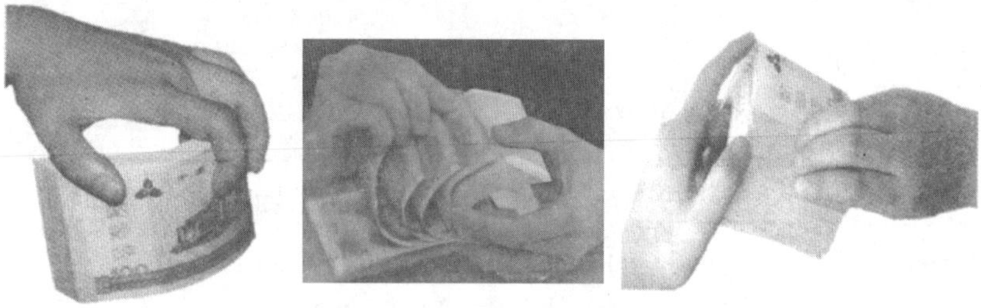

持钞　　　　清点

图2-6　手持式多指多张点钞法

手持式多指多张点钞法的操作如下：

1）拆把及持票。拆把时以左手大拇指、小指放在钞票正面，剩余三个手指放在钞票背面，把钞票压成瓦形。用右手脱下纸条，左手立即将钞票一端向右手拍打一下，其作用是使钞票松散，顺便将钞票向上推起，趁右手推起时，左手变换各手指位置，即四指、五指夹住钞票左下端，三指与拇指沿钞票的两侧伸出，卡住钞票。拇指要高于三指，三指稍用力，使钞票右上角稍向后倾斜成弧形，便于点数，三指稍曲抵住钞票背面中上方。

2）清点。右手腕抬起，拇指贴在钞票的右上角，余下四个手指并拢，从小指开始每指一张依次下滑，四个指头每下滑一次捻下四张钞票，如此循环往复。同时，左手拇指和食指配合动作，使点钞流畅自如。

3）记数。采用分组记数，每4张为1组，记1个数。记数从二指拨下钞票后起记。

4）挑残破票。点数时发现残破票，用两手指捏住（其他手指松开）向外折叠，露出一端，等一把钞票点完后，左手将票币横立桌上，用右手捏住，左手将残破票抽出，补上完整的钞票。

5）扎把盖章。扎把盖章与手持式单指单张点钞法相同。运用这种方法时应注意以下几个问题：拨票时，要充分使手指关节活动，尽量减少腕力动作，以减轻劳动强度；左手拇指和三指夹住钞票两侧时，必须松紧适当，以免钞票脱落或不易拨下；拨票时眼睛应集中在钞票的右上角，这样可以看到票面的1/2，便于看出残破票、发现双张和拨空等。

（4）手持式五指拨动点钞法。手持式五指拨动点钞法的操作方法有以下三种：

1）除点数外，其他操作均与手持式多指多张点钞法相同。点数时，拇指先触及票面及票面弧形面上，然后按二指、三指、四指、五指的顺序逐一点数，向怀内下方拨票，手腕旋转连续拨动钞票，每五张为一组，记一个数。

2）持把与手持式单指单张点钞法基本相同，不同的是左手二指略伸出票面挟住钞票不让其下垂，拇指挟住钞票侧面上端。右手五个手指同时沾水后，从五指开始，依次四指、三指、二指、拇指，逐一触及钞票上端，轻轻向外推动，到拇指收尾，每指推点一张。每五张为一组，记一个数。

3）持把与手持式单指单张点钞法相同，右手五个手指稍离开，微曲，向怀里（下方）轻轻拨动钞票的右上角（或中间）。点数时先从拇指开始，到五指收尾，每个手指拨点一张，拨动一次是五张。记数与上述方法相同。

这种方法适用于收款、付款和整点工作，其优点是点钞速度快，记数方便。操作时主要用手指关节活动，动作范围小，可减轻劳动强度。

2. 手按式点钞法

手按式点钞法是将钞票安放在桌面上进行清点的点钞方法。一般有手按式单指单张点钞法，手按式双张、三张、四张点钞法，多指推动点钞法，三指拨动点钞法和手按式五张扳数点钞法等。

（1）手按式单指单张点钞法。手按式单指单张点钞法是一种传统的点钞方法，即用一个手指捻点一张钞票的方法（见图2-7）。操作时，把钞票横放在桌子上，对正自己，用左手四指、五指按住钞票的左上角，每捻起一张，左手拇指即往上推动送到二指、三指之间夹住，即完成了一次点钞动作，以后依次连续操作，记数1～100张。

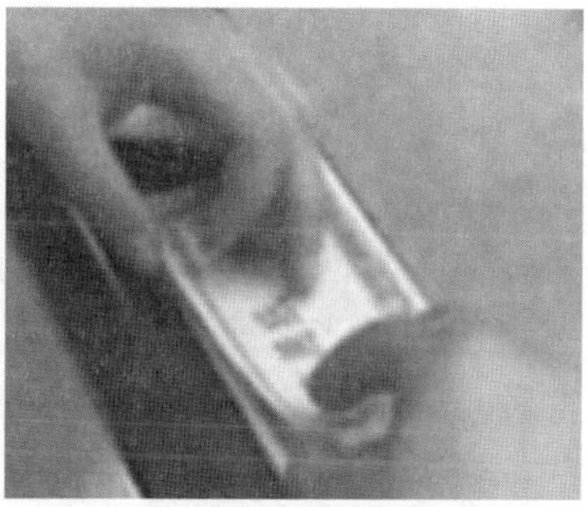

图2-7　手按式单指单张点钞法

该方法的具体操作步骤如下：

1）按钞及拆把。将钞票平放在桌子上，两肘自然放在桌面上。以钞票左端为顶点，与身体呈45度角，左手小指、无名指按住钞票左面约1/3处，小指在前，无名指贴着小指，中指自然弯曲，然后食指伸向纸条下端，将纸条勾断，中指、无名指、小指随即立起，用指尖按钞，手心向下。食指与拇指张开抬起，为配合右手点数做准备。

2）清点。右手掌心向下，右手腕抬起，中指伸直，拇指从钞票右端里侧托起部分钞票。食指指尖将钞票右侧内角与拇指摩擦后向里向上提，提起后左手拇指迅速接住，向上推，送到左手食指与中指之间夹住，依次连续操作。

3）记数。记数方法同手持式单指单张点钞法。

4）蹾齐扎把并盖章。

这种点钞法适用于收款、付款和整点各种新、旧、大、小钞票，特别适用于整点辅币及残破票券多的钞票。此方法的优点是看的票面范围较大，便于挑剔残破票；缺点是在速度上比手持式单指单张点钞法慢，劳动强度也大些。

（2）手按式双张、三张、四张点钞法。手按式双张、三张、四张点钞法是在手按式单指单张点钞法的基础上发展起来的点钞方法，与手按式单指单张点钞法基本相同，只是清点和记数略有不同。

双张点钞时，把钞票斜放在桌面上，左手的小指、无名指压住钞票的左上方约 1/4 处，右手拇指、食指、中指沾水，沾水后随即用拇指托起右下角的部分钞票。右臂倾向左上方，然后用中指向上捻第一张，随即用食指捻起第二张。捻起的这两张钞票由拇指往上推送到食指、中指间夹住。采用分组记数方法，两张为一组，记五十组为一百张。这种点钞法适用于取款、付款和整点各种新旧主币、角币。主要优点是速度比手按式单指单张点钞法快一点；缺点是挑剔残破币不方便，所以不适用于整点有残破券的钞票，劳动强度也较大。

三张、四张点钞时，左手压钞的方法与双张点钞法相同，右手拇指托起右下角的部分钞票。三张点钞时，先用无名指捻动第一张，随后用中指、食指按顺序捻起第二张和第三张；四张点钞时，先用小指捻起第一张，随后无名指、中指和食指分别捻起第二张、第三张和第四张，捻起的三张和四张钞票用左手拇指向上推送到左手的食指和中指间夹住。如图 2-8 所示。

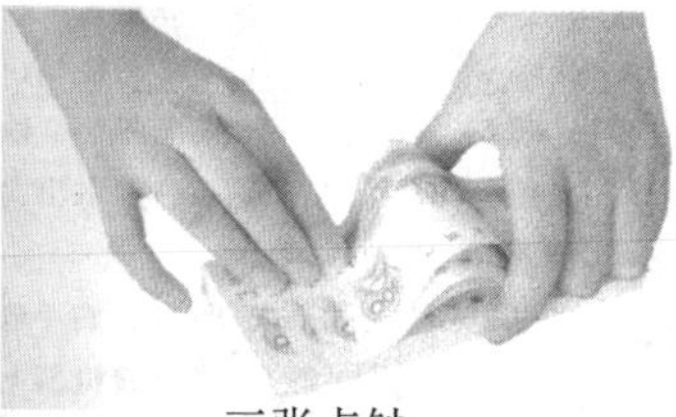
三张点钞

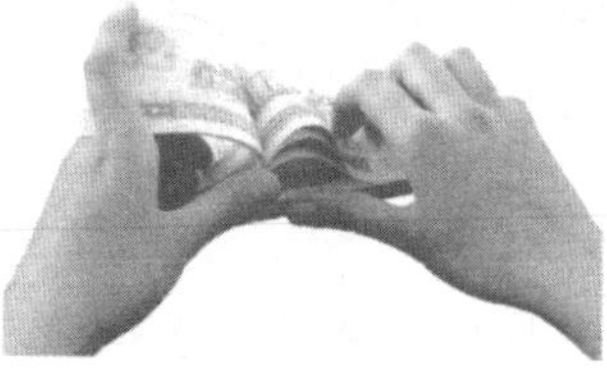
四张点钞

图 2-8　手按式多指多张点钞法

三张、四张点钞可采用分组记数方法，三张点钞是每三张为一组记一个数，数到三十三组还剩一张，即一百张；四张点钞是每四张为一组记一个数，数到二十五组即一百张。这种点钞法适用于收付款和整点各种新旧主币、角币。它的优点是速度比单张、双张点钞法都快；缺点是除第一张外，其余各张看的票面范围小，不宜整点残破券较多的钞票，劳动强度也较大。

（3）多指推动点钞法。这种点钞法适用于收付款和整点各种钞票，尤其适合于整点成把的主币。它的优点是效率高；缺点是清点零数和付款配票不方便，残破票不易剔出。

操作方法为：将钞票斜放在桌上，使右下角对正胸前，整点时，用左手五指、四指弯曲压住钞票的左上角（约占票面的1/5，面积不要太大，以免影响检查票面），同时用右手四指、三指、二指沾水（为了便于推动，在推点前用右手掌在钞票右下角侧面向左上方推动一下，使钞票松散），然后右手后掌固定在桌上（在钞票右下方），五指拈起，二指、三指、四指微曲，先用四指由钞票右下角推起第一张，紧接着用三指、二指各推起一张（手指和票面的接触要少，不要用大力推）。每推动三张用左手拇指将它们送到二指、三指之间夹住，即完成一组动作。以后照此步骤继续操作。

（4）三指拨动点钞法。这种点钞法的适用范围及优缺点与三指推动点钞法相同。具体操作方法如下：

1）点数。右手将钞票横放在桌上，左手五指、四指、三指压住钞票的左上角，右手二指、三指、四指沾水后，二指从钞票右上角向胸前拨动第一张钞票，紧接着再用三指、四指分别拨起第二张、第三张钞票，每拨起三张钞票就以左手拇指向上推，用二指、三指夹住，即完成一组动作，记数与手按式三张点钞法相同。

2）挑剔残破票。整点时发现有残破票，待点完一组三张后，用左手将残破票取出，或者折起，等到点完一把后再取出来。使用此法应注意的是：点钞时手臂和左手腕都固定在桌上不动，只需手指动，同时两手用力要均衡，钞票才能拨得快。

（5）手按式五张扳数点钞法。这种方法适用于整点各种主币及复点工作，新旧票、残破票混在一起时不宜用此种方法。它的优点是速度快，缺点是看票面小，不易挑剔残破票及鉴别假票。操作时，双手持票，两手拇指在钞票前，其余各指在钞票后，捏住钞票的下半部将其竖立；然后以左手拇指向右推，右手四个手指向左推，下端约伸出桌面两厘米；左手中指、无名指、小指按住钞票右下角扳起钞票，使其向左散开，然后左手拇指在扳起的钞票中部一次扳五张，每扳一次用中指、食指夹住。记数时，五张为一组，记一个数，数到二十即一百张。

3. 扇面式点钞法

扇面式点钞法亦称四指交替扇面点钞法，它是将钞票捻成扇面形，用四指交替拨动，分组点数，一次点数多张的方法，每组分点五张、十张、十二张、十四张、十六张不等，时速可达 36 000 张/小时以上，适用于整点新票和复点工作。

常用的扇面式点钞法主要有扇面式一指多张点钞法、扇面式多指多张点钞法。

（1）扇面式一指多张点钞法。具体操作步骤为：

1）打扇面。竖拿钞票，左手拇指、食指和中指捏住钞票的右下角，无名指、小指弯曲靠手心，右手拇指按住钞票下半部正中间，食指按在钞票背面，其余三个指头弯向手心。开扇时，以左手为轴，右手食指将钞票向左下方压，将压弯的钞票向左上方推起；食指、中指向右捻动 ，此时左手拇指必须配合右手动作；这样反复操作，右手拇指逐次由中部向下移动，移至右下角时即可将钞票推成扇面形，然后用两手捧住钞票，将不均匀的地方抖开（钞票左半部向左方抖，右半部向右方抖）。使用此方法开扇时，应注意两手的动作是同时并连续进行的。用一按十张点钞法时，扇面要开小些，这样才便于清点。如图 2－9 所示。

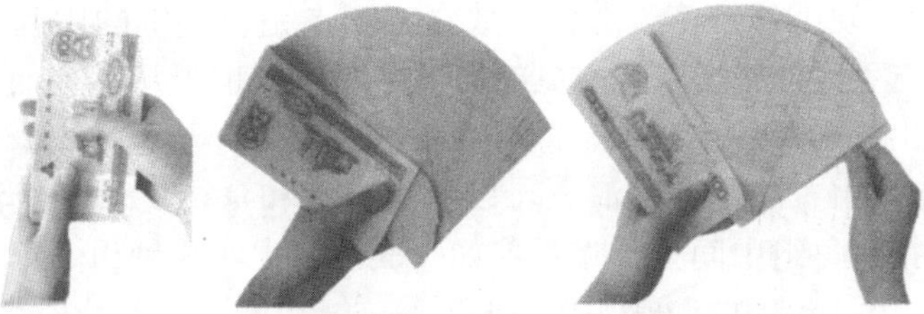

持钞　　记数扇面形状　　清点

图 2－9　扇面式一指多张点钞法

2）清数。左手持票，使扇面平持稍向身体倾斜，右手中指、无名指托住钞票背面，用拇指一次向下按五张或十张，按下后用食指压住（按的部分是钞票的右上角）。接着，用拇指按第二次，依次类推。左手应随着右手按的速度以腕部为轴稍向内转动扇面，右手向前移动，眼睛向前看，手、眼密切配合。这种方法是拇指单指前进，也可采用拇指、食指两指交替前进。

3）记数。采用分组记数法，一按五张即每五张为一组，记一个数；一按十张即每十张为一组，记一个数。

4）合扇。清点完毕即可合扇，将左手向右侧，右手用四个手指稍弯曲托住钞票的右侧，由右往左合，左右手指稍往中间一起用力，使钞票竖立在桌面上，两手松拢轻蹾，然后两把钞票横持蹾齐做扎把准备（扎把方法与手持式单指单张点钞法相同）。

（2）扇面式多指多张点钞法。采用扇面式多指多张点钞法，可四指点六张、七张、八张，最多的可点十六张。下边介绍的是点六张的方法，点七张以上的方法亦相同。

操作时，打扇面与扇面式一指五张点钞法相同，左手持扇面，右手清点，一按六张（或七张等），点数时右手拇指查点第一个六张（七张等），然后食指沿钞票上端向前移动，接着数第二个六张（七张等）；中指、无名指依次接点第三、第四个六张（七张等）；右臂要随各指点数轻轻向前移动，当无名指点完时，拇指则由里边迅速越上去接第五个六张（七张等），开始第二轮的操作，四个手指依次轮流地反复清点。如图 2－10 所示。

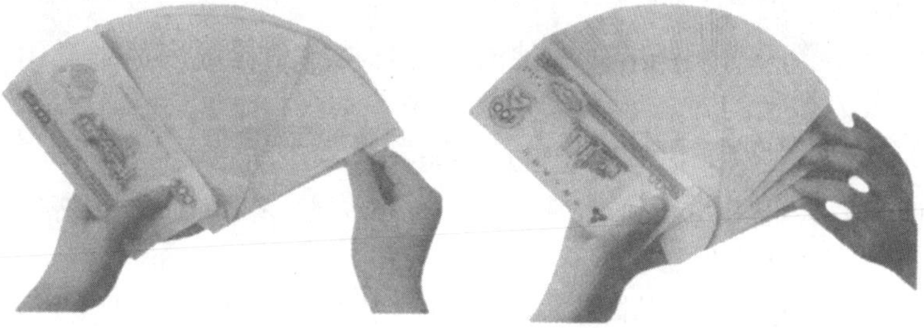

持钞　　　　清点

图 2－10　扇面式多指多张点钞法

4. 硬币整点法

硬币的整点方法一般分为两种，即手工整点和工具整点。

（1）手工整点硬币。手工整点硬币一般用于收款、收点硬币尾零款，以一百枚为一卷，一次可清点五枚、十二枚、十四枚或十六枚，最多的可一次清点十八枚，主要是依个人技术熟练程度而定。其操作方法如下：

1）拆卷。右手持硬币卷的 1/3 部位，放在待清点完包装纸的中间，左手撕开硬币包装纸的一头，然后右手大拇指向下从左到右打开包装纸，把纸从卷上面压开后，左手食指平压硬币，右手抽出已压开的包装纸，即可准备清点。

2）清点。清点时由右向左分组清点，以右手拇指和食指持币分组清点，为保证清点的准确性，可用中指从每组中间分开查看，如一次清点十四枚硬币，可从中间分开，一边七枚；如一次清点十六枚硬币，可从中间分开，一边八枚。

3）记数。采用分组记数法，每一组为一次，每组的枚数相同，如一组点十四枚，则记七次后余两枚即一百枚；如一组点十六枚，则记六次后余四枚即一百枚。如果是以五十枚来进行包装的，则记数应更改，如一组点十六枚，则记三次后余两枚；如一组点十二枚，则记四次后余两枚。

4）包装。硬币清点完毕后，用双手的无名指分别顶住硬币的两头，用拇指、食指、中指捏住硬币的两端，将硬币取出放入已准备好的包装纸 1/2 处，用双手拇指把里面的包装纸向外掀起掖在硬币底部，再用右手掌心用力向外推卷，然后用双手的中指、食指、拇指分别将两头包装纸压下均贴至硬币，这样使硬币两头压三折，包装完毕。

(2) 工具整点硬币。工具整点硬币是指用硬币整点器整点硬币。可分为拆卷、清点、包装和盖章四个步骤，具体操作方法介绍如下：

1) 拆卷。拆卷可使用两种方法：第一，刀划法拆卷。在硬币整点器的右端安装一个刀刃向上的刀片，拆卷时用双手的拇指捏住硬币的两端，从左向右在刀刃上划过，使包装纸被刀刃划开一道口，硬币进入整点器盘内，然后把划开的包装纸取出准备清点。第二，震裂法拆卷。用双手的拇指、食指和中指捏住硬币的两端向下震动，在震动的同时左手向里扭动，注意用力要适度，不要使硬币震散。在包装纸震裂后，取出已震裂的包装纸准备清点。

2) 清点。硬币放入整点器内进行清点，用双手食指捏在整点器的两端，拇指推动整点器上的弹簧轴，眼睛从左端看到右端，看清每格内的硬币是否有五枚，一次看清。

3) 包装和盖章。此步骤与手工整点的方法相同。

(二) 机器点钞

1. 点钞机的结构及原理

点钞机（见图 2-11）是一种自动清点钞票数目的机电一体化装置，一般带有伪钞识别功能。点钞机由以下几部分组成：

图 2-11　点钞机

(1) 捻钞部分。主要由滑钞板、送钞舌、阻力橡皮、落钞板、调节螺丝、捻钞胶圈等组成。将要清点的钞票逐张捻出是保证计数准确的前提。捻钞胶圈捻走处于表面的一张钞票，下面的钞票被阻力橡皮粘住，使表面的钞票与下面的钞票分开，实现分张。这个过程不断重复进行，直到捻完最后一张钞票。

(2) 出钞部分。主要由出钞胶轮、出钞对转轮组成。其作用是出钞胶轮以捻钞胶圈两倍的线速度把连续送过来的先后两张钞票有效地分开，送往计数器与检测传感器进行计数和辨伪。

(3) 接钞部分。主要由接钞爪轮、脱钞板、挡钞板等组成。点验后的钞票一张张分别卡入接钞爪轮的不同爪上，由脱钞板将钞票取下并堆放整齐。

(4) 传动部分。传动部分可采用单电机或双电机驱动，由电动机通过传动带、传动轮，将动力输送给各传动轴。采用双电机驱动易于实现预置数功能。

(5) 电子电路部分。由主控部分、传感器部件、驱灯组件、电源板等组成一个单片机控制的系统，通过多个接口把紫光、磁性、红外穿透、计数信号引入主控器。把正常钞票清点中在各传感器接收到的信号进行统计取样、识别，并存起来，作为检测的依据。清点纸币时，把在各通道接口接收到的信号参数与原存起来的信号参数进行比较、判断，若有明显差异，立即送出报警信号并截停电机，同时显示对应的信号。

2. 点钞机使用的一般程序

出纳人员应熟知所使用的点钞机的型号及功能。点钞机的具体操作步骤为：

(1) 将点钞机的插头插在该产品说明书中允许的电源插座上，要注意，插座的供电标准必须严格遵守说明书上允许的范围。

(2) 参照说明书，进行功能设置。如果是智能型机器，那么此步骤可以省略。

(3) 试下钞使用。下钞的时候，将纸币捻成一定斜度，平放在输钞台上，机器即自动完成点钞工作。待输钞台上的钞票全部输送完毕后，机器停止运转，此时计数器显示窗上显示的数字就是该叠钞票的数量。取出接台上的钞票，每次清点钞票时显示窗上显示的数值将自动清零后重新计数。

3. 机器点钞的使用方法

点钞机按其清点的对象不同，可以分为纸币点钞机和硬币清点器两类。

(1) 纸币点钞机的使用。纸币点钞机的操作较为简单，清点时应注意以下事项：

1) 将待点的钞票码好放在点钞机右侧，已点好的钞票放在左侧，避免清点时混淆。

2) 右手握住钞票，稍用力使钞票略成梯形并将钞票均匀打开，展平放在送钞板上，使点钞机点数时连续读数，同时左手挡在推钞板前准备接钞。

3) 送钞时要帮助钞票依次下滑，避免出现双张。

4) 下钞时，目标应集中在送钞带上，注意钞票的票面有无夹板，发现后应及时挑出。

5) 如点钞机带有验钞功能，在点钞时发现伪钞，应在取出伪钞后，复位继续清点。

6) 钞票清点完毕之后，再复点一遍，看有无掉张漏记，无误后可蹾好码齐，结束清点。

(2) 硬币清点器的使用。这里主要介绍使用活动卡齿的平板型硬币清点器的操作方法。其方法是：

1) 破卷。双手持待清点的成卷硬币，放在刀槽内自右向左轻轻一拉，使包装纸卷破开，顺势将硬币放入清点器币槽内，将包装纸退出，准备点数。

2) 点数。双手拇指推动清点器手柄，使活动卡齿向前运动，将成卷硬币按五枚一组前后错开放置，通过目测完成点数。点数完毕，双手拇指放开，卡齿自动退回原位，硬币也回归原位；如有氧化变形币及伪币，应随时挑出。

3) 封卷。用双手无名指抵住硬币两端，用拇指和食指将清点后的硬币从清点器币槽中取出，放在预先备好的清点器前方的包装纸 1/2 处。双手无名指不要松开，右手拇指从包装纸的底端将纸掀起一张，将硬币兜在纸内压住，然后用双手掌内侧向前推滚硬币卷，在推滚同时用双手无名指、拇指、食指连续三次压封硬币纸卷的两头，完成包装。

四、点钞的基本要领

(1) 肌肉要放松。点钞时，双手各部位的肌肉要放松。正确的姿势是：肌肉放松，双肘自然放在桌面上，持票的左手手腕接触桌面，右手腕稍抬起。

（2）钞票要蹾齐。需清点的钞票必须清理整齐、平直。清理好后，将钞票放在桌面上蹾齐。

（3）开扇要均匀。钞票清点前，都要将票面打开成扇形，使钞票有一个坡度，便于捻动，手指触面要小。手工点钞时，捻钞的手指与钞票的接触面要小。

（4）动作要连贯。动作连贯包括两方面的要求：一是指点钞过程的各个环节必须紧凑协调、环环扣紧；二是指清点时的各个动作要连贯，即第一组动作和第二组动作之间要尽量缩短时间，同时，当第一组的最后一个动作即将完毕时，第二组动作要连续。

（5）点数要协调。点和数是点钞过程的两个重要方面，这两个方面要相互配合、协调一致。为了使两者紧密结合，记数通常采用分组记数法。单指单张以十为一组记数，多指多张以清点的张数为一组记数，使点和数的速度能基本吻合。同时，记数通常要用脑子记，尽量避免用嘴数。

第四节　人民币真假鉴别技能

各单位的出纳人员几乎每天都要收付人民币（有外币业务的要收付外币），识别钞票的真伪是出纳人员的主要业务技能之一。

一、人民币的主要特征

人民币防伪主要在纸张、油墨、制版、印刷和安全线等方面。

（一）纸张

（1）人民币纸张的成分。人民币纸张的主要成分是短棉绒，这样的纸张含95%的优质棉、5%的进口木浆，纤维长、强度高、耐折、耐磨、挺括、手感厚实。通过分析检验纸张的成分，可以正确地鉴别真假币。

（2）人民币纸张在制造时做了技术处理。在紫外线灯光下观察时，看不到荧光；普通纸在制造时，都加有增白剂，在紫外线灯光下会发出明亮蓝白光。

（3）水印。市场上流通的人民币壹元券以上的都有水印，有的是固定水印，有的是国旗五星或五星古钱币图案等满版水印。

（二）油墨

印制人民币所用的油墨都是特殊配方油墨，使用这种油墨多次套版印制的人民币，色泽鲜艳、层次清晰、颜色协调。另外，在印制大面额票券时，还采用了无色荧光油墨、磁性油墨以及冲击发光油墨等防伪手段。

（三）制版

人民币的制版，除使用我国传统的手工制版外，还采用了多色套版印制钞票图纹的胶印或凹印接线技术，以及正背面图案高精度对印技术等。

真人民币的墨层厚、手感强；特定部位的图案正反面完全一致；票面的线条都是连接的，并印上几种不同的颜色，且不会产生重叠、缺口的现象。

（四）印刷

第五套人民币中壹元券以上的主币，正面人像、行名、国徽、面额、花边、盲文等，背面拼音行号、主景、面额、少数民族文字、行长章等，均采用了凹版印刷技术。

凹版印刷的钞票，油墨厚，揉摸纸币时有明显的凹凸感，防伪性能强。

（五）安全线

人民币采用了特殊的金属安全线工艺，增加了大面额人民币的防伪功能。

二、假币的类型及特点

通常所说的假币，也就是法律上所称的伪造币和变造币。

（一）伪造币

伪造币是指模仿真票的形象，非法印刷、影印、描画加工制作的票币。用假票币冒充国家统一发行的合法货币，投入市场流通使用，以假乱真，严重破坏国家的经济建设，损害群众的经济利益，危害极大。常见的伪造币主要有：

(1) 手工描绘或刻版印刷假币。这种假币质量非常粗糙、低劣，人像、图案失真较大，水印多为手工描绘等，比较容易识别。

(2) 复印假币。即用复印机复印后上了颜色的假币，这种假币的纸质为复印机专用纸，弹性差、手感光滑、红条呈点状结构；正反面出现色差，正面人像偏红或偏黄，水印时用白色油墨加盖在背面；在紫外线灯光下有强烈的荧光反应，用放大镜观察会发现毛边，而且在空白位置上通常都有少量的墨粉。

(3) 机制胶印假币。即利用现代化的印刷机械伪造的假币。这种假币的纸张韧性较差，无弹性；纸张内无水印图案，水印用浅色油墨加盖在纸面，模糊不清；底纹呈网状结构；接线出现断裂或重叠；图案层次不丰富；在紫外线灯光下呈荧光反应；安全线是用黄色油墨加印在纸面上的。

(4) 照相版假币。这种假币的纸面较光滑，纸质无弹性，人像、图案无立体感；无底纹线，水印系描绘而成，失真度较大；纸幅比真币略小；等等。

(5) 剪制假币。这种假币是将报纸杂志上印有人民币的图案剪制下来，一般在光线昏暗时使用，稍加注意极易发现。

（二）变造币

变造币是指将真币采用揭张（将票券正、背面揭开）、剪割拼凑、涂改面额等手法变造的货币。变造币的目是以少变多，从中谋取经济利益。常见的变造币有：

(1) 拼凑变造币。即将多张人民币剪成若干窄条，经过拼接，多拼出张数，从中非法获利的变造币。这种假币的特点是：比真币短缺一截，花纹不衔接，钞币背面有纸条或叠压、粘贴痕迹。

(2) 揭张变造币。是指经过处理，将真币揭开为正、背面两张，再用白纸等进行粘贴，折叠后混于好币中使用的变造币。这种假币的特点是：比真币纸质薄，挺度差，一面是白纸等其他纸张，只要将票面打开，正反面一看即可发现。

(3) 涂改变造币。是指利用消字、消色等方法消去小面额真币的金额，再将其涂改成大面额人民币的金额，以此来混充大面额真币的变造币。这种假币的金额数字部位有涂改或刀刮的痕迹，花纹、颜色、图案以及尺寸等均与真币不符。

（4）拓印变造币。即用一定的化学物质浸泡真币，用白纸加压拓印而成的变造币。这种假币纸质较差、无挺度，纸张由三层组成，正背两面各为一层薄纸，且纸面上涂有一层油质，中间为一层白纸；墨色比较暗淡，无光泽；纸幅一般较真币略小。这种变造币较其他假币具有更大的欺骗性，应注意识别。

三、第五套人民币的防伪特征

第五套人民币分为 1999 版、2005 版和 2015 版。

1999 版的第五套人民币自 1999 年 10 月 1 日开始发行，共发行了面值为 100 元、50 元、20 元、10 元、5 元和 1 元的六种纸券币，1 元、5 角和 1 角三种硬币；2005 版的第五套人民币自 2005 年 8 月 1 日起发行，共发行了面值为 100 元、50 元、20 元、10 元、5 元的五种纸券币和 1 角的硬币；2015 版的第五套人民币于 2015 年 11 月 12 日发行，发行了一种面值为 100 元的纸券币。

（一）1999 版第五套人民币的防伪特征

1. 1999 版第五套人民币 100 元纸券和 50 元纸券的防伪特征

100 元纸券的防伪特征见图 2－12。

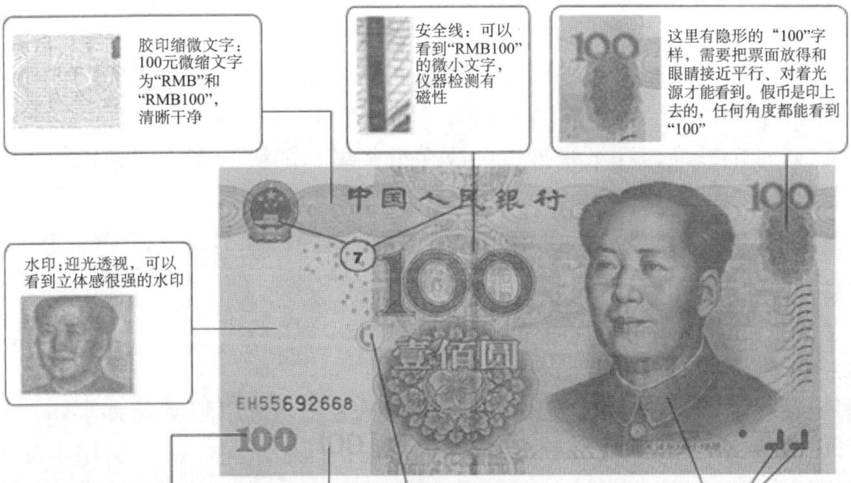

图 2－12　100 元纸券的防伪特征

第五套人民币 100 元纸券和 50 元纸券的防伪特征有：

（1）固定人像水印，位于钞票正面左侧，迎光透视，可以看到与背景人像相同、立体感很强的毛泽东头像水印。真币是在纸张抄造中形成的人像水印，层次丰富，立体感很强；而假币是在纸张夹层中涂布白色浆料并模压水印图案，或直接在纸张表面盖印浅水印图案，层次及立体感较差。

（2）磁性缩微文字安全线，钞票中的安全线嵌于纸张内部，迎光透视，可以看到缩微文字“RMB 100”（100 元纸券）或“RMB 50”（50 元纸券）字样，用仪器检测有磁性；而假币无磁性或磁性特征不稳定。

（3）光变油墨面额数字，在钞票正面左下方面额数字“100”和“50”字样，随着视角变化，颜色变化明显。100 元纸券，从票面垂直角度观察为绿色，倾斜一定角度则变为蓝色；50 元纸券，从票面垂直角度观察为金色，倾斜一定角度则变为绿色。而假币的变色无规律或无变色效果。

（4）隐形面额数字，钞票正面右上方有一装饰图案，将钞票置于与眼睛接近平行的位置，面对光源作平面旋转 45 度或 90 度，即可看到面额数字“100”或“50”，字形清晰；而假币没有隐形效果。

（5）阴阳互补对印图案，在钞票正面左下角和背面右下角均有一圆形局部图案，迎光透视，可以看到正背面图案组成一个完整的古钱币图案；而假币正背面图案错位。

（6）胶印缩微文字，在钞票正面上方图案中，多处印有胶印缩微文字，100 元纸券是“100”“RMB 100”字样；50 元纸券是“50”“RMB 50”字样，这些字样在放大镜下，字形清晰；而假币的字形模糊。

（7）手工雕刻头像，钞票正面正景毛泽东头像，采用手工雕刻凹刻印刷工艺，形象逼真、传神、凹凸感强，易于识别；而假币的头像线条模糊，无凹凸感。

（8）雕刻凹版印刷，钞票正面正景毛泽东头像、“中国人民银行”行名、面额数字、盲文面额标记及背面主景图案均采用雕刻凹版印刷，用手指触摸有明显的凹凸感；而假币是全胶印，手感平滑。

（9）红、蓝彩色纤维，在纸张抄造中放在纸浆里，随机分布，在票面上可以看到纸张中的不规则红色和蓝色纤维；而假币印刷于纸张表面。

（10）横竖双号码，钞票正面采用横竖双号码印刷，横号码为黑色，竖号码为红色；而假币的颜色与真币有差异。

2. 1999 版第五套人民币 20 元纸券的防伪特征

第五套人民币 20 元纸券的防伪特征有：

（1）固定花卉水印，位于钞票正面左侧，迎光透视，可以看到花卉水印。真币是在纸张抄造中形成的花卉水印，层次丰富，立体感很强；而假币是在纸张夹层中涂布白色浆料并模压水印图案，或直接在纸张表面盖印浅水印图案，层次及立体感较差。

（2）安全线，钞票中的安全线嵌于纸张内部，仪器检测有磁性；而假币无磁性或磁性特征不稳定。

（3）红、蓝彩色纤维，防伪特征与 100 元纸券相同。

（4）手工雕刻头像，防伪特征与 100 元纸券相同。

（5）胶印缩微文字，在钞票正面下方图案中，多处印有胶印缩微文字“RMB 20”字样，这些字样在放大镜下，字形清晰；而假币的字形模糊。

（6）隐形面额数字，钞票正面右上方有一装饰图案，将钞票置于与眼睛接近平行的位置，面对光源作平面旋转 45 度或 90 度，即可看到面额数字“20”，字形清晰；而假币没有隐形效果。

（7）雕刻凹版印刷，防伪特征与 100 元纸券相同。

（8）双色横号码，钞票正面采用双色横号码，号码左半部为红色，右半部为黑色；而假币号码的颜色与真币有差异。

3. 1999 版第五套人民币 10 元纸券和 5 元纸券的防伪特征

第五套人民币 10 元纸券和 5 元纸券的防伪特征分别有 10 种和 9 种。5 元纸券没有阴阳互补对印图案这种防伪特征，其他的防伪特征与 10 元纸券大同小异。

（1）固定花卉水印，位于钞票正面左侧空白处，迎光透视 10 元纸券可以看到立体感很强的月季花水印，5 元纸券可看到水仙花水印，真币是在纸张抄造中形成的花卉水印，层次丰富，立体感很强；而假币是在纸张夹层中涂布白色浆料并模压水印图案，或者直接在纸张表面盖印浅水印图案，层次及立体感较差。

（2）全息磁性开窗安全线，在钞票的正中间偏左，有一条开窗安全线，开窗部分可以看到由缩微字符“￥10”（10 元纸券）或“￥5”（5 元纸券）组成的全息图案，仪器检测有磁性。开窗安全线是指局部埋入纸张中，局部裸露在纸面上的一种安全线。

（3）红、蓝彩色纤维，在钞票票面上，可以看到纸张中有不规则分布的红色和蓝色纤维。

（4）手工雕刻头像，防伪特征与 100 元纸券相同。

（5）胶印缩微文字，在正面上方胶印图案中，多处印有胶印缩微“RMB 10”（10 元纸券）或“RMB 5”（5 元纸券）字样，这些字样在放大镜下，字形清晰；而假币的字形模糊。

（6）隐形面额数字，正面右上方有一装饰图案，将钞票置于与眼睛接近平行的位置，面对光源作平面旋转 45 度或 90 度，即可看到面额数字“10”（10 元纸券）或“5”（5 元纸券），字形清晰；而假币没有隐形效果。

（7）雕刻凹版印刷，防伪特征与 100 元纸券相同。

（8）双色横号码，钞票正面印有双色横号码，左侧部分为红色，右侧部分为黑色；而假币的颜色与真币有差异。

（9）白水印，位于双色横号码下方，迎光透视，可以看到透光件很强的图案“10”（10 元纸券）或“5”（5 元纸券）水印。

（10）阴阳互补对印图案，10 元纸券的防伪特征与 100 元纸券相同；5 元纸券没有此防伪特征。

4. 1999 版 1 元纸券的防伪特征

（1）固定花卉水印，位于钞票正面左侧空白处，迎光透视，在 1 元纸券上可以看到立体感很强的兰花水印。

（2）手工雕刻头像，正面主景毛泽东头像采用手工雕刻凹版印刷工艺，凹凸感强，易于识别。

（3）隐形面额数字，正面右上方有一装饰图案，将票面置于与眼睛接近平行的位置，面对光源做上下倾斜晃动，可看到面额数字“1”字样。

（4）胶印缩微文字，背面下方印有缩微文字“人民币”和“RMB 1”字样。

（5）雕刻凹版印刷，正面主景毛泽东头像、“中国人民银行”行名、面额数字、盲文面额标记等均采用雕刻凹版印刷，用手指触摸有明显凹凸感。

（6）双色横号码。正面印有双色横号码，左侧部分为红色，右侧部分为黑色。

(7) 荧光字。人民币正面“中国人民银行”的“人民”字样下用用简单仪器进行荧光检测，可看见“1”字样。

5. 1999版第五套人民币硬币防伪特征

(1) 1元硬币。1元硬币色泽为镍白色，直径为25毫米，正面为“中国人民银行”、“1元”和汉语拼音“YIYUAN”及年号；背面为菊花图案及“中国人民银行”的汉语拼音“ZHONGGUO RENMIN YINHANG”；材质为钢芯镀镍，币外缘为圆柱面，并印有“RMB”字符标记。

(2) 5角硬币。5角硬币色泽为金黄色，直径20.5毫米，材质为钢芯镀铜合金，正面为“中国人民银行”字样、面额、汉语拼音字母“WUJIAO”及年号；背面为荷花图案及“中国人民银行”的汉语拼音“ZHONGGUO RENMIN YINHANG”；币外缘为间断丝齿，共有六个丝齿段，每个丝齿段有八个齿距相等的丝齿。

(3) 1角硬币。1角硬币色泽为铝白色，直径为19毫米，正面为“中国人民银行”、“1角”和汉语拼音字母“YIJIAO”及年号；背面为兰花图案及“中国人民银行”的汉语拼音“ZHONGGUO RENMIN YINHANG”；材质为铝合金，币外缘为圆柱面。

(二) 2005版第五套人民币的防伪特征

2005版第五套人民币的规格、主景图案、主色调、“中国人民银行”行名及其汉语拼音、面额数字、花卉图案、国徽、盲文面额标记、民族文字等票面特征，均与1999版第五套人民币相同。2005版第五套人民币100元、50元纸券的固定人像水印、手工雕刻头像、胶印缩微文字、雕刻凹版印刷等防伪特征，20元纸券的固定花卉水印、手工雕刻头像、胶印缩微文字、双色横号码等防伪特征，10元纸券的固定花卉水印、白水印、全息磁性开窗安全线、手工雕刻头像、胶印缩微文字、雕刻凹版印刷、双色横号码、阴阳互补对印图案等防伪特征，5元纸券的固定花卉水印、白水印、全息磁性开窗安全线、手工雕刻头像、胶印缩微文字、雕刻凹版印刷、双色横号码等防伪特征，与1999版第五套人民币对应的100元、50元、20元、10元、5元纸券相同。但2005版第五套人民币在1999版的基础上修改了防伪设计，主要有以下几方面。

1. 调整防伪特征布局

2005版第五套人民币100元、50元纸券正面左下角胶印对印图案调整到主景图案左侧中间处，光变油墨面额数字左移至原胶印对印图案处，背面右下角胶印对印图案调整到主景图案右侧中间处。

2. 调整防伪特征

(1) 隐形面额数字。调整2005版第五套人民币各券别纸币的隐形面额数字观察角度。2005版第五套人民币各券别纸币正面右上方有一装饰性图案，将票面置于与眼睛接近平行的位置，面对光源做上下倾斜晃动，分别可以看到面额数字字样。

(2) 全息磁性开窗安全线。2005版第五套人民币100元、50元、20元纸券将原磁性缩微文字安全线改为全息磁性开窗安全线。2005版第五套人民币100元、50元纸券背面中间偏右有一条开窗安全线，从开窗部分分别可以看到由缩微字符“￥100”“￥50”组成的全息图案。2005版第五套人民币20元纸券正面中间偏左有一条开窗安全线，开窗部分可以看到由缩微字符“￥20”组成的全息图案。

(3) 双色异形横号码。2005版第五套人民币100元、50元纸券将原横竖双号码改为双色异形横号码。正面左下角印有双色异形横号码，左侧部分为暗红色，右侧部分为黑色，字符由中间向左右两边逐渐变小。

（4）雕刻凹版印刷。2005 版第五套人民币 20 元纸券背面主景图案桂林山水、面额数字、汉语拼音行名、民族文字、年号、行长章等均采用雕刻凹版印刷，用手触摸有明显凹凸感。

3. 增加防伪特征

（1）白水印。2005 版第五套人民币 100 元、50 元纸券的白水印位于正面双色异形横号码下方，2005 版第五套人民币 20 元纸券的白水印位于正面双色横号码下方，迎光透视，分别可以看到透光性很强的水印面额数字字样。

（2）凹印手感线。2005 版第五套人民币各券别纸币正面主景图案右侧，有一组自上而下规则排列的线纹，采用雕刻凹版印刷工艺印制，用手指触摸有极强的凹凸感。

（3）阴阳互补对印图案。2005 版第五套人民币 20 元纸券正面左下角和背面右下角均有一圆形局部图案，迎光透视，可以看到正背面的局部图案合并为一个完整的古钱币。

4. 增加拼音，修改年号

在 2005 版第五套人民币各券别纸币背面主景图案下方的面额数字后面，增加人民币单位的汉语拼音“YUAN”；年号改为“2005 年”。

5. 取消红、蓝彩色纤维

2005 版第五套人民币取消各券别纸币纸张中的红、蓝彩色纤维。

（三）2015 版第五套人民币 100 元纸券的防伪特征

2015 版第五套人民币 100 元纸券的图案主色调不变，个别图案进行了改动，防伪技术有了很大的提升。其防伪特征主要有以下几方面。

1. 光变镂空开窗安全线

光变镂空开窗安全线位于票面正面右侧。垂直票面观察，安全线呈品红色；与票面成一定角度观察，安全线呈绿色；透光观察，可见安全线中正反交替排列的镂空文字“¥100”，见图 2－13。

图 2－13　光变镂空开窗安全线

2. 光彩光变数字

光彩光变数字位于票面正面中部。垂直票面观察，数字以金色为主；平视观察，数字以绿色为主。随着观察角度的改变，数字颜色在金色和绿色之间交替变化，并可见到一条亮光带上下滚动，见图 2－14。

图 2－14 光彩光变数字

3. 人像水印

人像水印位于票面正面左侧空白处。透光观察，可见毛泽东头像，见图 2－15。

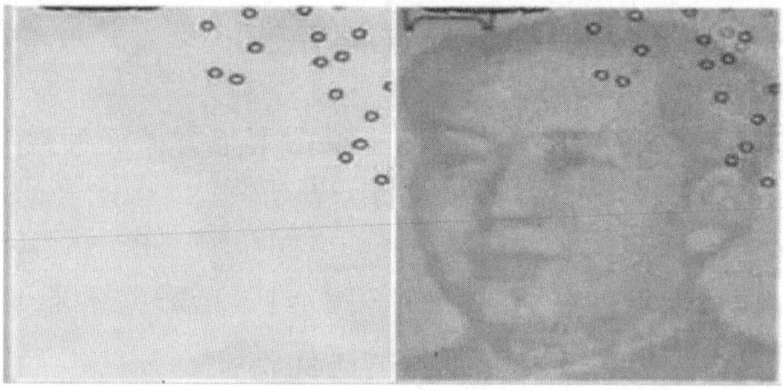

图 2－15 人像水印

4. 胶印对印图案

票面正面左下方和背面右下方，两面都有数字“100”的局部图案。透光观察，正背面图案可以组成一个完整的面额数字“100”，见图 2－16。

图 2－16 胶印对印图案

5. 横竖双号码

票面正面左下方采用横号码，其冠字和前两位数字为暗红色，后六位数字为黑色；右侧竖号码为蓝色，见图 2－17。

6. 白水印

白水印位于钞票正面横号码下方。透光观察，可以看到透光性很强的水印面额数字“100”，见图 2－18。

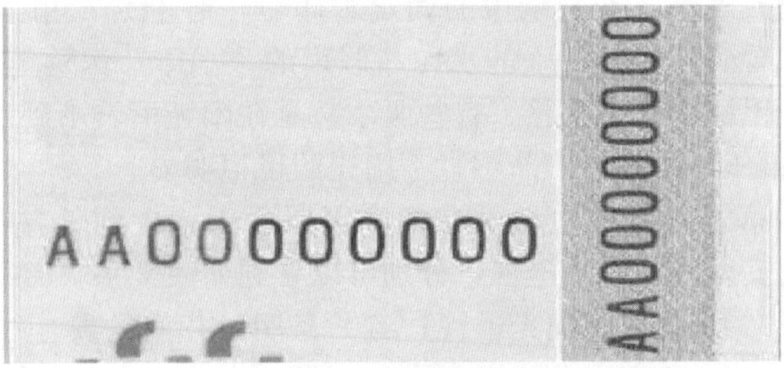

图 2-17　横竖双号码

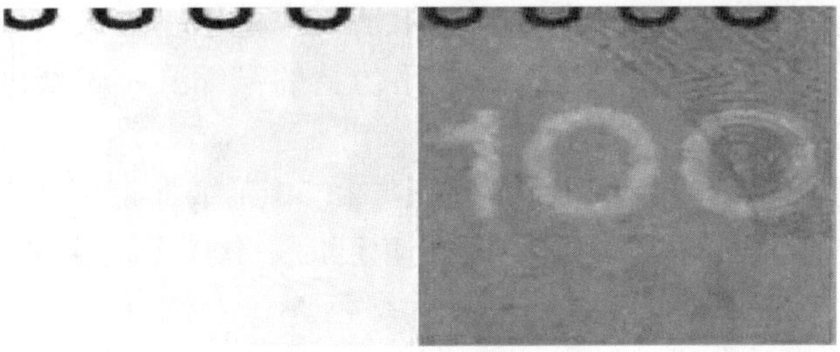

图 2-18　白水印

7. 雕刻凹印

钞票正面毛泽东头像、国徽、“中国人民银行”行名、右上角面额数字、盲文及背面人民大会堂图案等均采用雕刻凹印印刷工艺，用手指触摸有明显的凹凸感，见图 2-19。

图 2-19　雕刻凹印

四、如何识别伪造假币

识别人民币的真伪是出纳人员的基本功之一。出纳人员如果学会和掌握了人民币真伪的识别技术，不仅可以维护国家货币的安全和人民币的信誉，保护单位的现金安全，而且可以保护自己的合法权益，减少自己的经济损失。从实际工作来看，直观地鉴定人民币真伪，主要还是采用在实践中总结出来的“一看、二摸、三听、四测”方法。

（一）一看

主要是看以下几个方面：

（1）看水印。真人民币的水印是用特种方法加上去的，假币一般较难仿制。观察时，可先将钞票对着光源（最好是阳光）看，大额真钞的水印（如人像等）轮廓线条清晰，人物面部平滑。第五套人民币各券别纸币的固定水印位于各券别纸币票面正面左侧的空白处，迎光透视，可以看到立体感很强的水印。假币的“水印”像钢笔画似的，大黑大白，浮在纸面上，模糊、粗糙、无立体感。有些假币甚至在阳光下看不到水印，也有些假币的“水印”是用浅色油墨压印的，有凹凸感，不用光照也很明显。

（2）看安全线。第五套人民币纸币在各券别票面正面中间偏左处均有一条安全线。100元、50元纸券的安全线，迎光透视，分别可以看到缩微文字“RMB 100”“RMB 50”，仪器检测均有磁性；20元纸券，迎光透视，有一条明暗相间的安全线；10元、5元纸券安全线为全息磁性开窗式安全线，即安全线局部埋入纸张中，局部裸露在纸面上，开窗部分分别可以看到由微缩字符“￥10”“￥5”组成的全息图案，仪器检测有磁性。而假币的“安全线”或是用浅色油墨印成，模糊不清，或是手工夹入一条银色塑料线，容易在纸币边缘发现未经剪齐的银白色线头。假币仿造的微缩文字不清晰，线条活动、容易抽出。

（3）看光变油墨。第五套人民币100元纸券和50元纸券正面左下方的面额数字采用光变油墨印刷。将垂直观察的票面倾斜到一定角度时，100元纸券的面额数字会由绿色变为蓝色；50元纸券的面额数字则会由金色变为绿色。

（4）看票面图案是否清晰，色彩是否鲜艳，对接图案是否可以对接上。真人民币的图案鲜明，纹路精细清楚，颜色协调，印制精美，层次分明，光洁度好。第五套人民币纸币的阴阳互补对印图案应用于100元、50元和10元纸券中。这三种券别的正面左下方和背面右下方都印有一个圆形局部图案，迎光透视，两幅图案准确对接，组合成一个完整的古钱币。假币的图案不清、线条凌乱、粗细不一、底纹粗糙模糊、颜色灰暗不匀、光洁度差。有些假100元钞票虽然颜色逼真，但毛泽东头像浅色部位缺少点线，几乎空白。

（5）看票面大小、宽窄、数码等。目前发现的很多假币，一般来说，票面比真人民币小，宽度也窄，数码不同等。因此，观察这些特征，也能帮助出纳人员识别假人民币。

（二）二摸

摸人像、盲文点、“中国人民银行”行名等处是否有凹凸感。

用手揉摸钞票，真人民币纸张挺括，手感厚实，票面微涩，版纹深，有明显的凹凸感。如果经过眼看、手摸仍不能准确断定真伪时，就需要利用比较精密的检测仪器进行测定，或由一些专门机构做进一步的技术鉴定，以得出最后结论。

（三）三听

人民币纸张是特制纸，结实挺括，手指弹动较新钞票时会发出清脆声响。假币纸质绵软，单薄发脆，手感薄软，容易折断，票面光滑，版纹浅，其文字、图案、花纹等均没有凹凸感，用手甩动假币，声音比较沉闷。

（四）四测

运用简单仪器进行荧光检测，检测项目大致如下：

（1）检测纸张有无荧光反应，人民币纸张未经荧光漂白，在荧光灯下无荧光反应，纸张发暗。假币纸张多经过漂白，在荧光灯下有明显的荧光反应，纸张发白、发亮。

（2）真人民币有一两处荧光文字，呈淡黄色，假人民币的荧光文字光泽度差，色彩不正，呈惨白色。

五、如何处理假币

人民币是我国唯一合法货币。人民币的正常流通和币值的稳定，关系到社会经济生活的稳定和人民的切身利益。目前，随着商品经济的发展，货币发行量增大，大额人民币增多，少数不法分子出于各种目的，伪造、变造和贩卖假币活动十分猖獗。这些假币的流通扰乱了金融秩序，损害了国家、集体和个人的利益，在社会上影响恶劣。

作为出纳，应当掌握识别假币的基本技能，增强识别能力，在日常收付款工作中，提高警惕，注意查看钞票。一旦发现假币，要及时进行处理。

《中国人民银行法》规定："禁止伪造、变造人民币。禁止出售、购买伪造、变造的人民币。禁止运输、持有、使用伪造、变造的人民币。"因此，出纳人员在日常工作中一旦发现假币，应及时按以下规定处理：

（1）凡发现伪造币，要当场没收，并认真追查。出纳人员误收伪造币的，银行予以没收，其经济损失应由当事人等额赔偿；若多次误收，除等额赔偿外，应给予批评教育，直至纪律处分。

（2）对发现的变造币原则上应送交银行没收；如确系误收的，可由单位开具证明，说明情况，送银行并按有关规定进行更换。

（3）发现可疑的票币，一时难以辨别真假的，可给持票人开临时收据，然后及时送银行鉴定。

（4）如误收假币，决不允许转手付出，继续流通，否则就属于违法行为，应进行处罚。

（5）如发现有人倒卖假币或用假币套取真币，应立即向公安机关报告。

六、损伤人民币的挑剔标准

人民币一经发行进入流通领域，在人们手中不断周转，必然会因自然磨损或各种原因造成残缺损坏，这就是损坏的人民币，银行称为损伤券，人们则常常把它们叫作"破钱"。

为了提高人民币的整洁度，更好地发挥货币的职能，我国各银行出纳部门在收入现金的过程中，都会按照中国人民银行的有关规定，积极主动地办理损伤人民币的挑剔、调换和回收工作，使之退出流通领域。根据中国人民银行的有关规定，损伤人民币的挑剔标准主要有以下几个：

（1）票面缺少部分损及行名、花边、字头、号码、国徽之一的。

（2）票面裂口超过纸幅 1/3 或损及花边、图案的。

（3）票面纸质较旧，四周或中间有裂缝或断开面经粘补的。

（4）由于油浸、墨渍造成脏污面积较大，或涂写字迹过多，妨碍票面整洁的。

（5）票面变色严重，影响图案清晰的。

（6）硬币残缺、穿孔、变形、磨损、氧化损坏花纹的。

七、损伤人民币的处理

出纳人员将损伤人民币挑剔出来后，应及时按规定到当地银行办理兑换，残缺、损伤的人民币兑换分为下述几种情况。

（一）全额兑换的情况

凡残缺人民币属于下列情况之一者，可向中国人民银行按照全额兑换：

（1）票面残缺不超过 1/5，其余部分的图案、文字能照原样连接的。

（2）票面污损、熏焦、油浸、变色，但能辨别真伪，票面光整或者残缺不超过 1/5，票面其余部分的图案、文字能照原样连接的。

（二）半数兑换的情况

票面残缺 1/5 以上至 1/2，其余部分的图案、文字能照原样连接者，可向人民银行照原面额半数兑换，但不得流通使用。

（三）其他情况

（1）对残缺部分没有另行拼凑的原券，缺少 1/4 者可兑换全额；缺少 5/8 者可兑换半额；呈正十字形缺少 1/4 者可兑换半额。

（2）对于遭火灾、虫蛀、鼠咬、霉烂等特殊原因而损失严重，剩余面积较少或因污染变色严重的票券，可由持票人所在地政府或其工作单位出具证明，经审查来源正当，能分清票面种类，能计算出票券的张数、金额，可给予照顾兑换。

（3）对企业误收的图案文字不相连接的拼凑票，可根据其中最大的一块按规定标准兑换。如两半张贴在一起，纸幅基本不短少者，可兑换全额。

（4）凡在流通中因摩擦受到损伤的硬币，只要能辨别正面的国徽或背面的数字，即可兑换全额。凡经穿孔、裂口、破损、压薄、变形以及正面的国徽或背面的数字模糊不清的硬币，如确非持币人损毁者，也可按照全额兑付。

（5）兑付额不足 1 分者不予兑付，5 分券按半额兑换者，兑付 2 分。

（四）不予兑换的情况

属于下列情况之一的，不予兑换：

（1）票面残缺 1/2 以上，且不属于其他情况中的第三条者。

（2）票面污损、熏焦、水湿、拼凑，揭去一面者。

不予兑换的损伤人民币由银行挑剔出来后加盖“作废”戳记或打洞，也可不加盖戳记或打洞作废。不予兑换的票券和硬币，均可退还原主。对故意损毁人民币者，银行应将票币没收，并视情节轻重给予批评教育，或交司法部门依法处理。

残缺票币兑换单格式如表 2－1 所示。

表 2－1　　残缺票币兑换单

单位：　　　　年　月　日

券别	交银行金额	要求兑换金额	实际兑换金额

经办人：　　　　复核员：

第五节　出纳凭证的填制和审核技能

出纳凭证是指出纳人员在办理出纳业务过程中取得或填制的会计凭证。会计凭证多种多样，按其填制程序和用途，可以分为原始凭证和记账凭证两大类。

出纳工作的第一步是取得原始单证，并办理资金收付事项。原始单证在会计上称为原始凭证，是在经济业务发生或完成时由经办人员取得或填制的，用来详细说明经济业务内容的书面证明。原始凭证是记录经济业务、明确经济责任的直接依据，具有法律效力。

对于出纳人员而言，凡是涉及现金支付、银行结算以及外汇的收付和结算的业务，都必须取得或填制原始凭证，才能进行出纳核算。这些原始凭证必须是能反映经济业务的发生或完成情况的各种书面凭据，如发票、银行收款通知、各种费用开支、报销单据。但那些不能证明经济业务发生和完成情况的书面凭证，如工程预算书等，则不能作为出纳的原始凭证。

出纳人员取得原始单证后，该原始单证必须经过审核并确认其真实、合法、完整后才能据以办理资金收付事宜和编制记账凭证。

一、如何填制及审核原始凭证

（一）填制原始凭证

填制原始凭证时，填制人员将各项原始凭证要素按规定方法填写齐全，办妥签章手续，明确经济责任。

原始凭证的填制有三种形式：一是根据实际发生或完成的经济业务，由经办人员直接填列；二是根据已经入账的有关经济业务，由会计人员利用账簿资料进行加工整理填列；三是根据若干张反映同类经济业务的原始凭证定期汇总填列。

原始凭证的种类不同，其具体填制方法和填制要求也不尽一致，为了保证原始凭证能够准确、及时、清晰地反映经济业务活动的真实情况，提高会计核算的质量，并具有法律效力，原始凭证的填制应严格按下述要求进行。

1. 符合实际情况

填制凭证的内容、数字等，必须根据实际情况，确保原始凭证所反映的经济业务真实可靠，符合实际情况。从外单位取得的原始凭证如有遗失，应取得原签发单位盖有财务章的证明，并注明原来凭证的号码、金额和内容等，经单位负责人批准后，可代作原始凭证。对于确实无法取得证明的，如火车票、轮船票、飞机票等凭证，由当事人写出详细情况，由经办单位负责人批准后，可代作原始凭证。

2. 明确经济责任

填制的原始凭证必须由经办人员和部门签章。从外单位取得的原始凭证必须盖有填制单位的财务章；从个人取得的原始凭证，必须有填制人员的签名或盖章。自制原始凭证必须有经办单位负责人或指定人员的签名或盖章。对外开出的原始凭证，必须加盖本单位财务章。

3. 填写内容齐全

必须详尽地填写原始凭证的各项内容，不得遗漏，而且凭证的各项内容必须遵循内部牵制原则。凡是填有大写和小写金额的原始凭证，大写与小写金额必须相符；购买实物的原始凭证，必须有验收证明；支付款项的原始凭证，必须有收款单位和收款人的收款证明。一式几联的原始凭证，应当注明各联的用途，只能以一联作为登记账簿的依据；一式几联的发票和收据，必须用双面复写纸套写，并连续编号，作废时应加盖"作废"戳记，连同存根一起保存，不得撕毁。发生销货退回时除填制退货发票外，退款时，必须取得对方的收款收据或汇款银行的汇出凭证，不得以退货发票代替收据。职工因公出差的借款收据，必须附在记账凭证上，收回借款时，应另开收据或退还借据副本，不得退还原借款收据。

经有关部门批准办理的某些特殊业务，应将批准的文件作为原始凭证的附件，若批准文件需要单独归档，应在凭证上注明批准机关名称、日期和文件字号。

4. 书写格式要规范

原始凭证要用蓝色或黑色字书写，字迹清楚、规范，填写支票必须使用碳素笔，对于需要套写的凭证，必须一次套写清楚。各种凭证不得随意涂改、刮、擦、挖补，若填写错误，应采用规定方法予以更正。对于预先印有编号的各种凭证，若填写错误，要加盖"作废"戳记，并单独保管。

(二) 审核原始凭证

只有经过审核无误的凭证，才能作为记账的依据。为了正确反映并监督各项经济业务，会计部门的经办人员必须严格审核各项原始凭证，以确保会计核算资料的真实、合法、准确。原始凭证的审核主要包括下述三方面的内容。

1. 合规性审核

根据有关的法令、制度、政策等，审核原始凭证所记录的经济业务是否合规、合法，有无违反法令、制度的行为；审核经济业务是否按规定的程序予以办理，对弄虚作假、涂改或经济业务不合法的凭证，应拒绝受理，并报请上级有关人员处理。

2. 完整性审核

根据原始凭证的要素，逐项审核原始凭证的内容是否完整，原始凭证的各项目是否按规定填写齐全，是否按规定手续办理。若原始凭证的内容填写不全，手续不完备，应退还经办人员补办完整后，才予受理。

3. 技术性审核

根据原始凭证的填写要求，审核原始凭证的摘要和数字及其他项目是否填写正确，数量、单价、金额、合计是否填写正确，大小写金额是否相符。若有差错，应退还经办人员予以更正。

二、记账凭证的填制、粘贴、审核及更正

(一) 填制记账凭证

真实、完整、准确的记账凭证是保证会计信息质量的根本，因此记账凭证的填制除了严格遵守原始凭证填制的基本要求外，还应注意下述几点。

1. 凭证应按顺序编号

记账凭证必须按月分类连续编号，以便分清会计事项处理的先后顺序和日后与账簿记录核对，确保记账凭证完整无缺。单位应根据单位规模、业务量大小对记账凭证进行具体分类。无论采用哪一类编号，都必须做到按月、分类、依序。即每月第一天从第一号编起，按顺序编到每月最后一天，不允许重号和错号。为防止记账凭证丢失，应在填制凭证当天及时编号。

采用复式记账的记账凭证，一般是一张凭证编一个号。如果发生复杂的经济业务，需要连续编制两张或两张以上的记账凭证时，应加编分号。例如，10 号会计分录有两张记账凭证，分别编为 $10\frac{1}{2}$ 号、$10\frac{2}{2}$ 号。

2. 凭证的摘要应当明确

凭证的摘要应当简洁明了，不能有重大遗漏或故意隐瞒，不得含糊用词，似是而非，不得有误导性陈述，尽量避免烦琐用词。

3. 会计分录的编制应当正确

应填列会计科目名称，或者科目名称和编号，不能只填科目编号而不写科目名称。需要登记明细账的，还应注明二级科目和明细科目的名称，并据以登账。出纳人员的工作一般只涉及收付款凭证，不涉及转账凭证。对于收款凭证，其借方科目为“库存现金”或“银行存款”，其贷方科目则应根据经济业务的内容和本行业会计制度的规定具体确定，如提供劳务取得现金收入，在服务行业，贷方科目应为“营业收入”。对于付款凭证，贷方科目为“库存现金”或“银行存款”，其借方科目则应根据经济业务的内容和行业会计制度的规定具体确定，如工业企业用银行存款采购原材料，则其借方科目应为“原材料”。

4. 凭证的金额必须准确

记账凭证金额填完后应加计金额合计数。记账凭证中不论是有一个会计科目或若干个会计科目，或一个会计科目下有若干个明细科目，都应将一方的金额加计合计数并填写在相应的“合计”栏内。合计金额前应加注币种符号，如人民币符号“¥”。

5. 作为附件的原始凭证应为同类

出纳人员可以根据每一张原始凭证单独填制记账凭证，也可以根据若干张同类的原始凭证汇总填制一张记账凭证，或者先将同类的原始凭证编制一张汇总表，再根据该汇总表编制记账凭证。

6. 凭证后附上原始凭证

记账凭证所记录的经济业务必须以能证明该项经济业务的原始凭证作为附件。凡是能证明经济业务内容的各种原始凭证，不论张数多少，都应按规定贴在该记账凭证后面。

除结账和更正错误的记账凭证可以不附原始凭证外，其他记账凭证必须附有原始凭证。如果一张原始凭证涉及几张记账凭证，可以把原始凭证附在一张主要的记账凭证后面，并在其他记账凭证上注明附有该原始凭证的记账凭证的编号或者附上原始凭证的复印件。

7. 错误凭证的更正

如果在填制记账凭证时发生错误，应当重新填制。如果经登记入账的记账凭证在当年发现错误，可以用补充登记法、红字更正法和划线更正法等方法进行更正；如果发现以前年度记账凭证有错误，应当填制一张更正的记账凭证。

8. 凭证的签章

记账凭证填制完毕后，应由相关部门和人员签名并盖章，如单位核算已实行电算化，应在已打印好的记账凭证上补齐有关签章。出纳人员在办理完款项收付后，除了签章明确经济责任外，还应立即加盖“收讫”或“付讫”戳记。

（二）整理粘贴在记账凭证后的附件

在实际工作中，记账凭证所附的原始凭证种类繁多，为了便于日后装订和保管，在填制记账凭证时应对附件进行必要的整理和外形加工。

1. 过宽过长的附件

对于过宽过长的附件，应进行纵向和横向的折叠，折叠后的附件外形尺寸不应长于或宽于记账凭证，同时要便于翻阅；附件本身不必保留的部分可以裁掉，但不得因此影响原始凭证内容的完整。

2. 大小适中的附件

对于大小适中的附件，主要是进行“毛边”的修理，处理后用回形针等固定于记账凭证下面。整理保存时尽量不要用胶水，以防日后霉变和给装订带来不便。

3. 过窄过短的附件

对于过窄过短的附件，若不能直接装订，应先进行必要的加工后再粘贴于特制的原始凭证粘贴纸上，然后装订粘贴纸。原始凭证粘贴纸的外形尺寸应与记账凭证相同，纸上可先印制一个合适的方框，各种不能直接装订的原始凭证，如长途汽车票、地铁票、市内公共汽车票、火车票、出租车票等，都应按类别整齐地粘贴于粘贴纸的方框之内，不得超出。粘贴时应横向进行，从右至左，逐张左移，后一张的右边压住前一张的左边。每张附件只粘左边的0.5～1厘米长，粘牢即可。粘好以后要捏住记账凭证的左上角向下抖几下，看是否有未粘住或未粘牢的凭证。最后还要在粘贴单的空白处分别写出每一类原始凭证的张数、单价与总金额。

如某人报销差旅费，报销单后面的粘贴单附有1元的公共汽车票9张，2元的公共汽车票12张，400元的火车票1张，900元的飞机票1张，应分别在汽车票类下面空白处注明1×9=9元，2×12=24元，在火车票类下面空白处注明400×1=400元，在飞机票类下面空白处注明900×1=900元。这样，万一将来原始凭证不慎失落，也很容易查明丢的是哪一种票面的原始凭证，而且为计算附件张数提供了方便。

（三）收、付款凭证的格式及填制

收款凭证（见表2-2）是记录收款业务的凭证，是由出纳人员根据审核无误的原始凭证收款后填制的。在复式记账法下，在收款凭证左上方所填列的借方科目，按业务内容选填“银行存款”或“库存现金”科目；凭证上方的“年　月　日”处，填写财会部门受理经济业务事项制证的日期；凭证右上角的“字第　　号”处，填写“银收”、“现收”或“收”字和已填制凭证的顺序编号；“摘要”栏填写能反映经济业务性质和特征的简要说明；“贷方总账科目”栏和“明细科目”栏填写与银行存款或现金收入相对应的一级科目及其二级科目；“金额”栏填写与同一行科目对应的发生额；“合计”栏填写各科目发生额的合计数；凭证右边“附单据　张”处需填写所附原始凭证的张数；凭证下边分别由相关人员签字或盖章；“记账符号”栏则应在登记账簿后画“√”符号，表示已经入账，以免发生漏记或重记错误。

表 2－2

收款凭证

借方科目＿＿＿＿＿＿　　　　年　　月　　日　　　　　　　　字第　　号

摘要	贷方总账科目	明细科目	记账符号	金额									
				千	百	十	万	千	百	十	元	角	分
合计													

丙式－142　12×21厘米（通）

附单据　张

财务主管　　　记账　　　出纳　　　审核　　　制单

付款凭证（见表 2－3）由出纳人员根据审核无误的原始凭证填制，程序是先付款后填凭证。在凭证左上方的“贷方科目”处填写“库存现金”或“银行存款”。日期、凭证类别、凭证编号、摘要、借方科目、金额、所附原始凭证的张数及凭证下方相关责任人签字、盖章可参照收款凭证的填写方法。

表 2－3

付款凭证

贷方科目＿＿＿＿＿＿　　　　年　　月　　日　　　　　　　　字第　　号

摘要	借方总账科目	明细科目	记账符号	金额									
				千	百	十	万	千	百	十	元	角	分
合计													

丙式－142　12×21厘米（通）

附单据　张

财务主管　　　记账　　　出纳　　　审核　　　制单

（四）审核记账凭证

记账凭证是登记账簿、科目汇总的直接依据，只有经过审核无误的记账凭证，才能作为登记账簿的依据。因此，出纳人员应对记账凭证进行认真的审核，一旦发现填制错误，要按照规定的方法进行更正。在审核记账凭证时，要重点注意以下事项：

（1）记账凭证各项目填制是否完整、齐备，摘要是否清晰。

（2）记账凭证是否附有原始凭证。

（3）记账凭证与原始凭证所反映的经济业务内容是否相同。

（4）记账凭证与原始凭证所反映的金额是否一致。

（5）应借应贷的会计账户对应关系是否清晰，金额是否正确，方向是否有误。

（6）记账凭证的填写字迹是否清楚，有关人员是否已签字盖章。

（五）更正错误的记账凭证

出纳人员在编制记账凭证的过程中往往会因工作疏忽、业务不熟等原因发生错误，如会计账户借贷方向记反、使用会计科目不当、写错金额等。发生上述错误后，如尚未登记账簿，应重新填制记账凭证，原错误的记账凭证予以作废或撕毁；对于已登记入账的记账凭证，则应根据错误发生的具体情况，相应地采用规定的方法予以更正。更正的方法有划线更正法、红字更正法和补充登记法。

1. 划线更正法

划线更正法又称红线更正法。在结账前，若发现账簿记录有误，但其据以入账的记账凭证并无错误，纯属账簿记录时出现的文字或数字的笔误，可采用划线更正法予以更正；或是在登记账簿以后，发现记账凭证所写部分摘要内容错误，也可采用此法更正。

更正方法为：先在错误的文字或数字上划一条红横线，表示予以注销，然后，将正确的文字或数字用蓝字写在被注销的文字或数字的上方，并由记账人员在更正处盖章。应当注意的是，更正时，必须将错误数字全部划掉，不能只更正其中个别数字，并应保持原有字迹仍可辨认，以备查考；对于文字错误，可以只划去有错的地方，不必将与错字相关联的其他文字划去。

例 2－1

出纳人员在按审核无误后的记账凭证登记现金日记账时，将支付现金 845.00 元错误地登记为 842.00 元。更正时，应将登记错误的数字 842.00 元全部用红线划去注销，然后在上方写上正确的数字 845.00 元，并在更正处盖章，同时更正相关账户的余额。

2. 红字更正法

红字更正法又称红字冲销法，因为在会计处理中，用红字表示对记录的冲减。记账后，发现记账凭证的借贷方科目错误或记账凭证中实填金额大于应填金额时，采用红字更正法进行更正，具体可分为以下两种情况：

（1）记账以后，发现记账凭证中的应借、应贷的会计科目错误造成记账方向有误，但记账凭证及账簿记录的金额并未错，可采用红字更正法予以更正。更正的方法为：先用红字填制一张与原错误记账凭证会计分录完全相同的记账凭证，在“摘要”栏内注明“冲销×月×日第×号凭证”，并据以用红字登记入账，以冲销原有的错误记录；然后用蓝字填制一张正确的记账凭证，并在“摘要”栏中写明“补记×月×日第×号凭证”，并据以登记入账。

例 2－2

出纳人员收到新乔公司交来购买纯棉内衣的预付款 9 000 元，银行已收讫。填制记账凭证时，误编为如下会计分录，同时据以登记入账：

借：银行存款　9 000

　贷：其他应付款——新乔公司　9 000

发现错误后，先用红字填制一张与原错误记账凭证内容完全一致的记账凭证，并据以用红字登记入账，冲销原有的错误记录（以下用方框代表红字），摘要注明“冲销×月×日第×号凭证”。

借：银行存款　[9 000]

　贷：其他应付款——新乔公司　[9 000]

然后，用蓝字编制一张正确的记账凭证，同时登记入账，摘要注明“补记×月×日第×号凭证”。

借：银行存款　9 000

　贷：预收账款　9 000

（2）记账以后，若发现记账凭证和账簿中所记金额大于实际应记金额，而应借、应贷的会计科目并无错误，那么应采用红字更正法予以更正。更正的方法是：按正确数字与错误数字之间的差额，即多记金额，用红字填制一张记账凭证，在“摘要”栏内写明“冲销×月×日第×号凭证多记金额”，并据以登记入账，以冲销多记的金额。

例2-3

出纳人员从银行提取备用金200元，填制凭证时误登记为2 000元，错误的会计分录为：

借：库存现金　2 000

　贷：银行存款　2 000

发现后，对记账凭证进行更正，则会计分录为：

借：库存现金　[1 800]

　贷：银行存款　[1 800]

采用红字更正法应注意的问题是：在采用复式记账法的前提下，一个科目运用发生错误，必须根据复式记账的原理，将原有错误的记账凭证全部冲销，以反映更正原错误凭证的内容，不能只用红字填制更正单个会计科目的单式记账凭证。

3. 补充登记法

错记金额时，应借、应贷的会计科目并无错误，则应采用补充登记法予以更正。更正的方法是：按正确数字与错误数字之间的差额，用蓝字填制一张与原错误记账凭证所记载的借贷方向相同的凭证，在“摘要”栏内写明“补记×月×日第×号凭证少记金额”，并据以登记入账，予以补充。

例2-4

出纳人员支付仓库租金3 200元，在填写记账凭证时，误将金额写为2 300元，并据此登记入账。会计分录为：

借：销售费用　2 300

　贷：库存现金　2 300

发现错误后予以更正，对于少记的900元，用蓝字填写记账凭证，会计分录为：

借：销售费用　　900

　贷：库存现金　　900

4. 使用更正方法时的注意事项

采用红字更正法进行错账更正时应注意，不得以蓝字金额填制与原错误记账凭证记账方向相反的记账凭证去冲销错误记录或冲销原错误金额，因为蓝字记账凭证反方向记载的会计分录反映特殊经济业务，不反映错账更正的内容。尽管这样记录也能使记账的结余金额与实际情况相符，但这不能表明更正错误记录的内容，这样的分录也无法附上与分录内容相吻合的原始凭证，很容易使人们产生误解。

发现以前年度的错误后，因错误的账簿记录已经在以前会计年度终了进行结账或决算，不可能再将已决算的金额进行红字冲销，这时只能用蓝字凭证对除文字外的一切错账进行更正，并在更正凭证上特别注明“更正××年度错账”字样。

第六节　出纳账簿的设置与登记技能

出纳岗位的主要职责是办理现金、银行存款的收付业务，为了对现金和银行存款进行核算和监督，企业需建立现金、银行存款总账及日记账，并对其进行总分类核算和序时核算。按照企业会计机构岗位职责的划分，现金、银行存款的总分类核算由总账会计负责，出纳人员则负责建立、登记日记账。出纳日记账是出纳人员以收款凭证和付款凭证为依据，全面、系统、连续地记录和反映单位现金和银行存款的收付业务及其结存情况并进行日清月结的一种主要工具，是各单位会计账簿的重要组成部分。出纳日记账包括现金日记账和银行存款日记账两种。

现金日记账是用来逐笔记录和反映本单位在经济业务中，由于使用现金结算而发生的现金收入、付出及结存情况的账簿。

银行存款日记账是用来逐笔记录和反映本单位在经济业务中由于使用银行转账结算而使银行存款发生增减变动及结存情况的账簿。

现金日记账和银行存款日记账必须采用订本式账簿，账页按顺序编号，不得随意抽换或增添，以保持账页页数和序时记录的系统性、完整性，防止不法分子从中舞弊。

一、出纳日记账的格式

（一）三栏式

现金日记账有既登记现金收入又登记现金支出的现金收付日记账，也可更细地分别设置现金收入日记账和现金支出日记账。现金收付日记账一般采用的是三栏式，即在同一张账页上设置“借方”“贷方”“余额”三栏，分别反映现金的收入、付出和结存情况。此外，还在“摘要”栏后设置“对应科目”栏，以具体登记对应科目名称。三栏式现金日记账的格式如表2-4所示。

表 2－4　　**现金日记账**

年		凭证编号	摘要	对应科目	借方									√	贷方									√	余额								
月	日				百	十	万	千	百	十	元	角	分		百	十	万	千	百	十	元	角	分		百	十	万	千	百	十	元	角	分

（二）多栏式

有些单位库存现金收付业务比较频繁、规模比较大、财会人员比较多，为了简化记账手续，现金日记账的账页格式可以采用多栏式。多栏式现金日记账的“收入”栏按对应的应贷科目设置为多栏，“支出”栏按对应的应借科目设置为多栏，可在现金日记账中更清楚地反映现金收入的来源和付出的用途。其格式如表 2－5 所示。

表 2－5　　**现金日记账**

年		记账凭证		摘要	收入						支出						结存
月	日	字	号		应贷科目					合计	应借科目					合计	

如果库存现金的收付凭证较多，并且现金的对应科目也较多，采用表 2－5 的账页格式，会使账页过长，不便于账簿的登记和保管，为避免日记账的账页过宽，应采用多栏式日记账。为此，可以分别设置现金收入日记账和现金支出日记账，其格式如表 2－6 和表 2－7 所示。

表 2－6　　**现金收入日记账**

年		收款凭证		摘要	贷方科目						收入合计	支出合计	结存
月	日	字	号										

表 2-7 现金支出日记账

年		付款凭证		摘要	借方科目						收入合计	支出合计	结存
月	日	字	号										

银行存款日记账与现金日记账相似，同样可以采用三栏式银行存款日记账、多栏式银行存款日记账，或者更细地分别设置多栏式银行存款收入日记账和银行存款支出日记账。为了便于与银行对账，也便于反映银行存款收付所采用的结算方式，并突出各单位支票的管理，银行存款日记账还专设了“结算凭证种类和号码”栏或“现金支票号数”栏及“转账支票号数”栏。三栏式银行存款日记账与多栏式银行存款日记账如表 2－8 和表 2－9 所示。

表 2-8 银行存款日记账（三栏式）

年		记账凭证		摘要	结算凭证		对应科目	借方	贷方	结存
月	日	字	号		种类	号码				

表 2-9 银行存款日记账（多栏式）

年		记账凭证		摘要	结算凭证		收入						支出						结存
月	日	字	号		种类	号码	应贷科目					合计	应借科目					合计	

二、出纳日记账的启用、登记

（一）出纳日记账的启用

出纳人员启用现金日记账、银行存款日记账时，应详细填列账簿扉页的“账簿启用表”，包括单位名称、账簿名称、启用日期、账簿册数、账簿编号、账簿页数等。填列完毕后，由出纳人员在“账簿启用表”的“经管人员”栏内签名盖章，再交由会计机构负责人（会计主管人员）审核后签名盖章，最后加盖单位公章和法人名章。签名盖章后由出纳人员在“账簿启用表”的“印花税粘贴”栏内粘贴印花税票，并划线完税。

出纳人员在启用账簿后，在现金日记账、银行存款日记账的第一页登记库存现金、银行存款的期初余额。对于银行存款日记账，还需要同时登记存款种类、开户银行名称和账号。

（二）出纳日记账的登记

现金日记账、银行存款日记账是由出纳人员根据审核无误的反映库存现金、银行存款收付业务的记账凭证逐日逐笔按顺序进行登记。其登记内容及方法如下：

（1）日期栏。登记记账凭证的日期，应与库存现金、银行存款实际收付日期一致。月初登记余额或第一笔业务时以及每一页第一行应登记年、月、日，其余各行只登记日。

（2）凭证字、号栏。登记据以入账的记账凭证的种类和编号，以便于查账和核对。如果单位采用收、付、转记账凭证，对于从银行提取现金的业务，登记日记账的依据是银行存款付款凭证；对于将现金存入银行的业务，登记日记账的依据是现金付款凭证。

（3）摘要栏。简要说明经济业务的内容。

（4）结算凭证种类、号数栏。登记银行存款收付业务所使用的结算凭证及其编号。

（5）对方科目栏。登记收入的来源科目或支出的用途科目，其作用在于了解资金的来龙去脉。

（6）收入、支出栏。登记实际收、付的金额。每日终了，分别计算出库存现金和银行存款收入、支出金额的合计数，并进一步计算出本日余额。对于库存现金，每日应由有授权的专人和出纳人员将结出的账面余额与库存现金实有数进行核对，以检查现金收付是否有误，如果账实不符，应及时查明原因进行处理。对于银行存款，应定期与开户银行核对，以保证银行存款账簿记录的正确性。

如果日记账的账页格式是多栏式，在分设库存现金、银行存款收入日记账和支出日记账的情况下，每日终了，应将支出日记账中的本日“支出合计”数，一笔转记入收入日记账中本日“支出合计”栏内，以结算当日账面余额。会计人员应对多栏式日记账的记录加强检查监督，并负责于月末根据多栏式现金日记账、银行存款日记账各专栏的合计数，分别登记有关总分类账户。

（7）记账完毕，出纳人员应在记账凭证中做过账标记，在记账凭证的出纳栏内签字或盖章。

主要概念

业务技能　出纳凭证　出纳账簿　划线更正法　红字冲销法　补充登记法

思考讨论

1. 书写会计数字时应注意哪些问题？
2. 如何鉴别人民币的真伪？
3. 简述原始凭证的审核内容。
4. 如何登记现金日记账和银行存款日记账？

案例分析

出纳员小张收到客户交来的一张新的冠字号码为“A0A0000001”的人民币纸币，拿到这样一张纸币，他马上回忆起陆续出现的“HD、HB、TJ55、AZ88、WL15、YX86 版百元假钞”风波，对这一新的冠字号码的人民币较为紧张。请分析人民币冠字号码有何作用，其排列方式是否是人民币的防伪技术和特征。能不能凭借人民币的冠字号码对真伪人民币“盖棺定论”？如何做到防患于未然？

技能实训

1. 点钞技能实训

[实训目的]

掌握一种或几种手工点钞方法，做到准且快。

[实训要求]

(1) 老师准备好点钞练功纸，并按 100 张/人下发给学生。学生每天持点钞练功纸练习。

(2) 准备好不同面值的人民币若干张（枚）及计算工具，训练学生的计算和点钞技能。

[实训考评]

定期进行手工点钞技能竞赛，手工点钞技能量化标准见表 2-10。

表 2-10　手工点钞技能量化标准（参考）

点钞方法	等级	3 分钟点钞张数	百张所用时间（秒）
单指单张	一	800 张以上	22.0 以内
	二	700～799	22.1～23.9
	三	600～699	24.0～25.9
	四	500～599	26.0～27.9
	五	400～499	28.0～29.9
扇面	一	900 张以上	20.0 以内
	二	800～899	20.1～22.0
	三	700～799	22.1～24.0
	四	600～699	24.1～26.0
	五	500～599	26.1～28.0
多指多张	一	1 000 张以上	17.0 以内
	二	800～999	17.1～20.0
	三	700～799	20.1～22.0
	四	600～699	22.1～24.0
	五	500～599	24.1～26.0

2. 真假人民币鉴别技能实训

[实训目的]

提高学生的人民币真假鉴别能力。

[实训要求]

结合技能实训 1 中［实训要求］(2) 的资料，要求学生在点钞的同时鉴别人民币的真伪。

[实训考评]

学生对鉴别出来的假人民币说明其判断的依据，由老师进行讲评。

3. 珠算技能实训

[实训目的]

提高珠算的加减法运算技能。

［实训要求］

利用算盘在规定的时间内完成一定量数字的加减法运算。

［实训考评］

按数字运算的准确率和运算速度进行考评。

4. 账务处理技能实训

［实训目的］

明确出纳人员必须掌握的账务处理技能。

［实训要求］

选取某一企业的原始凭证，学生分组讨论提供的会计资料，并要清楚：

(1) 出纳必须受理的原始凭证及如何受理。

(2) 记账凭证的编制方法及如何保管及传递出纳凭证。

(3) 出纳账簿的启用及登记程序。

［实训考评］

学生陈述账务处理的程序并展示相关的会计资料，老师进行讲评。

第三章
银行结算账户的开立与管理

学习目标

知识目标

通过本章的学习，掌握银行结算账户管理的原则和要求，银行结算账户的开设、使用、变更及撤销的规定和程序；了解银行结算纪律。

技能目标

通过本章的学习和训练，掌握单位银行结算账户的开设、使用、变更和撤销的办理技能。

❖ 引导案例

❖ 本章内容

第一节　银行结算账户管理概述
第二节　人民币银行结算账户的开立
第三节　人民币银行结算账户的使用
第四节　银行结算账户的变更、合并和撤销

❖ 主要概念

❖ 思考讨论

❖ 案例分析

❖ 技能实训

引导案例

2015年7月19日15点30分，一男子（某公司法人）和一女子携带开户资料原件到中信银行烟台市福山支行要求开立人民币银行结算账户（一般存款账户），经办柜员初步审核资料后交会计经理进行审核。会计经理在审核原件后发现：(1) 该公司税务登记证和基本存款账户开户许可证登记日期均为2012年10月30日，正常来讲出现这种情况的概率很小，虽然在同一日办理完毕税务登记证并在银行开立基本存款账户的情况时常发生，但同时到人民银行完成审批并办理基本户开户许可证是很难的。(2) 该客户注册地为烟台市芝罘区，却到烟台市福山区开户，两地距离较远，开户用途仅为日常结算，理由不充分、不合理。(3) 税务登记证原件的纸张明显较粗糙、手感较差，并且税务局的印章疑似加盖而非印制。

带着疑问，中信银行福山支行会计经理与会计副经理随即将客户的税务登记证与中信银行福山支行自身证件进行比对，并通过电话向当地税务机关进行查询，税务查询结果为"未登记"。为防止因税务部门跨区域查询不成功引起误会，工作人员进一步通过山东省国家税务局网上查询系统验证，证实该单位已为"注销"状态，且通过网上查询到的登记注册类型与客户实际提供的税务登记证登记注册类型不符。

在随后会计经理与该男子交谈的过程中，男子告知因去年公司经营亏损，不堪税负，的确曾通过熟人将税务登记证报停，但并未注销。在中信银行福山支行会计经理提出需进一步核实后，该男子慌忙告知先将税务登记证恢复后再来办理。随即会计经理将该事件上报中信银行福山支行行长及中信银行烟台分行会计部门，避免了因假税务登记证开立一般存款账户给社会带来的不良影响。

此例事件的防控，进一步警示社会，风险无时无处不在，要时刻提高警惕，加强对单位银行结算账户管理的风险防控，确保开户资料的真实性、完整性和合规性，从源头消除风险隐患，维护社会的经济秩序。

中信银行烟台市福山支行成功堵截一起利用虚假资料开立人民币单位银行结算账户事件，有效避免了因利用假税务登记证开立账户给中信银行及金融秩序带来的各种不良影响。

第一节 银行结算账户管理概述

一、银行结算账户

银行结算账户是指银行为存款人开立的办理资金收付结算的人民币活期存款账户。这里的存款人是指在中国境内开立银行结算账户的机关、团体、军队、企业、事业单位、其他组织（以下统称单位）以及个体工商户和自然人；这里的银行是指在中国境内经中国人民银行批准经营支付结算业务的政策性银行、商业银行（含外资独资银行、中外合资银行、外国银行分行）、城市信用合作社、农村信用合作社。

银行结算账户体现了存款人与银行之间的一种法律关系；银行结算账户的性质是活期

存款账户；银行结算账户的目的是办理资金收付结算。

二、银行结算账户管理的原则

根据《人民币银行结算账户管理办法》（以下简称《办法》）的规定，各单位对银行结算账户的管理应当遵守下述原则。

（一）一个基本存款账户原则

存款人只能在银行开设一个基本存款账户（国家另有规定的除外），并实行由中国人民银行当地分支机构核发的开户许可制度。一个单位不能同时开设多个基本存款账户，违反此规定的，除责令限期撤销多余账户外，还要处以 5 000 元到 10 000 元的罚款。

（二）自愿选择账户原则

存款人可以自主选择银行开设账户，银行也可以自愿选择存款人为其开立账户。

（三）足额支付原则

存款人应保证其银行账户内有足够的资金用于支付，不得有开出空头支票、办理假汇款等违规行为，以保证银行结算信誉，维持金融秩序和信用安全。

（四）存款保密原则

银行必须依法为存款人保密，维护存款人资金的自主支配权利。除国家法律规定和国务院授权中国人民银行总行的监督项目外，银行不得代任何单位或个人查询、冻结、扣划存款账户内存款，不得向第三方透露有关存款人的银行账户情况。

三、银行结算账户管理的基本要求

各开户单位使用银行结算账户时，应当加强管理，维持正常的结算秩序。银行结算账户管理的基本要求是：

（1）认真贯彻执行国家的政策、法律和法规，遵守银行信贷、结算、现金及账户管理等有关方面的规定。

（2）开户单位不得违反规定多头开户，不得出租、出借或转让账户。

（3）各种收付款凭证，必须填明款项来源或用途，不得巧立名目、弄虚作假、套取现金，严禁利用账户以合法名义从事非法活动。

（4）各单位在银行开设的账户都必须有足够的资金以保证支付，及时定期地与银行提供的对账单相核对。若发现不符，及时与银行联系，并尽快查对清楚。

四、银行结算账户的分类

银行结算账户按存款人不同，分为单位银行结算账户和个人银行结算账户。

存款人以单位名称开立的银行结算账户为单位银行结算账户。个体工商户凭营业执照以字号或经营者姓名开立的银行结算账户纳入单位银行结算账户管理。

存款人凭个人身份证件以自然人名称开立的银行结算账户为个人银行结算账户。

五、银行结算账户的管理体系

中国人民银行负责监督、检查银行结算账户的开立和使用，对存款人或银行违反银行结算账户管理规定的行为予以处罚；对银行结算账户的开立和使用实施监控和管理；负责基本存款账户、临时存款账户和预算单位专用存款账户开户登记证的管理。

银行负责所属营业机构银行结算账户开立和使用的管理，纠正违规开立和使用银行结算账户的行为。银行应明确专人负责银行结算账户的开立、使用和撤销的审查和管理，负责对存款人开户申请资料的审查，并按照《办法》的规定及时报送存款人开销户信息资料，建立健全开销户登记制度，建立银行结算账户管理档案，并按会计档案进行管理。

银行应对已开立的单位银行结算账户实行年检制度，检查开立的银行结算账户的合规性，核实开户资料的真实性；对不符合《办法》的规定开立的单位银行结算账户，应予以撤销；对经核实的各类银行结算账户的资料变动情况，应及时报告中国人民银行当地分支行。

银行应对存款人使用银行结算账户的情况进行监督，对存款人的可疑支付应按照中国人民银行规定的程序及时报告。

存款人应加强对预留银行印鉴的管理。单位遗失预留公章或财务专用章的，应向开户银行出具书面申请、开户登记证、营业执照等相关证明文件；更换预留公章或财务专用章时，应向开户银行出具书面申请、原预留印鉴的式样等相关证明文件。个人遗失或更换预留个人印章或更换签字人时，应向开户银行出具经签名确认的书面申请，以及原预留印章或签字人的个人身份证件。银行应留存相应的复印件，并凭此办理预留银行印鉴的变更。

任何单位及个人不得伪造、变造及私自印制开户登记证。银行结算账户管理档案的保管期限为银行结算账户撤销后10年。

第二节　人民币银行结算账户的开立

一、选择开户银行的规定

存款人可以自主选择银行开立银行结算账户。除国家法律、行政法规和国务院规定外，任何单位和个人不得强令存款人到指定银行开立银行结算账户。

存款人应在注册地或住所地开立银行结算账户，符合《办法》的规定可以在异地（跨省、市、县）开立银行结算账户的除外。

二、单位银行结算账户的种类和开设流程

单位银行结算账户按用途分为基本存款账户、一般存款账户、临时存款账户、专用存款账户。下面分别介绍各类结算账户的作用及开设流程。

（一）基本存款账户

1. 概念及功能

基本存款账户是存款人因办理日常转账结算和现金收付需要开立的银行结算账户，是办理转账结算和现金收付的主要账户，经营活动的日常资金收付以及工资、奖金和现金的支取均可通过该账户办理。开立基本存款账户是开立其他银行结算账户的前提。

2. 适用对象

基本存款账户适用于企业法人、非法人企业、机关、事业单位、团级（含）以上军队、武警部队及分散执勤的支（分）队、社会团体、民办非企业组织、外地常设机构、外国驻华机构、个体工商户、居民委员会、村民委员会、社区委员会、单位设立的独立核算的附属机构、其他组织。

3. 开设流程

新设企业均需在银行开设基本存款账户。在银行开设账户，首先需要将公司的注册资金存入临时开户银行，待完成所有工商税务注册程序后，凭公司登记注册的所有资料到银行开设公司基本存款账户。基本存款账户开设流程如图 3-1 所示。

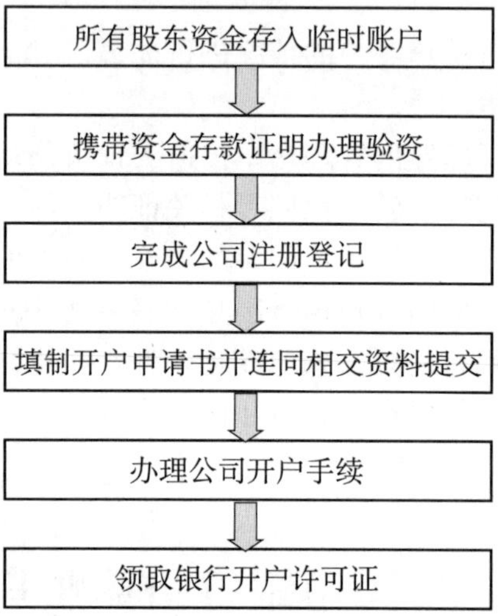

图 3-1　银行基本存款账户开设流程

4. 基本存款账户开户的办理

基本存款账户开户的一般流程见图 3-2。

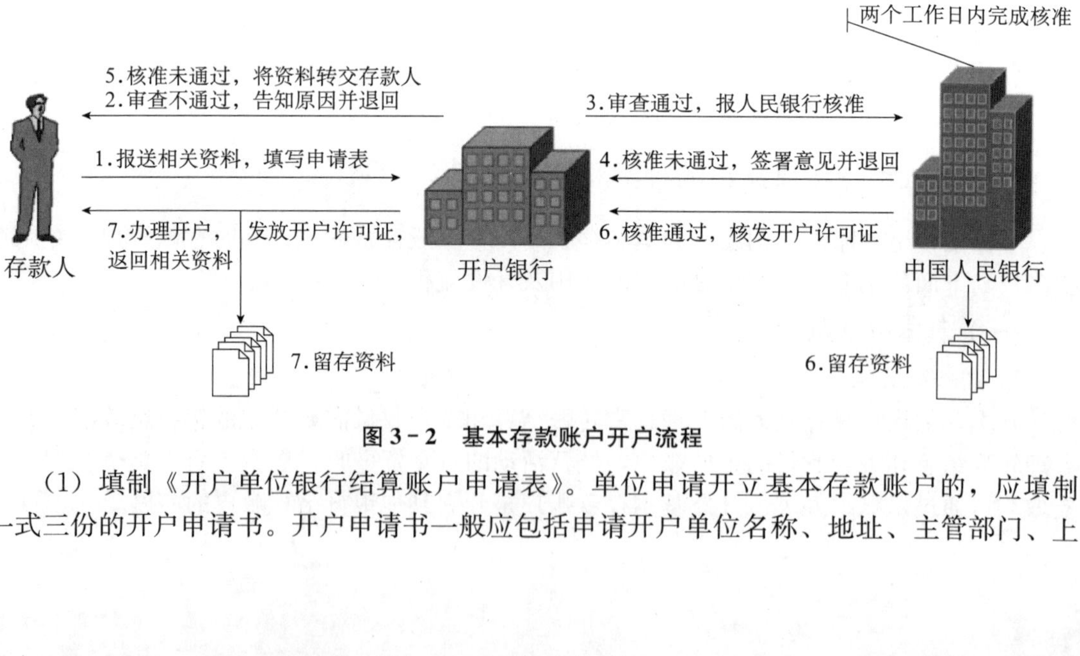

图 3-2　基本存款账户开户流程

（1）填制《开户单位银行结算账户申请表》。单位申请开立基本存款账户的，应填制一式三份的开户申请书。开户申请书一般应包括申请开户单位名称、地址、主管部门、上级主管部门、账户资金来源性质、已开立账户情况、上级管理部门意见、申请开户单位盖章及其他应由银行填写的内容等，如表 3－1 所示。

表 3－1　　开户单位银行结算账户申请表

存款人名称			电话	
地址			邮编	
存款人类别		组织机构代码		
法定代表人（ ） 单位负责人（ ）	姓名			
	证件种类		证件号码	
行业分类	A（ ）B（ ）C（ ）D（ ）E（ ）F（ ）G（ ）H（ ）I（ ）J（ ） K（ ）L（ ）M（ ）N（ ）O（ ）P（ ）Q（ ）R（ ）S（ ）T（ ）			
注册资金		地区代码		
经营范围				
证明文件种类		证明文件编号		
统一社会信用代码				
关联企业	关联企业信息填列在“关联企业登记表”上			
账户性质	基本（ ）一般（ ）专用（ ）临时（ ）			
资金性质		有效日期至	年　月　日	
以下为存款人上级法人或主管单位信息：				
上级法人或主管单位名称				
基本存款账户开户许可证核准号			组织机构代码	
法定代表人（ ） 单位负责人（ ）	姓名			
	证件种类			
	证件号码			
以下栏目由开户银行审核后填写：				
开户银行名称			开户银行代码	
账户名称			账号	
基本存款账户开户许可证核准号			开户日期	
本存款人申请开立单位银行结算账户，并承诺所提供的开户资料真实、有效。 存款人（公章） 年　月　日		开户银行审核意见： 经办人（签章） 银行（签章） 年　月　日	人民银行审核意见： （非核准类账户除外） 经办人（签章） 人民银行（签章） 年　月　日	

填写说明：

1. 申请开立临时存款账户，必须填列有效日期；申请开立专用存款账户，必须填列资金性质。

2. 行业分类标准由银行在营业场所公告。“行业分类”中各字母代表的行业种类如下：A：农、林、牧、渔业；B：采矿业；C：制造业；D：电力、燃气及水的生产供应业；E：建筑业；F：交通运输、仓储和邮政业；G：信息传输、计算机服务及软件业；H：批发和零售业；I：住宿和餐饮业；J：金融业；K：房地产业；L：租赁和商务服务业；M：科学研究、技术服务和地质勘查业；N：水利、环境和公共设施管理；O：居民服务和其他服务业；P：教育业；Q：卫生、社会保障和社会福利业；R：文化、教育和娱乐业；S：公共管理和社会组织；T：国际组织。

3. 带括号的选项填“√”。

4. 本申请书一式三联，一联开户单位留存，一联开户银行留存，一联中国人民银行当地分支行留存。

（2）提供相关证件。具体包括：

1）存款人身份证件资料。实行“五证合一、一照一码”登记制度的企业，应出具“一照一码”营业执照；机关和实行预算管理的事业单位，应出具政府人事部门或编制委员会的批文或登记证书和财政部门同意其开户的证明；非预算管理的事业单位，应出具政府人事部门或编制委员会的批文或登记证书；军队、武警团级（含）以上单位以及分散执勤的支（分）队，应出具军队军级以上单位财务部门、武警总队财务部门的开户证明；社会团体，应出具社会团体登记证书，宗教组织还应出具宗教事务管理部门的批文或证明；民办非企业组织，应出具民办非企业登记证书；外地常设机构，应出具其驻在地政府主管部门的批文；外国驻华机构，应出具国家有关主管部门的批文或证明；外资企业驻华代表处、办事处，应出具国家登记机关颁发的登记证；个体工商户，应出具个体工商户营业执照正本；居民委员会、村民委员会、社区委员会，应出具其主管部门的批文或证明；独立核算的附属机构，应出具其主管部门的基本存款账户开户许可证和批文；其他组织，应出具政府主管部门的批文或证明。

2）存款人的法定代表人或者单位负责人的身份证明资料。授权他人办理的，除出具相应的证明文件外，还应出具其法定代表人或单位负责人的授权书及身份证件，以及被授权人的身份证件。

3）银行要求提供的其他材料。如公司章程等。

银行机构对存款人提交的书面资料的真实性、完整性和合规性进行审查，并向人民银行提供上述证明材料的复印件。

单位申请开立单位银行结算账户时，可由法定代表人或单位负责人直接办理，也可授权他人办理。由法定代表人或单位负责人直接办理的，除出具相应的证明文件外，还应出具法定代表人或单位负责人的身份证件；授权他人办理的，除出具相应的证明文件外，还应出具其法定代表人或单位负责人的授权书及身份证件，以及被授权人的身份证件。

（3）与开户行签订《单位银行结算账户管理协议》。银行为单位开立银行结算账户，应与单位签订银行结算账户管理协议，明确双方的权利与义务。其内容和样式如图 3－3 所示。

单位银行结算账户管理协议

甲方（存款人）：

乙方（开户银行）：

根据《人民币银行结算账户管理办法》和甲方提出的申请，乙方同意为甲方开立____________存款账户，户名为：____________________，账号为：____________________。

为明确双方的责任，现签订协议如下：

一、甲乙双方承诺遵守《支付结算办法》《人民币银行结算账户管理办法》《现金管理暂行条例》等有关法律法规、规章制度办理所有支付结算业务。

二、甲方的义务

1. 按照《人民币银行结算账户管理办法》的要求提供相关开户资料，并保证开户资料的真实、完整、合法；

2. 按规定使用银行结算账户；

3. 开户资料变更时，应在规定的期限内及时通知银行；

4. 按规定使用支付结算工具；

5. 按规定支付服务费用；
6. 及时与乙方核对账务；
7. 销户时应交回开户登记证、各种重要空白票据和结算凭证；
8. 按照《人民币银行结算账户管理办法》的规定及时办理开户资料的变更手续或者账户撤销手续；
9. 甲方自行承担因违反人民银行的有关规定和未正确履行上述义务造成的资金损失。

三、乙方的义务
1. 及时、准确办理支付结算业务；
2. 依法保障甲方的资金安全；
3. 依法为甲方的银行结算账户信息保密；
4. 及时与甲方核对账务；
5. 因未履行上述义务给甲方造成损失的，按照人民银行有关规定及有关法律法规承担责任。

四、乙方在为甲方办理销户手续后，双方的权利义务关系解除。

五、在合同履行过程中发生争议时，可以通过协商解决；协商不成的，按以下第____种方式解决：（一）向乙方所在地人民法院起诉。（二）提交________仲裁委员会（仲裁地点为__________），按照申请仲裁时该委员会现行有效的仲裁规则进行仲裁。仲裁裁决是终局的，对双方均有约束力。在诉讼或仲裁期间，本协议不涉及争议部分的条款仍须履行。

六、本协议经甲方法定代表人（负责人）或授权代理人签字并加盖公章及乙方负责人或授权代理人签字并加盖公章后生效。按照有关规定，账户开立需要人民银行核准的，本协议经甲方法定代表人（负责人）或授权代理人签字并加盖公章及乙方负责人或授权代理人签字并加盖公章且经人民银行核准后生效。

甲方（公章）	乙方（公章）
法定代表人（负责人）	负责人或授权
或授权代理人（签字）	代理人（签字）
年　月　日	年　月　日

图 3-3　单位银行结算账户管理协议

（4）送交印鉴卡片。印鉴卡片是单位与银行事先约定的一种付款的法律凭证。除中国人民银行另有规定以外，应建立单位预留印鉴卡片，并将印鉴式样和有关证明文件的原件或复印件留存归档。

预留印鉴，即企业在银行开设账户时需要在银行预留的印鉴，也就是财务章和法人（或者是其授权的一个人）名章。印鉴要盖在一张卡片纸上，留在银行。当企业需要通过银行对外支付时，先填写对外支付申请，申请上必须有如上印鉴。银行经过核对，确认对外支付申请上的印鉴与预留印鉴相符后，即可代企业进行支付。一般来讲，预留印鉴由财务章和法人名章组成，缺一不可，但是也会有特殊情况。

印鉴卡应包括户名、地址、电话、启用日期、预留银行印鉴及印鉴使用说明等内容，如图 3-4 所示。

银行在办理结算业务时，应校对印鉴卡上预留的印鉴，如果付款凭证上加盖的印章与印鉴卡上的印鉴不符，银行就不能办理付款，以保障开户单位的存款安全。单位由于人事变动或其他原因，要求更换印鉴时，应重新填制印鉴卡，并由开户银行注销原卡片上预留的印鉴，另外启用新的印鉴。应注意，单位在银行预留印鉴（财务章）的名称必须与账户名称相一致。

户名：乐业服饰批发有限公司	
地址：×××××××××××	电话：××××××××
统一社会信用代码：×××××××××××	
启用日期：××××年××月××日	
预留银行印鉴	
印鉴使用说明	

图 3-4　印鉴卡

(5) 银行审核。银行对单位报送的开户资料进行审核，符合开户条件的，予以核准并打印银行开户许可证，由开户银行交给企业；不符合条件的，开户银行出具审核意见，连同开户资料一并退回。

银行应对单位开户申请书填写的事项和证明文件的真实性、完整性、合规性进行认真审查。

开户申请书填写的事项齐全，符合开立账户条件的，银行应将单位的开户申请书、相关的证明文件和银行审核意见等开户资料报送中国人民银行当地分支行，经其核准后办理开户手续。中国人民银行应于两个工作日内对银行报送的账户开户资料的合规性予以审核：符合开户条件的，予以核准；不符合开户条件的，应在开户申请书上签署意见，连同有关证明文件一并退回报送银行。

(6) 领取银行开户许可证及密码，开立账户。一般来讲，单位只能开立一个基本存款账户。经过银行审核同意并颁发银行开户许可证后，申请开户单位就可以在银行开立基本存款账户，进行日常转账结算和现金收付等业务。

(二) 一般存款账户

1. 概念及功能

一般存款账户是单位因借款或其他结算需要，在基本存款账户开户银行以外的银行营业机构开立的银行结算账户。一般存款账户是存款人的辅助结算账户，借款转存、借款归还和其他结算的资金收付可通过该账户办理。该账户可以办理现金缴存，但不能办理现金支取。

2. 适用对象

一般存款账户适用于有借款或其他结算需要的单位和组织。

需要在基本存款账户以外的银行取得借款的单位，或与基本存款账户的单位不在同一地点的附属非独立核算单位，可申请开立一般存款账户。但随着市场经济体制改革的深化和竞争的加剧，一方面，单位为规避集中存放资金于一家银行可能带来的风险，希望根据自身经营特点，自主选择方便银企合作的开户银行，以接受更好的支付结算服务，需要开立多个银行结算账户；另一方面，银行的生存和发展需要稳定的客户群作为保障，通过改进服务和业务创新，以优质、高效的服务吸引客户。因此，现实生活中只要单位具有借款或其他结算需要，就可以申请开立一般存款账户。单位开立一般存款账户在现实中也没有数量限制，单位可自主选择不同经营理念的银行，既能充分享受多家银行的特色服务，又能适应不同的经济往来对象，更为方便地使用不同银行提供的支付结算工具和手段。同时，通过对现代化管理手段和实施的有效管理，既可满足单位办理支付结算、管理资金的多种需要，为银行公平竞争创造条件，又能做到放而不乱，促进商业银行开展业务创新，改进服务水平，提高中国银行业的整体竞争实力。

3. 开设流程

申请开立一般存款账户可以参照开立基本存款账户的程序，只是开户条件有所不同。单位申请开立一般存款账户，应按规定向银行出具其开立基本存款账户的证明文件、基本存款账户开户登记证和下列证明文件：（1）若单位因向银行借款需要开设账户，应出具借款合同；（2）若单位因其他结算需要开设账户，应出具有关证明。

（三）临时存款账户

1. 概念及功能

临时存款账户是存款人因临时需要并在规定期限内使用而开立的银行结算账户。如异地临时经营活动需要时，可以申请开立异地临时存款账户，用于资金的收付。临时存款账户应根据有关开户证明文件确定的期限或存款人的需要确定其有效期限。存款人在账户的使用过程中需要延长期限的，应在有效期限内向开户银行提出申请，并由开户银行报中国人民银行当地分支行核准后办理展期。临时存款账户的有效期最长不得超过两年。

临时存款账户用于办理临时机构以及存款人临时经营活动发生的资金收付，支取现金时，应按照国家现金管理的有关规定办理。注册验资的临时存款账户在验资期间只收不付，注册验资资金的汇缴人应与出资人的名称一致。

2. 适用对象

企业在设立临时机构、有异地临时经营活动、注册验资时，可申请开立临时存款账户。

3. 开设流程

申请开立临时存款账户，应向银行相关网点交验相关资料，并填制《开户单位银行结算账户申请书》《单位银行结算账户管理协议》和印鉴卡片等，再由开户银行审定后办理开户。与申请开设基本存款账户不同的是，申请开设临时存款账户还需提供下列文件：

（1）临时机构，应出具其驻在地主管部门同意设立临时机构的批文。

（2）异地建筑施工及安装单位，应出具其营业执照正本或其隶属单位的营业执照正本，以及施工及安装地建设主管部门核发的许可证或建筑施工及安装合同，并同时出具基本存款账户开户许可证。

（3）异地从事临时经营活动的单位，应出具其营业执照正本以及临时经营地工商行政管理部门的批文，并同时出具基本存款账户开户许可证。

（4）注册验资，应出具工商行政管理部门核发的企业名称预先核准通知书或有关部门的批文。

（四）专用存款账户

1. 概念及功能

专用存款账户是单位按照法律、行政法规和规章，对其特定用途资金进行专项管理和使用而开立的银行结算账户。

2. 适用对象

对下列资金管理与使用时，单位可以申请开立专用存款账户：

（1）基本建设资金。

（2）更新改造资金。

（3）财政预算外资金。

（4）粮、棉、油收购资金。

（5）证券交易结算资金。

（6）期货交易保证金。

（7）信托基金。

（8）金融机构存放同业资金。

（9）政策性房地产开发资金。

（10）单位银行卡备用金。

（11）住房基金。

（12）社会保障基金。

（13）收入汇缴资金和业务支出资金。

（14）党、团、工会设在单位的组织机构经费。

（15）其他按规定需要专项管理和使用的资金。

其中，收入汇缴资金和业务支出资金是指基本存款账户单位附属的非独立核算单位或派出机构发生的收入和支出资金。因收入汇缴资金和业务支出资金开立的专用存款账户，应使用隶属单位的名称。

3. 开设流程

单位申请开立专用存款账户，应向银行出具其开立基本存款账户规定的证明文件、基本存款账户开户登记证和下列证明文件：

（1）管理和使用基本建设资金、更新改造资金、政策性房地产开发资金、住房基金、社会保障基金的，应出具主管部门批文。

（2）管理和使用财政预算外资金的，应出具财政部门的证明。

（3）管理和使用粮、棉、油收购资金的，应出具主管部门批文。

（4）管理和使用单位银行卡备用金的，应按照中国人民银行批准的银行卡章程出具有关证明和资料。

（5）管理和使用证券交易结算资金的，应出具证券公司或证券管理部门的证明。

（6）管理和使用期货交易保证金的，应出具期货公司或期货管理部门的证明。

（7）管理和使用金融机构存放同业资金的，应出具相关证明。

（8）管理和使用收入汇缴资金和业务支出资金的，应出具基本存款账户单位有关的证明。

（9）管理和使用党、团、工会设在单位的组织机构经费的，应出具该单位或有关部门的批文或证明。

（10）其他按规定需要专项管理和使用资金的，应出具有关法规、规章或政府部门的有关文件。

三、个人银行结算账户的开户条件

允许个人开立银行结算账户，一是为满足个人因投资、消费等产生的各种转账结算需要，进一步扩大转账结算范围。随着我国经济的发展、人们生活水平的提高和消费方式的多样化，个人金融业务迅速发展，个人转账支付需求不断增长，越来越多的人需要通过银行办理结算，如支付水费、电费、电话费、燃气费等，归还住房信贷款项、证券投资、购物消费等，单纯的个人储蓄账户的功能显然不能满足上述需求。二是有利于对个人银行结算账户的管理。单设个人银行结算账户，并将个体工商户的银行结算账户纳入单位银行结算账户管理，可以将个体工商户的生产经营性资金和消费资金分别核算，有利于规范资金管理，促进个体经济发展。并且，通过划分单位银行结算账户和个人银行结算账户，对从单位银行结算账户向个人银行结算账户支付款项进行控制管理，可以在一定程度上防止公款私存、套取现金等行为。三是有利于银行提高服务水平。单设个人银行结算账户后，可以促使商业银行更加重视个人零售业务的发展，大力推广个人支票、网上支付等便捷的支付手段和支付工具，改善服务水平，并能够激发商业银行开展业务创新的积极性，根据不同客户群体的投资、理财需要提供个性化服务，提高盈利能力。四是有利于节约银行管理成本。个人银行结算账户与个人储蓄账户在功能与服务对象方面存在较大差异，个人因办理人民币现金存取开立的储蓄账户数量庞大，而因转账结算需要开立的个人银行结算账户数量相对较少，客户群体相对集中。单设个人银行结算账户，将其同储蓄账户相分离，并进行区别管理，降低了银行的管理成本，符合现代银行的成本效益原则。

个人银行结算账户是自然人因投资、消费、结算等而开立的可办理支付结算业务的存款账户。有下列情况的，可以申请开立个人银行结算账户：

（1）使用支票、信用卡等信用支付工具的。

（2）办理汇兑、定期借记、定期贷记、借记卡等结算业务的。

自然人可根据需要申请开立个人银行结算账户，也可以在已开立的储蓄账户中选择并向开户银行申请将其确认为个人银行结算账户。

存款人申请开立个人银行结算账户，应向银行出具下列证明文件：

（1）中国居民，应出具居民身份证或临时身份证。

（2）中国人民解放军，应出具军人身份证件。

（3）中国人民武装警察，应出具武警身份证件。

（4）我国香港、澳门地区居民，应出具港澳居民往来内地通行证；我国台湾地区居民，应出具台湾居民来往大陆通行证或者其他有效旅行证件。

（5）外国公民，应出具护照。

（6）法律、法规和国家有关文件规定的其他有效证件。

银行为个人开立银行结算账户时，根据需要还可要求申请人出具户口簿、驾驶证、护照等有效证件。

四、异地银行结算账户

存款人有下列情形之一的，可以在异地开立有关银行结算账户：

（1）营业执照注册地与经营地不在同一行政区域（跨省、市、县）需要开立基本存款账户的。

（2）办理异地借款和其他结算需要开立一般存款账户的。

（3）存款人因附属的非独立核算单位或派出机构发生的收入汇缴或业务支出需要开立

专用存款账户的。

（4）异地临时经营活动需要开立临时存款账户的。

（5）自然人根据需要在异地开立个人银行结算账户的。

存款人需要在异地开立单位银行结算账户，除出具存款人申请开立基本存款账户、一般存款账户、专用存款账户、临时存款账户规定的有关证明文件外，应出具下列相应的证明文件：

（1）经营地与注册地不在同一行政区域的存款人，在异地开立基本存款账户的，应出具注册地中国人民银行分支行的未开立基本存款账户的证明。

（2）异地借款的存款人，在异地开立一般存款账户的，应出具在异地取得贷款的借款合同。

（3）因经营需要在异地办理收入汇缴和业务支出的存款人，在异地开立专用存款账户的，应出具隶属单位的证明。

属于上述（2）、（3）情况的，还应出具其基本存款账户开户登记证。

存款人需要在异地开立个人银行结算账户，应出具申请开立个人银行结算账户规定的证明文件。

五、银行结算账户名称确定的规定

单位开立银行结算账户的名称应与其提供的申请开户的证明文件的名称全称相一致。有字号的个体工商户开立银行结算账户的名称应与其营业执照的字号相一致；无字号的个体工商户开立银行结算账户的名称，由“个体户”字样和营业执照记载的经营者姓名组成。自然人开立银行结算账户的名称应与其提供的有效身份证件中的名称全称相一致。

第三节　人民币银行结算账户的使用

一、单位银行结算账户的使用

存款人开立单位银行结算账户，自正式开立之日起 3 个工作日后，方可办理付款业务。但注册验资的临时存款账户转为基本存款账户和因借款转存开立的一般存款账户除外。

（一）基本存款账户的使用

基本存款账户是单位的主要账户。单位日常经营活动的资金收付及工资、奖金和现金的支取，应通过该账户办理。

（二）一般存款账户的使用

一般存款账户用于办理单位借款转存、借款归还和其他结算的资金收付。该账户可以办理现金缴存，但不得办理现金支取。

（三）专用存款账户的使用

专用存款账户用于办理各项专用资金的收付。单位银行卡账户的资金必须由其基本存款账户转账存入。该账户不得办理现金收付业务。使用专用存款账户时应注意：

（1）单位银行卡账户的资金必须由其基本存款账户转账存入，该账户不得办理现金收付业务。

（2）财政预算外资金、证券交易结算资金、期货交易保证金和信托基金专用存款账户不得支取现金。

（3）基本建设资金、更新改造资金、政策性房地产开发资金、金融机构存放同业资金账户支取现金的，开户时应在中国人民银行当地分支行批准的范围内办理。

（4）粮、棉、油收购资金，社会保障基金，住房基金和党、团、工会经费等专用存款账户的现金支取应严格按照国家现金管理的规定办理。

（5）收入汇缴账户除向基本存款账户或预算外资金财政专用存款户划缴款项外，只收不付，不得支取现金。

（6）业务支出账户除从基本存款账户拨入款项外，只付不收，且现金支取必须按照国家现金管理的规定办理。

（7）人民币特殊账户资金不得用于放款或提供担保。

（四）临时存款账户的使用

临时存款账户用于办理临时机构以及单位临时经营活动发生的资金收付。

（1）临时存款账户应根据有关开户证明文件确定的期限或单位的需要确定其有效期限。单位在账户的使用过程中需要延长期限的，应在有效期限内向开户银行提出申请，并由开户银行报中国人民银行当地分支行核准后办理展期。临时存款账户的有效期最长不得超过两年。

（2）从临时存款账户支取现金，应按照国家现金管理的有关规定办理。

（3）注册验资的临时存款账户在验资期间只收不付，注册验资资金的汇缴人应与出资人的名称一致。

二、个人银行结算账户的使用

个人银行结算账户用于办理个人转账收付和现金存取。下列款项可以转入个人银行结算账户：

（1）工资、奖金收入。

（2）稿费、演出费等劳务收入。

（3）债券、期货、信托等投资的本金和收益。

（4）个人债权或产权转让收益。

（5）个人贷款转存。

（6）证券交易结算资金和期货交易保证金。

（7）继承、赠予款项。

（8）保险理赔、保费退还等款项。

（9）纳税退还。

（10）农、副、矿产品销售收入。

（11）其他合法款项。

单位从其银行结算账户支付给个人银行结算账户的款项，每笔超过5万元的，应向其开户银行提供下列付款依据：

（1）代发工资协议和收款人清单。

（2）奖励证明。

（3）新闻出版、演出主办等单位与收款人签订的劳务合同或支付给个人款项的证明。

（4）证券公司、期货公司、信托投资公司、奖券发行或承销部门支付或退还给自然人款项的证明。

（5）债权或产权转让协议。

（6）借款合同。

（7）保险公司的证明。

（8）税收征管部门的证明。

（9）农、副、矿产品购销合同。

（10）其他合法款项的证明。

从单位银行结算账户支付给个人银行结算账户的款项如需纳税，税收代扣单位付款时应向其开户银行提供完税证明。

有下列情形之一的，个人应出具以上十项的有关收款依据：

（1）个人持出票人为单位的支票向开户银行委托收款，将款项转入其个人银行结算账户的。

（2）个人持申请人为单位的银行汇票和银行本票向开户银行提示付款，将款项转入其个人银行结算账户的。

单位银行结算账户支付给个人银行结算账户款项的，银行应按上述规定认真审查付款依据或收款依据的原件，并留存复印件，按会计档案保管。未提供相关依据或相关依据不符合规定的，银行应拒绝办理。

三、网上银行的使用

网上银行又称网络银行、在线银行，是金融机构利用互联网技术，通过建立自己的互联网站点和主页，向客户提供开户、销户、查询、转账、网上证券、投资理财等服务项目。这是一种全新的银行客户服务提交渠道，使得客户可以不受上网方式和时空的限制，只要能够上网，无论是在家里、办公室，还是在旅途中，都能够安全便捷地管理自己的资产和享受银行的服务。网上银行分为个人网上银行和企业网上银行两种。

（1）个人网上银行。具有余额查询、明细查询、转账、网上支付、银行卡无证书支付、证券保证金自动转账、网上外汇买卖等特色功能，为个人客户提供多元化、全方位的理财服务。

（2）企业网上银行。企业网上银行以遍布全国的城市综合金融网络为基础，以实时到账的资金清算、全国大中城市联网的银行卡系统为依托，集成多项高科技的信息技术和网络技术，不仅可为企业客户提供各种查询服务，还可以提供企业集团内部和企业之间的同城、异地、本行、他行的转账、在线支付等结算业务。

四、银行结算账户的定期核对

银行应按规定与存款人核对账目。银行结算账户的存款人收到对账单或对账信息后，应及时核对账务并在规定期限内向银行发出对账单回单或确认信息。

银行结算账户的定期核对不同于现金、实物的清查核对，而是将银行存款日记账与银行定期送来的对账单进行核对。在双方都无记账错误的情况下，也可能出现不一致，即存在未达账项。未达账项是指截至某时一方已入账，而另一方尚未接到有关凭证而未入账的情况。未达账项有四种情况：（1）银行已入账，而企业尚未入账，如外地汇来货款、收到银行存款利息、其他单位通过委托付款转来款项。（2）银行已付款，而企业尚未入账，如收到其他单位委托银行向本单位收款、银行借款利息已从企业存款账户支付。（3）企业已入账，而银行尚未入账，如企业解入其他单位所开的转账支票，银行尚未办妥转账手续或因故退票等情况。（4）企业已付款，而银行尚未入账，如企业开出转账支票，其他单位尚未解入银行款项；企业开出现金支票，持票单位或个人未及时向银行提现。

在实际工作中，通过编制银行存款余额调节表来进行未达账项的调整。依据的公式为：企业的银行存款日记账余额＋银行已入账但企业未入账的收款款项－银行已入账但企业未入账的付款款项＝银行对账单上的存款余额＋企业已入账但银行未入账的收款款项－企业已入账但银行未入账的付款款项。

例3－1

2018年5月31日，企业的银行存款日记账余额为60 000元，银行对账单为62 000元，未达账项如下：

（1）5月31日，企业开出转账支票2 000元，支付供货方货款，支票尚未到达银行，银行未入账。

（2）5月30日，企业存入转账支票一张，金额为3 200元，银行未入账。

（3）5月30日，企业委托银行代收款项4 000元，银行已收到入账，但企业尚未收到入账通知。

（4）5月31日，银行代收水电费500元，企业尚未收到付款通知。

（5）5月31日，企业存入现金支票一张，金额为300元，银行尚未入账。

经调整，编制的银行存款余额调节表如表3－2所示。

表3－2 **银行存款余额调节表**

2018年5月31日 单位：元

项目	金额	项目	金额
企业的银行存款日记账余额	60 000	银行对账单余额	62 000
加：企业未入账的收入款		加：银行未入账的收入款	
（3）收回代收款	4 000	（2）存入转账支票	3 200
减：企业未入账的支付款		（5）存入现金支票	300
（4）银行代收水电费	500	减：银行未入账的支付款	
		（1）开出转账支票	2 000
调节后的余额	63 500	调节后的余额	63 500

需要注意的是，银行存款余额调节表不是原始凭证，不能作为记账依据。

五、银行结算账户的管理

（一）存款人开立、撤销银行结算账户不得有的行为

（1）违反《办法》的规定开立银行结算账户。

（2）伪造、变造证明文件欺骗银行开立银行结算账户。

（3）违反《办法》的规定不及时撤销银行结算账户。

非经营性的存款人有上述所列行为之一的，给予警告并处以 1 000 元的罚款；经营性的存款人有上述所列行为之一的，给予警告并处以 1 万元以上 3 万元以下的罚款；构成犯罪的，移交司法机关依法追究刑事责任。

（二）存款人使用银行结算账户不得有的行为

（1）违反《办法》的规定将单位款项转入个人银行结算账户。

（2）违反《办法》的规定支取现金。

（3）利用开立银行结算账户逃避银行债务。

（4）出租、出借银行结算账户。

（5）从基本存款账户以外的银行结算账户转账存入、将销货收入存入或将现金存入单位信用卡账户。

（6）企业的法定代表人或主要负责人、存款人、地址以及其他开户资料的变更事项未在规定期限内通知银行。

非经营性的存款人有上述所列（1）至（5）中的行为的，给予警告并处以 1 000 元罚款；经营性的存款人有上述所列（1）至（5）中的行为的，给予警告并处以 5 000 元以上 3 万元以下的罚款；存款人有上述所列（6）中的行为的，给予警告并处以 1 000 元的罚款。

（三）银行在银行结算账户的开立过程中不得有的行为

（1）违反《办法》的规定为存款人多头开立银行结算账户。

（2）明知或应知是单位资金，而允许以自然人名称开立存款账户。

银行有上述所列行为之一的，给予警告，并处以 5 万元以上 30 万元以下的罚款；对该银行直接负责的高级管理人员、其他直接负责的主管人员、直接责任人员按规定给予纪律处分；情节严重的，中国人民银行有权停止对其开立基本存款账户的核准，责令该银行停业整顿或者吊销经营金融业务许可证；构成犯罪的，移交司法机关依法追究刑事责任。

（四）银行在银行结算账户的使用中不得有的行为

（1）提供虚假开户申请资料欺骗中国人民银行许可开立基本存款账户、临时存款账户、预算单位专用存款账户。

（2）开立或撤销单位银行结算账户，未按《办法》的规定在其基本存款账户开户登记证上予以登记、签章或通知相关开户银行。

（3）违反《办法》第四十二条的规定办理个人银行结算账户转账结算。

（4）为储蓄账户办理转账结算。

（5）违反规定为存款人支付现金或办理现金存入业务。

（6）超过期限或未向中国人民银行报送账户开立、变更、撤销等资料。

银行有上述所列行为之一的，给予警告，并处以 5 000 元以上 3 万元以下的罚款；对该银行直接负责的高级管理人员、其他直接负责的主管人员、直接责任人员按规定给予纪律处分；情节严重的，中国人民银行有权停止对该银行开立基本存款账户的核准，构成犯罪的，移交司法机关依法追究刑事责任。

此外，违反《办法》的规定，伪造、变造、私自印制开户登记证的存款人，属于非经营性的，处以 1 000 元罚款；属于经营性的，处以 1 万元以上 3 万元以下的罚款；构成犯罪的，移交司法机关依法追究刑事责任。

第四节 银行结算账户的变更、合并和撤销

一、单位银行结算账户的变更

单位银行结算账户的变更是指存款人名称、单位法定代表人或主要负责人、住址以及其他开户资料发生的变更。银行结算账户发生变更的，应填制《变更银行结算账户申请书》（见表 3－3），办理相关的变更手续。

表 3－3　　变更银行结算账户申请书

<table>
<tr><td colspan="2">账户名称</td><td colspan="3"></td></tr>
<tr><td colspan="2">开户银行代码</td><td></td><td>账号</td><td></td></tr>
<tr><td colspan="2">账户性质</td><td colspan="3">基本（　）专用（　）一般（　）临时（　）个人（　）</td></tr>
<tr><td colspan="2">开户许可证核准号</td><td colspan="3"></td></tr>
<tr><td colspan="5">变更事项及变更后内容如下：</td></tr>
<tr><td colspan="2">账户名称</td><td colspan="3"></td></tr>
<tr><td colspan="2">地　　址</td><td colspan="3"></td></tr>
<tr><td colspan="2">邮政编码</td><td colspan="3"></td></tr>
<tr><td colspan="2">电　　话</td><td colspan="3"></td></tr>
<tr><td colspan="2">注册资金金额</td><td colspan="3"></td></tr>
<tr><td colspan="2">证明文件种类</td><td colspan="3"></td></tr>
<tr><td colspan="2">证明文件编号</td><td colspan="3"></td></tr>
<tr><td colspan="2">经营范围</td><td colspan="3"></td></tr>
<tr><td rowspan="3">法定代表人
或单位负责人</td><td>姓　　名</td><td colspan="3"></td></tr>
<tr><td>证件种类</td><td colspan="3"></td></tr>
<tr><td>证件号码</td><td colspan="3"></td></tr>
<tr><td colspan="2">关联企业</td><td colspan="3">变更后的关联企业信息填列在《关联企业登记表》中。</td></tr>
<tr><td colspan="2">上级法人或主管单位的基本存款账户核准号</td><td colspan="3"></td></tr>
<tr><td colspan="2">上级法人或主管单位的名称</td><td colspan="3"></td></tr>
<tr><td rowspan="3">上级法人或主管
单位法定代表人
或单位负责人</td><td>姓　　名</td><td colspan="3"></td></tr>
<tr><td>证件种类</td><td colspan="3"></td></tr>
<tr><td>证件号码</td><td colspan="3"></td></tr>
<tr><td colspan="2">本存款人申请变更单位银行结算账户，并承诺所提供的开户资料真实、有效。

存款人（公章）
年　月　日</td><td colspan="2">开户银行审核意见：

经办人（签章）
开户银行（签章）
年　月　日</td><td>人民银行审核意见：

经办人（签章）
人民银行（签章）
年　月　日</td></tr>
</table>

填写说明：1. 存款人申请变更核准类银行结算账户的存款人名称、法定代表人或单位负责人的，中国人民银行当地分支行应对存款人的变更申请进行审核并签署意见。

2. 带括号的选项填“√”。

(一) 账户名称变更的基本程序

开户单位由于种种原因需变更账户名称，应向银行交验上级主管部门批准的正式函件，企业单位和个体工商户需要向银行交验工商行政管理部门登记注册的新执照，经银行调查属实后，根据不同情况变更账户名称或撤销原账户并开立新账户。

(二) 账户号码变更的基本程序

账户号码的变更大多数情况是开户银行本身的管理原因造成的，一般会给一个新旧账户同时有效的过渡期，出纳人员在接到银行的变更账号的通知后，应当及时将新账号通知给有关客户，以避免不必要的麻烦。

(三) 预留印鉴变更的基本程序

若开户单位由于人事变动等原因，要更换单位财务专用章、财务主管印鉴或出纳人员印鉴的，只需填写《更换银行预留印鉴申请书》（见图 3－5）并出具有关证明，在银行审查同意后，重新填写印鉴卡，并注销原预留银行印鉴卡。

更换银行预留印鉴申请书

××银行金融街支行：

兹有我公司：××有限公司，在贵处设立对公账户：0109084800012××××，近期根据公安局相关要求，将原财务章销毁更换为新的财务章，故到贵处办理银行预留印鉴变更手续，敬请接洽并予以协助！

本公司承诺：对于财务章变更所导致的一切财务问题与贵银行无关，一切后果由本公司承担。

此致

敬礼

××有限公司

××××年××月××日

图 3－5　更换银行预留印鉴申请书

(四) 账户迁移的基本程序

开户单位的办公地点或经营场所发生搬迁时，应到银行办理账户迁移手续。如同城迁移，由迁出行出具证明，迁入行凭此开立新账户；如搬迁至他城，应重新按规定办理开户手续。在搬迁过程中，可允许暂时保留原账户，但当搬迁结束，单位已在新址恢复生产经营时，原账户应在一个月内撤销。

此外，存款人更改名称，但不改变开户银行及账号的，应于 5 个工作日内向开户银行提出银行结算账户的变更申请，并出具有关部门的证明文件。单位的法定代表人或主要负责人、住址以及其他开户资料发生变更时，应于 5 个工作日内书面通知开户银行并提供有关证明。银行接到存款人的变更通知后，应及时办理变更手续，并于 2 个工作日内向中国人民银行报告。

二、单位银行结算账户的合并与撤销

单位因机构调整、合并、撤销、停业等原因，需要合并、撤销账户的，应向银行提出申请，经银行同意后，首先要同开户银行核对存贷款账户的余额并结算全部利息，全部核对无误后开出支取凭证结清余额，同时将未用完的各种重要空白凭证交给银行注销，然后才可办理合并、撤销手续。由于撤销账户单位未交回空白凭证而产生的一切问题应由撤销单位自己承担。

(一) 账户合并

银行结算账户的合并是指开户单位向银行申请合并其相同资金来源和相同资金性质的账户，或是两个单位合并后合并其银行存款账户。账户合并大体要做四个方面的工作：一是依据并户理由向开户银行出示有关证件；二是主动与银行核对账目，包括存款余额与贷款余额；三是经过银行撤销被并账户，并将被并账户余额划转到保留账户；四是整理被并账户所剩转账支票、现金支票等重要空白凭证，该交回开户银行的交回开户银行，经开户银行同意可继续使用的，更改凭证账号后继续使用。

(二) 账户撤销

银行结算账户的撤销是指单位因开户资格或其他原因终止银行结算账户使用的行为。存款人有下列情形之一的，应向开户银行提出撤销银行结算账户的申请（见表 3－4）：

（1）被撤并、解散、宣告破产或关闭的。

（2）注销、被吊销营业执照的。

（3）因迁址需要变更开户银行的。

（4）其他原因需要撤销银行结算账户的。

表 3－4　　　撤销银行结算账户申请书

账户名称			
开户银行名称			
开户银行代码		账号	
账户性质	基本（　）专用（　）一般（　）临时（　）		
开户许可证核准号			
销户原因			
本存款人申请撤销上述银行账户，并承诺所提供的证明文件真实、有效。 存款人（公章） 年　月　日		开户银行审核意见： 经办人（签章） 开户银行（签章） 年　月　日	

填写说明：1. 带括号的选项填“√”。

2. 本申请书一式三联，第一联存款人留存；第二联开户银行留存；第三联中国人民银行留存。

单位尚未清偿完其开户银行债务的，不得申请撤销该账户。单位撤销银行结算账户，必须与开户银行核对银行结算账户存款余额，交回各种重要空白票据、结算凭证和开户登记证，银行核对无误后方可办理销户手续。单位未按规定交回各种重要空白票据及结算凭证的，应出具有关证明，造成损失的，由其自行承担。

不同的银行结算账户撤销时所需要提供的材料有所不同。

1. 撤销基本存款账户须提供的资料

撤销基本存款账户须提供的资料包括：(1) 开户许可证；(2) 销户申请书；(3) 剩余的支票；(4) 印鉴卡；(5) 法人身份证原件及两份复印件并加盖公章；(6) 若非法人到柜台办理，需提供经办人身份证原件及两份复印件并加盖公章、法人授权委托书；(7) 工商局出具的“企业注销通知书”(个别银行需要提供税务局注销通知书原件及复印件)。若企业不再营业，提供工商局的注销证明，可将剩余资金以现金形式取出，若仍继续营业，则将资金转入企业同名账户，且基本存款账户将是最后一个撤销的，即须先将所有一般存款账户撤销，将资金转入基本存款账户后再办理销户手续。

2. 撤销一般存款账户须提供的资料

撤销一般存款账户须提供的资料包括：(1) 销户申请书；(2) 剩余的支票；(3) 印鉴卡；(4) 法人身份证件及一份复印件并加盖公章；(5) 若非法人到柜台办理，须提供经办人身份证原件及复印件一份并加盖公章、法人授权委托书；(6) 若撤销扣税账户，须提供工商、税务的注销通知书原件及复印件（加盖公章），该账户的剩余资金须转入同名其他账户。

3. 撤销临时验资账户须提供的资料

(1) 验资成功。企业须先在开立基本账户之后，将验资账户中的资金转入基本存款账户，并提供：基本存款账户开立成功后所取得的开户许可证；销户申请书；股东身份证原件及复印件；印鉴卡。

(2) 验资不成功。须提供：销户申请；原资金转入依据（工商局证明）；印鉴卡；股东身份证原件及一份复印件。若验资不成功，个别会计师事务所可以退还验资报告。

单位被撤并、解散、宣告破产或关闭及单位注销、被吊销营业执照的，应于5个工作日内向开户银行提出撤销银行结算账户的申请。因此撤销基本存款账户的，基本存款账户的开户银行应自撤销银行结算账户之日起2个工作日内将撤销该基本存款账户的情况书面通知该单位其他银行结算账户的开户银行；单位其他银行结算账户的开户银行，应自收到通知之日起2个工作日内通知单位撤销有关银行结算账户；单位应自收到通知之日起3个工作日内办理其他银行结算账户的撤销手续。

银行得知存款人有被撤并、解散、宣告破产或关闭及单位注销、被吊销营业执照的情况，单位超过规定期限未主动办理撤销银行结算账户手续的，银行有权停止其银行结算账户的对外支付。

未获得工商行政管理部门核准登记的单位，在验资期满后，应向银行申请撤销注册验资临时存款账户，其账户资金应退还给原汇款人账户。注册验资资金以现金方式存入，出资人需提取现金的，应出具缴存现金时的现金缴款单原件及有效身份证件。

银行撤销单位银行结算账户时，应在其基本存款账户开户登记证上注明销户日期并签章，同时于撤销银行结算账户之日起2个工作日内，向中国人民银行报告。

对于1年内未发生收付活动且未欠开户银行债务的单位银行结算账户，银行应通知单位自发出通知之日起30日内办理销户手续，逾期视同自愿销户，未划转款项列入久悬未取专户管理。

主要概念

银行结算账户　基本存款账户　一般存款账户　临时存款账户　专用存款账户　未达账项　账户开设　账户变更　账户撤销

思考讨论

1. 简述银行结算账户管理的原则和要求。
2. 简述单位银行结算账户的种类及开设流程。
3. 简述基本存款账户的开设流程。
4. 简述一般存款账户的开设流程。
5. 简述临时存款账户的开设流程。
6. 简述专用存款账户的开设流程。
7. 简述异地银行结算账户的开设流程。
8. 简述银行结算账户的变更内容及变更的基本程序。
9. 简述银行账户撤销的办理程序。
10. 简述银行存款日记账与银行对账单核对不符的原因。

案例分析

出纳小张就职的公司在中国银行开立了基本存款账户，与公司有业务关系的很多客户与供应商的开户行是工商银行，由于相互间跨行转账的时间长，且跨行结算费用多，客户和供应商要求公司提供一个工商银行账户；与此同时，公司在中国农业银行申请了一笔贷款，中国农业银行柜员要求：公司应先在中国农业银行开立账户，然后银行才能将该笔贷款转入，并声明这样做是为了掌握借款的使用情况。公司该怎么办？若3年后，公司从宁波搬到上海，试分析如何管理银行结算账户。

技能实训

[实训目的]

掌握单位银行结算账户的开设、变更和撤销技能。

[实训要求]

将学生分成若干小组，分组讨论并填制银行结算账户开立（变更或撤销）申请书，清楚各种银行结算账户开立（变更或撤销）需要呈报的材料及办理程序。

[实训考评]

教师根据各组准备的申请材料结合陈述予以评定。

第四章
出纳现金业务

学习目标

知识目标

通过本章的学习，掌握出纳现金收支业务办理的要点；理解库存现金管理的原则和要求；了解出纳现金业务的重要性。

技能目标

通过本章的学习和训练，掌握和提升出纳人员现金收入业务的办理程序和核算技能，现金支出业务的办理程序和核算技能，现金、票据及印章的管理和使用技能，以及差错的查找、纠正和防范的技能。

❈ 引导案例

❈ 本章内容

❈ 主要概念

❈ 思考讨论

❈ 案例分析

❈ 技能实训

引导案例

星连公司的现金管理制度如下，请对其进行评价。

星连公司现金管理制度

第一条　为加强本公司的现金管理，规范现金的使用开支范围，防止坐支现金和现金流失，根据国家的有关规定，并结合公司的实际情况，特制定本办法。

第二条　本办法所指现金是指存放于公司财务部门、由出纳人员经管的货币。现金是流动性最强的资产，公司的财务人员应严格遵守国家现金管理制度，监督现金使用的合法性、合理性。

第三条　现金的支付范围：

1. 职工的工资、各种奖金及工资性津贴。
2. 个人劳务报酬，包括稿费、讲课费及其他专项工作报酬。
3. 各种劳保、福利费用以及国家规定的对个人的其他支出。
4. 出差人员必须随身携带的差旅费。
5. 结算起点在1 000元以下的其他支出。
6. 中国人民银行确定需要支付现金的其他支出。如采购地点不确定、交通不便、抢险救灾及其他特殊情况，确实无法办理转账的。

第四条　现金的保管：

1. 为确保库存现金的安全，公司财务保管的现金必须使用安全性能有保障的保险柜。
2. 出纳人员应严格根据银行核定的库存现金限额留存现金，对于超过的部分应及时存入银行。

第五条　现金的提取：

1. 从银行提取现金，在银行预留的印鉴应为出纳人员和公司总经理印章，且必须由财务人员和出纳人员分开保管。现金支票由出纳人员填写，盖章由出纳人员和财务人员分开进行。
2. 从银行提取现金，应以审核无误的记账凭证为依据。

第六条　现金收入应于当天送存银行，当天送存确有困难的，应于次日及时送存。

第七条　支付现金应从本单位库存现金中支付，不得坐支现金，因特殊情况必须坐支现金时，应经银行同意。

第八条　出纳人员应对现金的收支业务根据记账凭证及时进行序时登记，并每天将库存现金和现金日记账核对相符，做到日清月结。

第九条　出纳人员不得有下列行为：

1. 不准用“白条”顶替库存现金。
2. 不准谎报用途套取现金。
3. 不准将库存现金以个人名义进行储蓄。
4. 不准私自借支现金。
5. 不准利用银行账户为他人或其他单位存取现金。
6. 未经财务部门领导批准，不准将现金交他人代管。

第十条　严禁向其他单位或个人借支现金。

第十一条　在经济活动中，不得对现金结算给予优惠待遇。不得拒收支票、银行汇票和银行本票。

第十二条　财务部门负责人应不定期地对现金的保管、使用情况进行检查，发现问题，及时向公司领导汇报。

第十三条　本办法由公司财务部门负责解释。

第十四条　本办法自发布之日起执行。

第一节　现金的管理

一、现金及现金管理

现金的概念有广义和狭义之分。广义的现金包括库存现金、银行存款和其他视同现金的有价证券等。狭义的现金仅指库存现金，即企业库存的纸币和硬币，包括库存人民币和外币。狭义的现金也是会计范畴的现金。

会计范畴的现金是流动性最强的一种货币性资产，它是指存放在企业并由出纳人员保管的现钞。它可以随时用来购买所需物资、支付日常零星开支、偿还债务等。正是由于现金是流动性最强的资产，具有现实的购买或支付能力，因而也是犯罪分子谋取的直接目标。因此，加强库存现金的管理，建立健全现金保管制度，是各单位及出纳人员的重要职责。

国家对于现金的使用管理有着较为严格的规定，并由国务院制定并颁发了《现金管理暂行条例》。依据《现金管理暂行条例》，现金管理应遵循以下基本原则：

（1）开户单位库存现金一律实行限额管理。

（2）不准擅自坐支现金。坐支现金容易打乱现金收支渠道，不利于开户银行对企业的现金进行有效的监督和管理。

（3）企业收入的现金不准作为储蓄存款存储。

（4）收到现金应及时送存银行，企业的现金收入应于当天送存开户银行，确有困难的，应由开户银行确定送存时间。

（5）严格按照国家规定的开支范围使用现金，结算金额超过起点的，不得使用现金。

（6）不准编造用途套取现金。企业在国家规定的现金使用范围和限额内需要现金时，应从开户银行提取，提取时应写明用途，不得编造用途套取现金。

（7）企业之间不得相互借用现金。

二、现金管理的内容

企业为保证生产经营活动的正常进行，必须拥有一定数额的现金，用以购买零星材料、发放工资、缴纳税金、支付手续费或进行对外投资活动。但现金是所有资产中收益率最低的，过多地保留现金将降低单位资产的获利能力。各单位一方面应严格遵守国家现金管理制度的规定，接受开户银行对其现金管理的监督、检查；另一方面，从本单位内部管理的角度来看，也应当加强对现金的管理，把现金结算和现金使用压缩在合理的范围之内。

（一）建立健全现金管理制度

现金管理制度一般包括钱账分管制度、现金开支审批制度、日清月结制度、现金清查制度、现金保管制度、保险柜的配备使用制度等内容。这里仅重点介绍其中几种制度。

1. 钱账分管制度

钱账分管即管钱的不管账，管账的不管钱。各单位应配备专职或兼职的出纳人员负责办理现金收付业务和现金保管业务，非出纳人员不得经管现金收付业务和现金保管业务；另外，出纳人员不得兼管稽核、会计档案保管和收入、费用、债权、债务账目的登记工作。建立钱账分管制度，可以使出纳人员和会计人员相互牵制、相互监督，从而减少错误和贪污舞弊发生的可能性。

当然，管钱的不管账，并不是说出纳人员不能管理任何账簿。出纳人员在办理现金收付业务和负责现金保管的同时，要登记现金日记账和编制现金日报表，由会计人员登记现金总账；有的单位由出纳人员登记现金账（包括现金总账和现金日记账），会计人员编制现金日报表。但按我国《会计法》的规定，出纳人员不得兼管稽核、会计档案保管和收入、费用、债权、债务账目的登记工作。

2. 现金开支审批制度

各单位应按照《现金管理暂行条例》及其实施细则规定的现金开支范围，并根据本单位的生产经营管理实际，现金收付业务的繁简，以及现金开支的额度等，建立健全现金开支审批制度，以加强现金开支的日常管理。现金开支审批制度一般应包括以下内容：

（1）明确本单位现金开支范围。各单位应按《现金管理暂行条例》及其实施细则的规定，确定本单位的现金开支范围。

（2）制定各种报销凭证，规定报销手续和办法。

（3）确定各种现金支出的审批权限。各单位应根据其经营规模、内部职责分工等，确定不同额度现金的支出审批权限。出纳人员根据按规定权限审核批准并签章的付款凭证及其所附原始凭证，办理现金付款业务。没有经过审核批准并签章的，或者有关人员超越规定权限审批的，出纳人员不予付款。

3. 日清月结制度

日清月结是出纳人员办理现金收支业务的基本原则和要求，也是避免出现长短款的重要措施。所谓日清月结，就是出纳人员办理现金收支业务时，必须做到按日清理、按月结账。

按日清理是指出纳人员应对当日的经济业务进行清理，全部记入现金日记账，结出库存现金账面余额，并与库存现金实地盘点数核对相符。按日清理以下内容：

（1）清理各种现金收付款凭证，检查单证是否相符。核对各种收付款凭证所填写的内容与所附原始凭证反映的内容是否一致；检查每张单证是否已经盖齐“现金收讫”“现金付讫”的戳记。

（2）登记和清理日记账。将当日发生的所有现金收付业务全部登记入账，并在此基础上检查账证是否相符，即现金日记账所登记的内容、金额与收付款凭证的内容、金额是否一致。清理完毕后，结出现金日记账的当日余额。

（3）现金盘点。出纳人员应按券别分别清点现金数量，然后加总，即可得出当日现金的实存数。将盘点得出的实存数和账面余额进行核对，看两者是否相符。

（4）检查库存现金是否超过规定的库存限额。如实际库存现金超过规定库存限额，出纳人员应将超出部分及时送存银行。

4. 现金清查制度

在由出纳人员自身对库存现金进行检查、清查的基础上，为了加强对出纳工作的监督，及时发现可能发生的现金差错或丢失，防止贪污、盗窃、挪用公款等不法行为的发生，确保库存现金的安全和完整，各单位应建立库存现金清查制度，由有关领导和专业人员组成清查小组，定期或不定期地对库存现金情况进行清查盘点，重点应放在账款是否相符、有无白条抵库、有无私借公款、有无挪用公款、有无账外资金等违纪、违法行为上。

现金清查多采用突击盘点方法。不预先通知出纳人员，盘点时间在一天业务开始之前或一天业务结束之后，由出纳人员将截至清查时现金收付账项全部登记入账，并结出账面余额，然后与实际盘点的现金结余额核对。

（二）现金收入的管理

1. 现金来源必须合理合法

单位的现金收入有多种来源，无论哪种来源都必须符合有关规定和实际需要。不能乱列开支项目，提取现金或出售商品（产品）金额在结算起点以上的，不得拒收银行结算凭证而收取现金或按一定比例搭配收取现金；单位在国家规定的使用范围和限额内要使用现金，应从开户银行提取，提取时应写明用途，由本单位财务部门负责人签字或盖章，经开户银行审核后，予以支付现金，不得编造用途套取现金。

2. 不准擅自坐支现金

坐支是指将单位的现金收入直接用于各种开支。坐支现金容易打乱现金收支渠道，不利于开户银行对单位的现金进行有效的监督和管理。若有些单位业务经营确实需要坐支现金，应事先向开户银行提出申请，在开户银行批准的坐支范围内坐支现金，并定期向开户银行报告坐支现金的金额和使用情况。

3. 收入现金必须坚持先收款后开收据

为了防止差错和引起纠纷，收入现金时应先收款，当面清点现金数额，经复点无误后，再开给交款人收款收据，不能先开收据后收款。几笔收款或几笔付款业务不能一起办理，应一笔一清。严禁收款不开收据的情况发生。一切现金收入都应开具收款收据，即使有些现金收入已有对方付款凭证，也应开出收据交付款人，以明确经济责任。收款和开具收据应在同一时间内完成，不准收款后过一段时间再开收据。此外，对收入现金的收据还应加盖“现金收讫”戳记。

（三）现金支付的管理

1. 严格遵守现金开支范围的规定

根据国务院发布的《现金管理暂行条例》的规定，开户单位可以在下列范围内使用现金：

（1）职工工资、津贴。

（2）个人劳务报酬。

（3）根据国家规定颁发给个人的科学技术、文化艺术、体育等各种奖金。

（4）各种劳保、福利费用，以及国家规定的对个人的其他支出。

（5）向个人收购农副产品和其他物资的价款。

（6）出差人员必须随身携带的差旅费。

（7）结算起点以下的零星支出。

（8）中国人民银行确定需要支付现金的其他支出。

2. 严格现金支付手续

各单位的一切现金支出都要有原始凭证，由经办人签名、负责人审批或授权审批，并经有关部门或人员审核后，由制单会计编制记账凭证，出纳人员据以付款，在付款后，应加盖“现金付讫”戳记，并妥善保管。

3. 严肃现金支付纪律

现金支付应符合《现金管理暂行条例》的规定和要求，不得用单位的现金收入直接用于现金支付；单位之间不得相互借用现金；不得利用银行存款账户代其他单位、个人存入或支取现金。

（四）库存现金的管理

1. 库存现金限额及其核定

库存现金限额是指为保证各单位日常零星支付需要按规定允许留存的现金的最高数额。库存现金限额由开户银行根据开户单位的实际需要和距离银行远近等情况核定，一般按照开户单位3～5天日常零星开支所需现金确定。远离银行机构或交通不便的开户单位可依据实际情况适当放宽条件，但最高不得超过15天。

核定库存现金限额是现金管理的一项重要内容。办理库存现金限额的一般程序为：首先，填制库存现金限额核定表（见表4-1），填写时应填明申请单位（全称）、开户银行及其账号；填写库存现金申请数额，写明具体的备用金定额，并加盖单位印章。然后，报送开户银行签署审查批准意见和核定数额。库存现金限额一般每年核定一次，单位因生产和业务发展、变化需要增加或减少库存现金限额时，可向开户银行提出申请，经批准后，方可进行调整，单位不得擅自超出核定限额增加库存现金。

表4-1　　库存现金限额核定表

单位名称：　　　　员工人数：

开户行：　　　　账号：　　　　单位：元

<table>
<tr><td rowspan="2"></td><td colspan="2">库存限额</td><td colspan="2">找零备用金金额</td><td rowspan="2">简要说明</td></tr>
<tr><td>申请数</td><td>核定数</td><td>申请数</td><td>核定数</td></tr>
<tr><td>财务出纳部门</td><td></td><td></td><td></td><td></td><td rowspan="4">财务出纳部门每天平均零星开支的现金____元</td></tr>
<tr><td>各附属单位</td><td></td><td></td><td></td><td></td></tr>
<tr><td></td><td></td><td></td><td></td><td></td></tr>
<tr><td></td><td></td><td></td><td></td><td></td></tr>
<tr><td colspan="2">核准单位盖章
年　月　日</td><td colspan="3">开户行意见
年　月　日</td><td>申请单位盖章
年　月　日</td></tr>
</table>

2. 限额内库存现金的管理

库存现金限额经银行核定批准后，开户单位应当严格遵守，每日现金的结存数不得超过核定的限额。出纳人员在管理限额内的库存现金时，应注意以下几个方面：

（1）超过限额以外的现金应在下班前送存银行；如库存现金不足限额时，可向银行提取现金，不得在未经开户银行准许的情况下坐支现金。

（2）为加强对现金的管理，除工作时间需要的少量备用金可放在出纳人员的抽屉内，其余现金应放入出纳专用的保险柜内，不得随意存放。

（3）限额内的库存现金当日核对清楚后，一律放在保险柜内，不得放在办公桌抽屉内过夜。

（4）单位的库存现金不准以个人名义存入银行，以防止有关人员利用公款私存取得利息收入，也防止单位利用公款私存形成账外小金库。银行一旦发现公款私存，可以对单位处以罚款，情节严重的，可以冻结单位现金支付。

（5）库存现金的纸币和铸币，应实行分类保管。各单位的出纳人员对库存票币分别按照纸币的票面金额和铸币的币面金额，以及整数（即大数）和零数（即小数）分类保管。

三、票据及印章的管理

（一）有价证券的保管

有价证券是一种具有储蓄性质的、可以最终兑换成人民币的票据。其种类较多，目前我国发行的有价证券有国库券、国家重点建设债券、地方债券、金融债券、企业债券和股票等。有价证券是企业资产的一部分，具有与现金相同的性质和价值。有价证券的保管同现金的保管基本一样，此外，出纳人员要对各种有价证券票面金额和号码保守秘密。为了掌握各种债券的到期时间，企业应建立有价证券保管登记簿。

（二）空白支票及空白收据的保管

1. 空白支票的保管

开户单位可向开户银行领购支票，企业一般都保留一定数量的空白支票以备使用。支票是一种支付凭证，一旦填写了有关内容，并加盖在银行留有印样的图章后，即可成为直接从银行提取现金或与其他单位进行结算的凭证。所以，企业在空白支票的使用上必须加强管理，同时要采取必要措施，妥善保管，以免发生非法使用和盗用、遗失等情况，给国家和企业造成不必要的经济损失。

空白支票必须明确指定专人妥善保管。要贯彻票、印分管的原则，空白支票和印章不得由一人负责保管。这样，可以明确责任，形成制约机制，防止舞弊行为的发生。

有关部门和人员领用支票一般必须填制专门的“支票领用单”，说明领用支票的用途、日期、金额，由经办人员签章，经有关领导批准。

支票由指定的出纳人员专人签发。出纳人员根据领导批准的“支票领用单”按照要求签发支票，并在支票签发登记簿上加以登记。

各单位不准携带盖好印鉴的空白支票外出采购。如果采购金额事先难以确定，实际情况又需用空白支票结算，经单位领导同意后，出纳人员则可签发具有下列内容的空白支票：定时（填好支票日期）、定点（填写好收款单位）、定用途（填写好支票用途）、定金额（在支票的右上角加注“限额××元”字样）。各单位要设置支票签发登记簿，实行空白支票领用销号制度，以严格控制空白支票的签发。支票签发登记簿一般应包括以下内容：领用日期、支票号码、领用人、用途、收款单位、限额、批准人、销号。

领用人领用支票时，要在支票签发登记簿“领用人”栏里签名或盖章；领用人将支票的存根或未使用的支票交回时，应在支票签发登记簿上销号并注明销号日期。

2. 空白收据的保管

空白收据即未填制的收据。空白收据一经填制，并加盖有关印鉴，即可成为办理转账结算和现金支付的一种书面证明，直接关系到资金结算的准确、及时和安全。因此，必须按规定保管和使用空白收据。

空白收据一般应由主管会计人员保管。企业应建立空白收据登记簿，填写空白收据的领用日期、单位、起始号码，并由领用人签字，收据使用完后，要及时归还、核销。使用单位不得将收据带出工作单位使用，不得转借、赠送或买卖，不得弄虚作假，开具实物与票面不相符的收据，更不能开具存根联与其他联不相符的收据。作废的收据要加盖“作废”章，各联要连同存根一起保管，不得撕毁、丢失。

(三) 印章和印鉴的保管

出纳人员使用的印章必须妥善保管，严格按照规定的用途使用，不得将印章随意存放或带出工作单位。用于签发支票的各种预留银行印鉴不能由出纳人员一人保管，一般应由主管会计人员或其他指定人员保管，各种印章的保管应与现金的管理相同，以防违法乱纪人员有机可乘，给国家和单位造成不必要的经济损失。

四、日清月结

(一) 每日营业结束的日清工作

1. 检查凭证

凭证是记录经济业务的依据，在涉及现金收支业务的按日清理中，要严格凭证审核制度。首先应检查各种现金收款凭证，将其与所附各种原始凭证相核对，看是否与附件的金额、张数一致，以达到单证相符。同时，检查每种单证是否已加盖“收讫”“付讫”戳记。

2. 登记日记账

将当日所发生的现金收付业务根据收付款凭证过入现金日记账，并检查现金日记账的登记内容、金额与收付凭证的内容、金额是否一致，并结出现金日记账当日余额。

3. 盘点库存现金，进行账实核对

出纳人员应按人民币的面额分别清点数量，加总后得出当日现金的实存金额。将现金的实存金额与账面余额核对，看两者是否相符，有无长短款现象。若存在这种现象，查明后应及时纠正。产生这种情况多数是由于收付款过程中的失误造成的，此时应由责任人负责赔偿；难以查明原因的，可报单位批准作为收益或损失处理。

4. 比较库存现金与库存现金限额

检查实际库存现金是否超出库存现金限额。如超出限额，出纳人员应将超出部分及时送存银行，以保证现金的安全性；如低于限额，则应补足现金。

(二) 月末的对账、结账工作

结出本期现金日记账的发生额和期末余额，并与现金总账及库存现金的实存数进行核对。具体可以按下述方法进行。

1. 日结账

每日业务终了，出纳人员逐笔、序时地登记完现金日记账和银行存款日记账后，结出本日结余额，现金日记账应与当日库存现金核对。在划分收入日记账和支出日记账的情况下，出纳人员在每日终了按规定登记入账后，结出当日收入合计数和当日支出合计数，然后将支出日记账中当日支出合计数转记入收入日记账中的“当日支出合计”栏内，在此基础上再结出当日账面余额。

2. 月结账

月结账是以一个月为结账周期，每个月末对本月内的经济业务情况进行总结。在每月月底，要采用划线结账的方法进行结账，即在各账户的最后一笔账的下一行结出“本期发生额”和“期末余额”，在“摘要”栏内注明“本月合计”字样。月末如无余额，应在“借或贷”栏中注明“平”，并在“余额”栏中记“0”后，画上一条红线。对需逐月结算本年累计发生额的账户，应逐月计算自年初至本月止的累计发生额，并登记在月结的下一行。在“摘要”栏内注明“本月累计”字样。

年终，以一年为周期，对本年度内各经济业务发生情况及结果进行总结。年末，将全年的累计发生额登记在12月的合计数的下一行，在“摘要”栏内注明“本年合计”字样，并在下面画双红线。年末可将结余的现金足额解缴银行，使“库存现金”账户年末余额为零。若现金年末有余额，应把余额结转到下一年，在年结数下一行的“摘要”栏内注明“结转下年”字样。在下一年的新账页的第一行的“摘要”栏内注明“上年结转”字样，并把上年末余额数填写在“余额”栏内。

第二节　现金收入业务

现金收入业务主要有经营活动引起的现金收入业务和非经营活动引起的现金收入业务。

经营活动引起的现金收入业务是指企业因销售商品、提供劳务、租赁等发生的零星收入或当客户为不开设银行账户的个人或商户时，所收取现金的业务。一切现金收入都应开具发票等原始单据，办理现金的收取，并进行经营收入的核算。

非经营活动引起的现金收入业务包括收回本单位职工借款、收回预借差旅费长款、收回外单位应收款等。单位在收款时应向交款单位或个人开具收据，并进行现金收入核算。其业务办理需由会计人员和出纳人员配合完成。

一、现金收入业务的办理

现金收入业务的办理要求单位设置出纳岗位，由出纳人员专人管理现金；现金收取过程中涉及的开票、收款、制证、审核等工作应由不同部门和人员配合完成，并相互牵制，以防错弊；现金收入要合法且应及时送存银行。

（一）现金收入的范围

各单位现金的收入主要有两条渠道：从银行提取和日常业务取得。根据我国现金管理制度的规定，企业日常业务的现金收入范围有：

（1）出售给国有单位、集体单位或私营单位的产品、材料及其他物资或提供劳务、业务咨询、信息等服务，不能通过转账办理结算手续的收入。

（2）出售给个人的商品现金收入。

（3）职工借用的备用金报销后退回的余款。

（4）其他应收取的采用现金结算的款项。

（二）现金收入业务办理的基本要求

1. 现金收入必须合法合理

各单位的现金收入有很多来源，不管是哪种来源，都必须做到合法合理。

从银行提取现金时，应在国家规定的使用范围和限额内开出现金支票，并注明用途，由本单位财务部门负责人签字和盖章，经开户银行审核后，才能支取。任何单位都不得编造用途套取现金。

在日常业务中收入现金时，必须符合国家制定的现金收入范围，不得在出售商品和金额超过结算起点时，拒收银行结算凭证而收取现金，或按一定比例搭配收取现金等。

2. 现金收入手续必须严格

为了防止差错和引起纠纷，收入现金时必须坚持先收款，当面清点现金无误后，再开给交款人收款收据，一切现金收入都应开具收款收据。收入现金时，签发收据和经手收款，按要求也应当分开，以防作弊。

3. 现金收入要坚持一笔一清

收入现金时，要清点完一笔，再清点另一笔，几笔收款不能一起办理，以免互相混淆或调换；一笔款项未办理妥当，出纳人员不得离开座位；收款过程应在同一时间内完成，不准收款后过一段时间再开收据；对已完成收款的收据应加盖“现金收讫”字样。

4. 现金收入要及时送存银行

根据《现金管理暂行条例》的规定，各单位收入现金后，都应及时送存银行，不准擅自从收入的现金中坐支。

（三）现金收入业务的办理程序

现金收入业务的办理程序是指现金收入过程中的处理步骤和规则。

1. 出纳人员从银行提取现金的业务办理

（1）填写现金支票。现金支票的格式及内容见图 4-1，填写要求及使用的规定详见第五章第一节。

（2）向开户银行提交现金支票，并当场认真清点取款数额，确认无误后才能离开。

（3）取回现金妥善保管，以备用。

2. 出纳人员向外单位或顾客直接收款的业务办理

（1）受理收款业务，查看收款依据是否齐备。

（2）审核收入来源是否合理合法。

（3）当面清点现金，做到一笔一清。

（4）开具收款凭证，并在收款凭证上加盖“现金收讫”戳记。

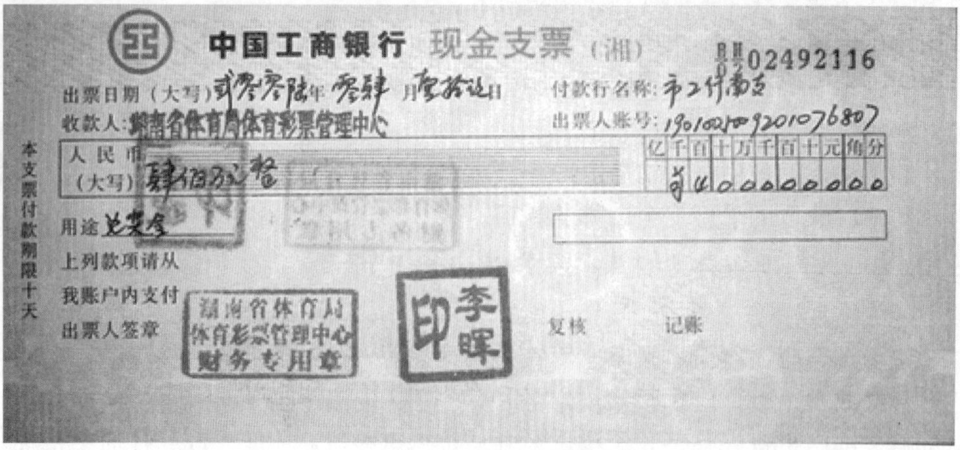
中国工商银行 现金支票（湘）
02492116
出票日期（大写） 年 月 日
付款行名称：
收款人：
出票人账号：
人民币（大写）
亿 千 百 十 万 千 百 十 元 角 分
用途
上列款项请从
我账户内支付
出票人签章
本支票付款期限十天
湖南省体育局体育彩票管理中心财务专用章
李晖印
复核 记账

图 4-1 现金支票

（5）根据盖有“现金收讫”戳记的收款凭证编制记账凭证。

（6）根据记账凭证登记现金日记账。

3. 收款员、营业员收款后的业务办理

在零售商店、门市部和旅游饮食服务业单位，由于收款业务比较频繁，一般都由营业员分散收款或由收款员集中收款后，每日再定时向出纳人员缴款。具体程序可参照出纳人员直接收款办理。

（四）现金收款凭证的编制与审核

现金收款凭证是出纳人员办理现金收入业务的依据。为确保收款凭证的合法、真实和准确，出纳人员在办理每笔现金收入前，都必须首先复核现金收款凭证，要求认真复核以下内容：

（1）现金收款凭证的填写日期是否正确。现金收款凭证的填写日期应为编制收款凭证的当天，不得提前或推后。

（2）现金收款凭证的编号是否正确，有无重号、漏号或不按日期编号等情况。

（3）现金收款凭证记录的内容是否真实、合法、准确，其“摘要”栏的内容与原始凭证反映的经济业务内容是否相符。

（4）使用的会计科目是否正确。

（5）现金收款凭证的金额与原始凭证的金额是否一致，原始凭证的大小写金额是否相同，有无印章。

（6）现金收款凭证“附单据”栏的张数与所附原始凭证张数是否相符。

（7）现金收款凭证的“出纳”“制单”“复核”“财务主管”栏是否签名或盖章。

二、现金送存业务的办理

各单位必须按开户银行核定的限额保管、使用现金，收取的现金和超出限额的现金应及时送存银行。

（一）现金送存的一般程序

（1）整点票币。送款前应将送存款项清点整理，按币别、币种分开。纸币要平铺整齐，每一百张为一把，十把为一捆，以此类推，用纸条在腰中捆扎好，余为零头；硬币每百枚或五十枚为一卷，十卷为一捆，不足一卷为零头；最后合计出需要存款的金额。

（2）填写现金缴款单。根据整点好的存款金额填写现金缴款单，各种币别的金额合计数应与存款金额一致。

（3）向银行提交现金缴款单和整点好的票币。票币要一次性交清，当面清点，如有差异，应当面复核。

（4）开户银行受理后，在现金缴款单上加盖“现金收讫”戳记和银行印鉴后退回交款人一联，表示款项已收妥。

（5）根据银行退回的盖有“现金收讫”戳记和银行印鉴的一联现金缴款单，编制记账凭证。

（6）根据记账凭证登记现金日记账。

（二）现金缴款单的填制

现金缴款单是单位出纳人员去银行交存现金时填写的凭证。现金缴款单为一式三联或一式二联。现金缴款单三联单的内容包括：第一联为回单，由银行盖章后退回存款单位；第二联为收入凭证，由收款人开户银行加盖相关印章作为银行的记账凭证；第三联为附联，是银行出纳留底联。相关印章是指现金收讫章或业务清讫章。现金缴款单的内容及格式见表 4－2。

表 4－2　　**中国工商银行**现金存款凭条

年　　月　　日

<table>
<tr><td rowspan="3">存款人</td><td>全　称</td><td colspan="13"></td></tr>
<tr><td>账　号</td><td colspan="4"></td><td>款项来源</td><td colspan="8"></td></tr>
<tr><td>开户行</td><td colspan="4"></td><td>交款人</td><td colspan="8"></td></tr>
<tr><td colspan="6" rowspan="2">金额大写（币种）</td><td>百</td><td>十</td><td>万</td><td>千</td><td>百</td><td>十</td><td>元</td><td>角</td><td>分</td></tr>
<tr><td></td><td></td><td></td><td></td><td></td><td></td><td></td><td></td><td></td></tr>
<tr><td>票面</td><td>张数</td><td>金额</td><td>票面</td><td>张数</td><td>金额</td><td colspan="9" rowspan="8">复核：　　　　经办：</td></tr>
<tr><td>100 元</td><td></td><td></td><td>5 角</td><td></td><td></td></tr>
<tr><td>50 元</td><td></td><td></td><td>2 角</td><td></td><td></td></tr>
<tr><td>20 元</td><td></td><td></td><td>1 角</td><td></td><td></td></tr>
<tr><td>10 元</td><td></td><td></td><td>5 分</td><td></td><td></td></tr>
<tr><td>5 元</td><td></td><td></td><td>2 分</td><td></td><td></td></tr>
<tr><td>2 元</td><td></td><td></td><td>1 分</td><td></td><td></td></tr>
<tr><td>1 元</td><td></td><td></td><td></td><td></td><td></td></tr>
</table>

第一联　回单

（三）填写现金缴款单时的注意事项

出纳人员在填写现金缴款单时，必须注意以下几点：

（1）要用双面复写纸复写。

（2）交款日期必须填写交款的当日。

（3）存款人名称应填写全称。

（4）款项来源要如实填写。

（5）大小写金额的书写要标准。

(6) 对于设有券别和数额栏的现金缴款单，应按实际送存时各种券面的张数或券别填写。

(四) 送存现金时的注意事项

出纳人员在送存现金时应注意以下事项：

(1) 交款人最好是现金整理人，这样可以在发生差错时明确责任。

(2) 凡经整理好准备送存银行的现金，在填好现金缴款单后，一般不宜再调换票面。

(3) 送存途中必须注意安全，当送存现金的金额较大时，最好有专车，并派人护送。

(4) 临柜交款时，交款人必须与银行柜台收款员当面交接清点。做到一次交清，不得边清点边交款。

(5) 交款人交款时，如柜台较为拥挤，应按次序等候。等候过程中，应做到钞票不离手，不能置于柜台之上，以防发生意外。

现金收入业务涉及不同的部门和同一部门的不同岗位，办理过程中须按照一定的流程进行，业务办理程序化、岗位分工明晰化、内部控制严格化，将有助于提高业务办理的效率和减少错弊。办理过程中应注意以下两个方面：

第一，办理流程的设计应体现出不相容职务相分离的控制原则，这是出纳业务控制的必要原则，每个企业都须遵守。在该业务流程中，开票、收钱、记账由不同人员完成。其中，销售人员开票不收钱，出纳人员收钱不开票，会计人员记账不收钱，三者之间形成相互控制的机制。如违反三者分离的控制原则，则会为相关人员贪污款项提供可乘之机。因此在现金收入业务流程设计中，无论企业大小、业务多少，都必须合理利用三者之间的相互控制以达到防止贪污舞弊的制度设计目标。

第二，业务流程必须结合企业的实际情况进行灵活设计，不可生搬硬套，如在较多销售业务的流程中，销售人员开出小票后，需要由销售经理进行审核后办理收款提货手续。但是如果是一个规模小、人员少的企业，或者是零售商业企业，其销售价格一般较为稳定，如每项销售业务均需要销售经理审核才可办理收款提货，就会降低企业的效率。因而，在相关业务办理时，必须根据企业的实际情况，在不违反我国《会计法》规定的不相容职务相分离原则的前提下，进行适合本企业情况的改进和完善，才可以做到既保证内控严密、不出错弊，又能最大限度地提高业务办理的效率。

三、现金收入、送存业务的核算*

(一) 现金收入业务的核算

现金收入业务，是各单位在其生产经营和非生产经营活动中取得现金的业务。其内容包括销售商品、提供劳务而取得现金的业务，提供非经营性服务取得收入的业务以及取得其他罚没收入的业务等。出纳人员在办理现金收入业务时，一般都要涉及原始凭证的填制和审核，记账凭证的填制和审核，现金收付及现金日记账的登记。

不同的单位在收到现金时，所编制的记账凭证上借方科目同为“库存现金”，而贷方科目则根据现金收入业务的性质及会计制度的规定来确定。各单位的现金收入按其性质可分为以下几种：

---

* 这里暂不考虑相关税费。

(1) 经营业务收入。发生该业务时应编制的会计分录为：

借：库存现金

　贷：主营业务收入（或其他业务收入）

(2) 非经营业务收入。如企业的其他业务收入、营业外收入。发生该业务时应编制的会计分录为：

借：库存现金

　贷：其他业务收入

或

借：库存现金

　贷：营业外收入

(3) 预收现金款项。如企事业单位按照合同规定预收的定金等。预收账款可以通过"预收账款"科目核算，不设置该科目的企业可以并入"应收账款"科目中核算。收到预收账款的会计分录为：

借：库存现金

　贷：预收账款（应收账款）

(4) 其他现金收款业务。主要是指企事业单位向有关单位收取的罚款、赔款、押金等业务。发生该业务时应编制的会计分录为：

收取个人的罚款、赔款时：

借：库存现金

　贷：其他应收款

向其他单位或个人收取押金时：

借：库存现金

　贷：其他应付款

(5) 从银行提取现金业务。发生该业务时应编制的会计分录为：

借：库存现金

　贷：银行存款

(二) 现金送存业务的核算

1. 由出纳人员送存银行的账务处理

如果现金是由出纳人员汇总后送存银行的，则收到现金时，财务部门应根据实际情况编制如下会计分录：

借：库存现金

　贷：主营业务收入（依具体情况而定）

2. 取回现金缴款单后的账务处理

交款人将现金送存银行并取回现金缴款单（回单联）后，财务部门应根据回单联填制现金付款凭证，其会计分录为：

借：银行存款

　贷：库存现金

3. 由企业柜台直接送存银行的账务处理

如果现金不是由出纳人员汇总后送存银行，而是由企业柜台直接送存银行，则财务部门应根据现金缴款单（回单联）直接编制银行存款收款凭证，其会计分录为：

借：银行存款

贷：主营业务收入（依具体情况而定）

四、备用金管理

备用金是单位内部各部门工作人员用作零星开支、业务采购、差旅费等以现金方式借用的款项。企业根据需要从银行取得备用金后，应加强对备用金的管理。备用金管理包括借支管理和保管管理。

（一）备用金借支管理

（1）单位各部门填制备用金借款单，一方面，财务部门核定其零星开支便于管理；另一方面，凭此单据支付现金。

（2）各部门零星备用金，一般不得超过规定数额，若遇特殊需要，应由单位部门经理核准。

（3）各部门借支零星备用金，应将取得的正式发票定期送到财务部门备用金管理人员（出纳人员）手中，冲转借支款或补充备用金。

（二）备用金保管管理

（1）为核算备用金的收支情况，单位应设置“备用金”账户，并编制收支日报表送交经理。

（2）定期根据取得的发票编制备用金支出一览表，及时反映备用金支出情况。

（3）“备用金”账户应做到逐月结清。

（4）出纳人员应妥善保管与备用金相关的各种票据。

第三节　现金支出业务

一、现金支出业务的办理

现金支出业务是指各单位在其生产经营过程和非生产经营过程中向外支付现金的业务。它包括各单位因购买货物、接受劳务而支付现金的业务，发放工资业务，费用报销业务，以及向有关部门支付备用金的业务等。现金支出时，一定要有有效的支出凭证，并严格审查支出凭证的审批手续。现金支出业务涉及原始凭证、记账凭证的填制和审核。

现金支出业务需由经办人员提供证明某项费用发生及完成情况的原始凭证，并由审核会计、业务部门负责人进行技术和业务审核后才可办理。现金支出业务具有支付流动性强、多为与个人结算等特点，因此在办理时必须注意完善各项手续及内部牵制制度。在办理付款业务时，必须由收款方提供收据，现金付款业务办理的审核、付款、记账等工作环节应由审核会计、出纳人员、制单会计等分别执行，不可由一个人全程办理，以防止人为的错弊发生。

（一）现金支出业务办理的程序

现金支出业务的办理按其支付顺序可分为主动支付和被动支付。

1. 主动支付现金的程序

主动支付是指出纳部门主动将现金付给收款单位和个人，如发放工资、奖金、薪金、津贴以及福利等。具体程序为：

（1）根据有关资料编制付款单，并计算出付款金额。

（2）根据付款金额清点现金（若现金不足，应从银行提取），按单位或个人分别装袋。

（3）发放现金时，如果是直接发给收款人，要当面清点并由收款人签收（签字或盖章）；如果是他人代为收款，则由代收人签收。

（4）根据付款单等资料编制记账凭证。

（5）根据记账凭证登记现金日记账。

2. 被动支付现金的程序

被动支付是指收款单位或个人持有关凭据到出纳部门领报现金。具体程序为：

（1）受理原始凭证。如报销单据、借据、其他单位和个人的收款收据等。

（2）审核原始凭证。

（3）在审核无误的付款凭证上加盖“现金付讫”印章。

（4）支付现金并进行复点，并要求收款人当面点清。

（5）根据原始凭证编制记账凭证。

（6）根据记账凭证登记现金日记账。

（二）现金支付的原则

出纳人员必须以严肃谨慎的态度处理现金支出业务，因为一旦发生失误，将会造成不可追补的经济损失。现金支付时要遵循以下几个原则：

（1）必须以真实、合法、准确的付款凭证为依据。

（2）必须以严肃谨慎的态度来处理现金支付业务，宁可慢一些，也不能疏忽大意。

（3）必须以手续完备、审核无误的付款凭证为最终付款依据。

（4）支付现金时，要当面点清，双方确认无误。

（5）不得套取现金用于支付。套取现金是指逃避现金审查，采用不正当手段支取现金的违法行为。主要有以下几种表现：

1）编造合理用途或以支取差旅费、备用金的名义支取现金。

2）利用私人或其他单位的账户支取现金。

3）用公款转存个人储蓄账户支取现金。

4）用转账方式通过银行、邮局汇兑，在异地支取现金。

5）用转账凭证换取现金。

6）虚报、冒领工资、奖金和津贴补助。

（三）现金支付的方式

在出纳工作中，现金支付有下述两种基本方式。

1. 直接支付现金方式

直接支付现金方式是指出纳人员根据有关支出凭证直接支付现金，减少库存现金的数量。使用这种方式支付现金，出纳部门或人员要事先做好现金储备，在不超过库存现金限额的情况下，保障现金的支付。

2. 支付现金支票方式

支付现金支票方式是指出纳人员根据审核无误的有关凭证，将填好的现金支票交给收款人，由收款人直接到开户银行提取现金的支付方式。这种支付方式与直接支付现金方式作用相同，主要适用于大宗的现金付款业务。

二、现金支出业务的会计核算

任何单位必须具有一定的库存现金才能开展支出业务，当库存现金小于需用现金时，除按国家规定可以“坐支”外，均应按规定从银行提取现金。用现金支票提取现金时，要根据支票存根编制银行存款付款凭证。具体现金支出业务主要有：

（1）工资发放业务。计算好工资后，需从银行提取现金，出纳人员按每个员工的工资额或集体发放时整个部门的工资总额进行发放，并附以工资发放清单。发放工资的账务处理如下：

借：应付职工薪酬

　贷：库存现金

（2）费用报销业务。企事业单位在经营活动中将发生各种各样的费用，可持原始凭证到出纳部门报销，出纳人员应认真审核这些开支是否符合各种规定，是否经有关人员批准。单位人员因公出差，可预支一些差旅费，其程序为先到财务部门领取并填写借款单，然后送所在部门领导和有关人员审查签字，出纳人员凭借款单支付现金。支付现金时，应做以下会计分录：

借：其他应收款

　贷：库存现金

出差人员持各种原始凭证，如车票、住宿费发票到出纳处报销时，若事前预借差旅费，应根据预借金额多退少补；未预借的，则根据批准报销金额支付现金。

报销时，实际花费超过预支额的，应做以下会计分录：

借：管理费用

　贷：其他应收款

　　库存现金

报销时，实际花费少于预支额的，多余部分应退回财务部门，这时应做以下会计分录：

借：库存现金

　　管理费用

　贷：其他应收款

第四节　现金清查业务

一、现金清查

现金清查要遵循和坚持日清月结制度，一方面由出纳人员自身对库存现金进行检查清查；另一方面指定专业人员，设立清查小组，定期或不定期地对库存现金进行清查盘点，加强出纳工作监督。清查的目的是及时地发现现金的长款与短款，防止贪污、盗窃、挪用公款等不法行为的发生，确保库存现金的安全与完整。清查的重点是账款是否相符以及有无白条抵库、有无私借公款、有无挪用公款、有无账外资金等违纪违法行为。

每日营业结束时，出纳人员应对现金进行常规性的清查，清查小组一般采用突击盘点的清查方式，即不预先通知出纳人员，以防其做手脚。盘点时间一般是在当天业务开始前或当天业务结束后，出纳人员将截至清查时现金收付账项全部登记入账，并结出账面余额。清查时，出纳人员应始终在场，并给予积极配合。清查结束，应由清查人员填制现金清查盘点报告表（见表 4 - 3），填列账存、实存以及溢余或短缺金额，并说明原因，报有关部门或负责人进行处理。

表 4 - 3　　　　现金清查盘点报告表

单位： 库存限额： 清查时间：				
账面金额	实存金额	清查结果	问题简要说明	备注
单位负责人处理意见：				

单位负责人：　　　　　　　　　　出纳：　　　　　　　　制单：

二、现金短缺或盈余核算

（一）查明原因前的账务处理

出纳人员于每日终了结出现金收支额和余额，并对库存现金进行清查，发现现金短缺或溢余有待查明原因的，都必须进行账务处理。

1. 现金短缺

现金短缺时的账务处理为：

借：待处理财产损溢——待处理流动资产损溢

　贷：库存现金

2. 现金溢余

现金溢余时的账务处理为：

借：库存现金

　贷：待处理财产损溢——待处理流动资产损溢

（二）查明原因后的账务处理

1. 现金短缺

（1）属于应由责任人赔偿的部分：

借：其他应收款——应收现金短缺款（××个人）

　　贷：待处理财产损溢——待处理流动资产损溢
(2) 属于应由保险公司赔偿的部分：
借：其他应收款——应收保险赔款
　　贷：待处理财产损溢——待处理流动资产损溢
(3) 属于无法查明原因的，一般由经管人员负责，若决定由单位作核销处理，则：
借：管理费用——现金短缺
　　贷：待处理财产损溢——待处理流动资产损溢
2. 现金溢余
(1) 属于应支付给有关人员或单位的：
借：待处理财产损溢——待处理流动资产损溢
　　贷：其他应付款——应付现金溢余
(2) 属于无法查明原因的：
借：待处理财产损溢——待处理流动资产损溢
　　贷：营业外收入——现金溢余

主要概念

库存现金　坐支现金　套取现金　有价证券　备用金　现金收入业务　现金支出业务

思考讨论

1. 库存现金管理的主要内容及基本要求是什么？
2. 现金收付有哪些主要业务？出纳人员应如何办理现金收付业务？

案例分析

公司销售部负责人老李找出纳小张借款，当即取来一张白纸写上："预借业务招待费5 000元，三天内归还。"署上老李本人的姓名交与小张，并对小张说："小张，我马上要出去招待客户，因身上带钱不多，先找你借一下。"小张便收了借条，将钱付给了老李。请分析评价小张的行为是否合规、可行。

技能实训

1. 现金收款的办理
[实训目的]
掌握现金收款的一般程序。
[实训要求]
选取一家空调生产企业的两笔收款业务：(1) 销售给某一团购成员 20 台空调，计货款42 120元；(2) 销售给本市某一超市 10 台空调，计货款 23 400 元。请学生分组讨论该

企业的出纳人员如何受理这两笔收款业务。

[实训考评]

能清楚上述两笔业务办理的具体步骤及工作中应注意的事项，此为合格。

2. 现金付款的办理

[实训目的]

掌握现金付款的一般程序。

[实训要求]

通过对不同内容、不同格式、不同报销对象的原始凭证进行审核，要求学生掌握现金开支的范围，熟悉现金支付手续。

[实训考评]

从现金支出业务的受理、内容的审核、手续的办理及账务处理等方面进行评定。

第五章
出纳银行业务

学习目标

知识目标

通过本章的学习，掌握银行主要结算方式的使用范围、结算程序和账务处理；理解使用各种结算方式的基本规定及受理时应注意的事项。

技能目标

通过本章的学习和训练，掌握银行主要结算方式的结算程序和账务处理技能。

❖ 引导案例

❖ 本章内容

第一节　支票结算业务办理
第二节　银行本票结算业务办理
第三节　汇兑结算业务办理
第四节　银行汇票结算业务办理
第五节　商业汇票结算业务办理
第六节　委托收款结算业务办理
第七节　托收承付结算业务办理
第八节　信用卡结算业务办理

❖ 主要概念

❖ 思考讨论

❖ 案例分析

❖ 技能实训

引导案例

小张即将大专毕业，到宁波鑫源公司出纳岗位实习。公司 2018 年 5 月发生如下银行业务：

(1) 本公司提交转账支票及银行进账单申请进账，金额为 8 万元，支票的付款人为另一银行，银行经审查无误后办理。

(2) 本公司提交跨系统银行出票的银行本票及进账单，要求进账，金额为 5 万元，银行经审查无误后办理。

(3) 本公司向其基本存款账户开户行工商银行东门支行提交盖有“请将票款划付交通银行××（行号）行”戳记的银行汇票及进账单，要求进账，金额为 10 万元，经审查无误后办理。

(4) 本公司开出商业承兑汇票并承兑，开户行接到持票人开户行寄来的有关结算凭证及汇票，金额为 10 万元，即通知承兑人（鑫源公司）付款，承兑人立即通知银行付款。

(5) 本公司到期支付异地某收款单位的托收承付款项 9 万元，但承付人（鑫源公司）账户余额只有 8 万元，银行经审查无误后办理。

(6) 本公司在建行宁燕支行新开一个一般存款账户，并向该行申请 50 万元贷款。

(7) 本公司因在上海业务较多，在上海设立负责采购和销售的机构，并在上海银行开设账户，并从本公司银行账户汇款 30 万元到上海银行的账户。

作为出纳的小张对本公司发生的这些业务应如何办理？需要进行哪些账务处理？

在商品经济条件下，各经济单位间由于商品交易、劳务供应、资金调拨等经济往来会引起货币收付的结算，结算通常有现金结算和转账结算两种方式。结算方式的选择可根据不同经济往来的特点、形式及需要确定。现金结算是收付款双方直接以现金进行的收付行为；转账结算也称为银行结算，是通过银行或网上支付平台将款项从付款单位账户划转到收款单位账户的货币收付行为。现行的银行结算方式包括支票、银行汇票、商业汇票、银行本票、汇兑、委托收款、异地托收承付、信用卡等方式。

第一节　支票结算业务办理

一、支票结算认知

(一) 支票的概念和分类

支票是出票人签发的，委托办理支票存款业务的银行在见票时无条件支付确定的金额给收款人或者持票人的票据。支票上印有“现金”字样的为现金支票（见图 5－1、图 5－2），现金支票只能用于支取现金。支票上印有“转账”字样的为转账支票（见图 5－3、图 5－4），转账支票只能用于转账。支票上未印有“现金”或“转账”字样的为普通支票（见图 5－5），普通支票可以用于支取现金，也可以用于转账。在普通支票的左上角划两条平行线的，为划线支票，划线支票只能用于转账，不得支取现金。

中国银行 （阅）
现金支票存根
00152920
附加信息
出票日期 2018 年 8 月 2 日
收款人：厦门网中网财会模拟公司
金 额：¥4 000.00
用 途：差旅费
单位主管：张节 会计：王海

中国银行 现金支票 （阅） 厦门 00152920

本支票付款期限十天

出票日期（大写）贰零壹捌 年 零捌月零贰日
付款行名称：中国银行厦门分行湖滨支行
收款人：厦门网中网财会模拟公司
出票人账号：3000298222288

人民币（大写）	亿	千	百	十	万	千	百	十	元	角	分
肆仟元整					¥	4	0	0	0	0	0

用途 差旅费
上列款项请从我账户内
支付
出票人签章 厦门网中网财会模拟公司 财务专用章 庄振忠印 复核 记账

图 5-1 现金支票正面

附加信息：

厦门网中网财会模拟公司 财务专用章 庄振忠印
收款人签章

身份证件名称： 发证机关： 年 月 日
号码

贴粘单处

图 5-2 现金支票背面

中国工商银行
转账支票存根（川）
No. 0006570
科 目
对方科目
出票日期 年 月 日
收款人：
金 额：
用 途：
单位主管： 会计：

中国工商银行**转账支票** （川） 成都 No. 0006570

本支票付款期十天

出票日期（大写） 年 月 日 付款行名称：
收款人 出票人账号：

人民币（大写）	千	百	十	万	千	百	十	元	角	分

用途
上列款项请从我账户内
支付
出票人签章

科 目（借）
对方科目（贷）
转账日期 年 月 日
复核 记账

图 5-3 转账支票正面

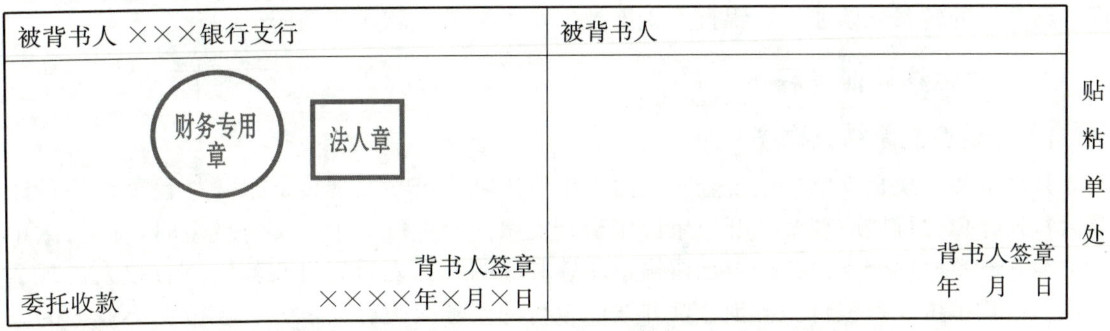
被背书人 ×××银行支行
财务专用章
法人章
背书人签章
委托收款
××××年×月×日
被背书人
背书人签章
年 月 日
贴粘单处

图 5-4　转账支票背面

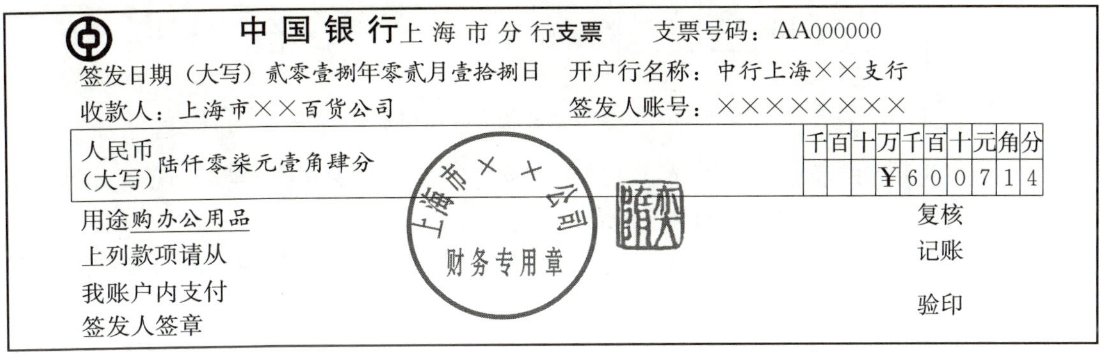
中国银行上海市分行支票　支票号码：AA000000
签发日期（大写）贰零壹捌年零贰月壹拾捌日　开户行名称：中行上海××支行
收款人：上海市××百货公司　签发人账号：×××××××××
人民币（大写）陆仟零柒元壹角肆分
千 百 十 万 千 百 十 元 角 分
¥ 6 0 0 7 1 4
用途购办公用品
上列款项请从
我账户内支付
签发人签章
上海市××公司 财务专用章
复核
记账
验印

图 5-5　普通支票

（二）支票的使用范围

单位和个人在同一票据交换区域的各种款项的结算，均可以使用支票。随着全国支票影像交换系统的建成和推广使用，同城使用支票的限制已解除，实现了全国通用。

（三）支票结算的基本规定

（1）支票一律记名。即签发的支票必须注明收款人的名称，并只准收款人或签发人向银行办理转账或提取现金。在中国人民银行总行批准的地区，转账支票可以背书转让。

（2）支票的有效期为 10 天。有效期从签发的次日算起，到期日遇节假日顺延。过期支票银行不予受理，支票自行作废。

（3）支票金额起点为 100 元。起点以下的款项结算一般不使用支票，交公用事业费、缴拨基本养老保险基金、支付住房公积金等，可不受金额起点的限制。

（4）异地使用支票的单笔金额上限为 50 万元。

（5）签发支票应使用墨汁、碳素墨水或蓝黑墨水填写，因未按照规定填写而被涂改冒领的，由签发人负责。支票上各项内容要填写齐全，内容要真实，字迹要清晰，数字要标准，大小写金额要一致。支票大小写金额、签发日期和收款人不得更改，其他内容如有更改，必须由签发人加盖预留银行印鉴之一证明。

（6）签发人必须在银行账户余额内按照规定向收款人签发支票。不准签发空头支票、印章与预留银行印鉴不符和支付密码不正确的支票，否则，银行除退票外还要按票面金额处以 5%但不低于1 000元的罚款，另收 2%的赔偿金给收款人。对屡次签发空头支票的，银行将根据情节轻重给予警告、通报批评，直至停止其向收款人签发支票。

(7) 已签发的现金支票遗失，可以向银行申请挂失。挂失前已经支付的，银行不予受理。已签发的转账支票遗失，银行不受理挂失，可请求收款人协助防范。

二、支票结算业务程序

(一) 现金支票结算程序

开户单位用现金支票提取现金时，由本单位出纳人员签发现金支票并加盖预留银行印鉴后，到开户银行提取现金；开户单位用现金支票向外单位或个人支付现金时，由付款单位出纳人员签发现金支票并加盖预留银行印鉴和注明收款人后交付收款人，收款人持现金支票到付款单位开户银行提取现金，并按照银行的要求交验有关证件。现金支票业务的办理程序如图 5-6 所示。

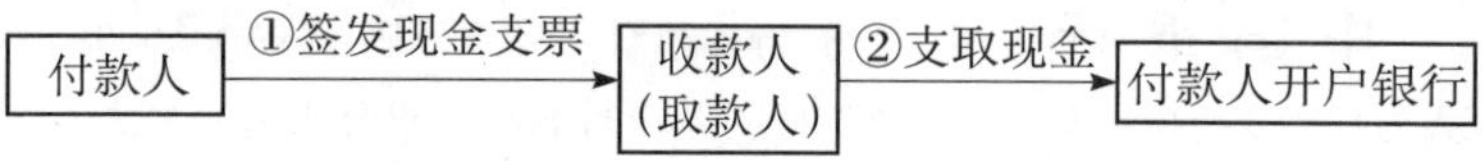

图 5-6 现金支票业务的办理程序

(1) 根据本单位的经济业务情况，签发现金支票，加盖预留银行印鉴。现金支票正面分为左右两边，左边为存根联，右边为正联。

现金支票存根联的签发：存根联的日期、金额都使用小写数字填写。填写金额时，要加人民币符号。

现金支票正联的签发：出票日期要使用大写数字，1～9 月前要加“零”，10～12 月前要加“壹”。现金支票收款人可写为本单位名称，此时现金支票背面“被背书人”栏内加盖本单位的财务专用章和法人章；现金支票收款人写收款人个人姓名的，此时现金支票背面不盖任何章，收款人在现金支票背面填上身份证件号码和发证机关名称。付款行名称、出票人账号即本单位开户银行名称及银行账号，账号要小写。现金支票用途有一定限制，一般填写“备用金”“差旅费”“工资”“劳务费”等符合现金开支范围的内容。支票正面盖财务专用章和法人章（在金额栏的下面），缺一不可，印泥为红色，印章必须清晰，若印章模糊，只能将该张支票作废，换一张重新填写、重新盖章。

填写现金支票时，必须要素齐全、内容真实、数字正确、字迹清晰不潦草、不错漏，做到标准、规范，防止涂改。盖章时不可有模糊、涂改的现象。

(2) 收款人持现金支票正联到出票人开户行提示付款，收款人提示付款时，应在现金支票背面“收款人签章”处签章，持票人为个人的，还需交验本人身份证件，并在现金支票背面注明证件名称、号码及发证机关。

(3) 领取、保管现金。

(4) 根据现金支票存根联编制记账凭证。

(5) 根据记账凭证登记现金日记账和银行存款日记账。

(二) 转账支票结算程序

当付款人不用现金支付收款人的款项时，可签发转账支票，由付款人到开户银行或将转账支票交给收款人到开户银行办理款项结算手续。转账支票只能用于转账，不能用于提取现金。

转账支票的签发及办理与现金支票基本相同。不同的是：经中国人民银行总行批准的地区，转账支票可以背书转让；转账支票的收账手续不同，收款单位在收到转账支票时，除审核有关项目外，需填制银行进账单（见图 5－7），连同转账支票送交开户银行，并根据银行退回的加盖银行印章的进账单编制收款凭证，出纳人员据以登记银行存款日记账。在日常业务中，有时付款单位签发支票后，同时代收款单位填制银行进账单，将支票连同银行进账单一并送交银行后，将银行盖章的进账单第一联送交收款单位，收款单位可据以编制记账凭证，出纳人员据以登记银行存款日记账。付款人根据转账支票的存根联及付款依据编制付款凭证，登记银行存款日记账。

工商银行进账单（收账通知）　　　　1

年　　月　　日　　　　　　　　　　第　　号

<table>
<tr><td rowspan="3">出票人</td><td>全　称</td><td colspan="2"></td><td rowspan="3">持票人</td><td>全　称</td><td colspan="9"></td></tr>
<tr><td>账　号</td><td colspan="2"></td><td>账　号</td><td colspan="9"></td></tr>
<tr><td>开户行</td><td colspan="2"></td><td>开户行</td><td colspan="9"></td></tr>
<tr><td colspan="4" rowspan="2">人民币
（大写）</td><td>千</td><td>百</td><td>十</td><td>万</td><td>千</td><td>百</td><td>十</td><td>元</td><td>角</td><td>分</td></tr>
<tr><td></td><td></td><td></td><td></td><td></td><td></td><td></td><td></td><td></td><td></td></tr>
<tr><td colspan="2">票据种类</td><td colspan="2"></td><td colspan="10" rowspan="3">持票人开户行盖章</td></tr>
<tr><td colspan="2">票据张数</td><td colspan="2"></td></tr>
<tr><td colspan="4">单位主管　　会计　　复核　　记账</td></tr>
</table>

图 5－7　银行进账单

银行进账单分为两联式银行进账单和三联式银行进账单。不同的持票人应按照规定使用不同的银行进账单。两联式银行进账单的第一联为给持票人的回单（即收账通知），第二联为银行的贷方凭证。三联式银行进账单的第一联为回单，第二联为银行的贷方凭证，第三联为收款人的收账通知。

转账支票的签发及结算分两种情况：一种是由付款人签发，交收款人办理转账结算程序，简称正送程序（见图 5－8）；另一种是由付款人签发，委托开户银行办理转账结算程序，简称倒送程序（见图 5－9）。

1．由付款人签发，交收款人办理转账结算程序

（1）付款人按应支付的款项签发转账支票并加盖预留银行印鉴后，交给收款人。

（2）收款人审查无误后，应做委托收款背书，在支票背面“背书人签章”栏签章，记载“委托收款”字样、背书日期，在“被背书人”栏记载开户银行名称，并将支票和填制的银行进账单一并交其开户银行办理转账。

（3）银行受理后，在银行进账单上加盖银行印章，退回收款人，作为收款入账的凭据。

（4）银行之间传递支票并清算资金。

2．由付款人签发，委托开户银行办理转账结算程序

（1）付款人按应支付的款项签发转账支票、加盖预留银行印鉴，并填制银行进账单后，直接交其开户银行要求转账。

（2）付款人开户银行受理后，退回银行进账单，然后将款项划转收款人开户银行。

（3）银行之间传递凭证，并办理划转手续。

（4）收款人开户银行办妥进账手续后，通知收款人收款入账。

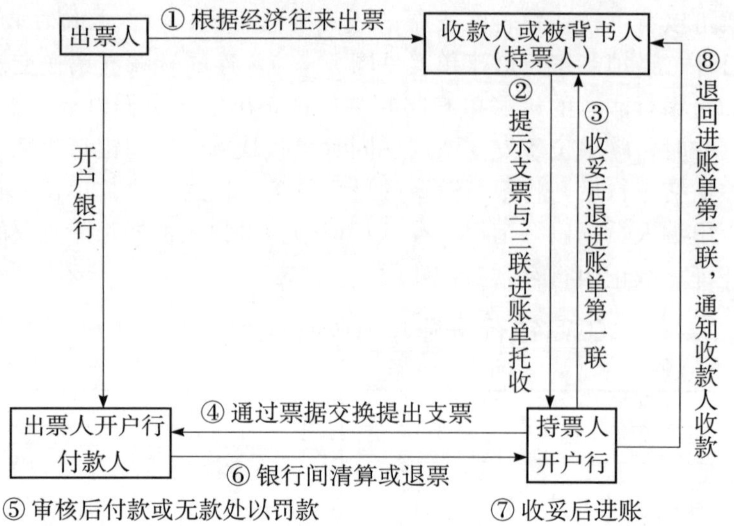

图 5-8　转账支票正送程序

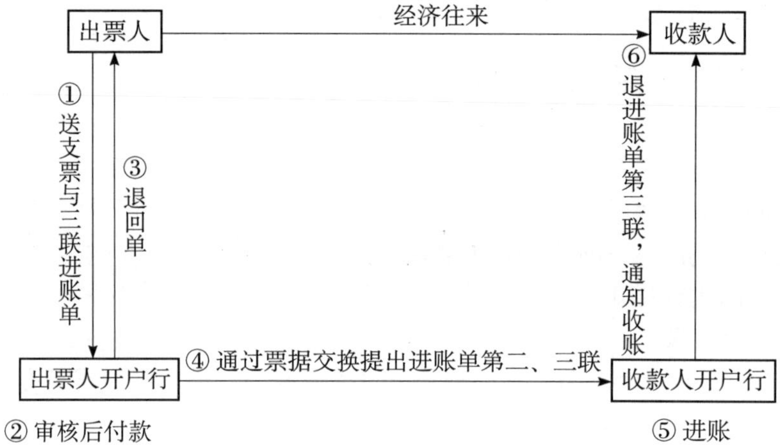

图 5-9　转账支票倒送程序

三、支票结算账务处理

（一）支票付款业务的账务处理

1. 支票的领购

签发支票的前提是先向银行领购支票。单位领购支票时，应由出纳人员填制一式三联的空白重要凭证领用单，在第一联上加盖预留银行印鉴，送交银行办理。银行经核对印鉴相符后，在重要空白凭证登记簿上注明领购日期、领购单位、支票起讫号码等，然后出售支票，同时按规定收取一定的工本费和手续费。银行在出售支票的同时，还要打印两张支票的密码号，一张给领购单位，另一张留银行备查，以便办理结算时核对。

按规定，每个账户一次只准购买一本支票，业务量大的可适当放宽条件。出售支票时，每张支票上要加盖银行的名称和签发人的账号。

单位撤销、合并或因其他原因结清账户时，应将剩余未用的空白支票交回银行，切角作废。

单位领购支票时缴纳的工本费、手续费，应根据银行收费收据进行会计核算，其会计分录为：

借：财务费用

　贷：银行存款（或库存现金）

2. 支票付款业务的会计处理

（1）现金支票。采用现金支票结算的会计处理流程见图 5－10。

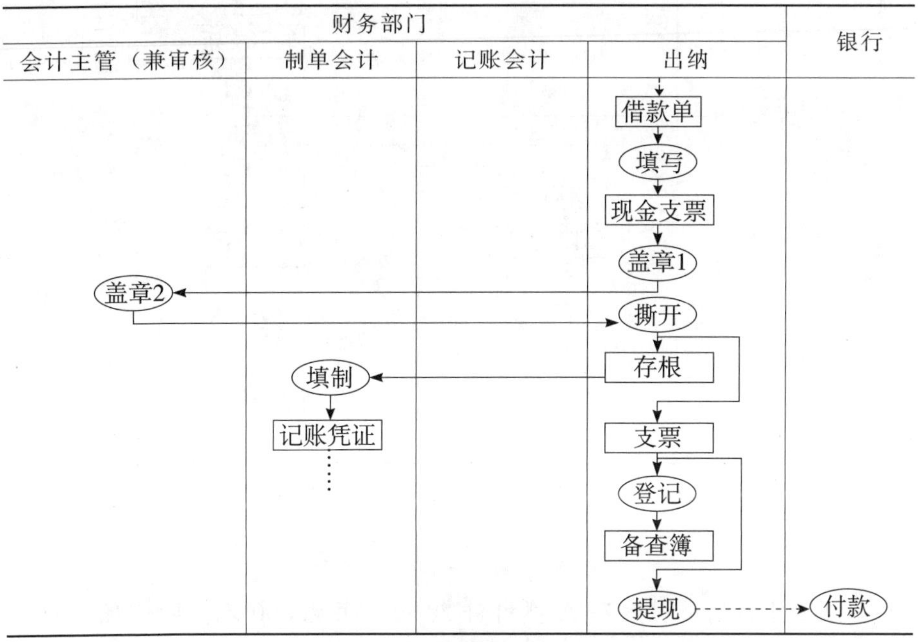

图 5－10　采用现金支票结算的会计处理流程

出纳人员在签发现金支票时，应对签发日期、收款人、大小写金额以及支票号码、密码、款项用途等内容逐项认真地填写。单位签发现金支票，若提取现金自己使用，只需在支票的“收款人”栏内填上本单位的名称，并在现金支票背面加盖预留银行印鉴，即可到银行提款。其会计分录为：

借：库存现金

　贷：银行存款

若签发现金支票给其他单位或个人，则要在“收款人”栏填写收款人的名称，并要求其在现金支票存根联上签字或盖章。其会计分录为：

借：材料采购、管理费用等

　贷：库存现金

（2）转账支票。采用转账支票结算的会计处理流程见图 5－11。

付款单位购买商品或接受劳务时，可以签发转账支票进行结算。转账支票由出纳人员签发。出纳人员在签发转账支票时，应首先查验本单位银行存款账户中是否有足够的余额，以免签发空头支票，然后按要求逐项填写支票的内容。

付款单位签发转账支票后，其财务部门根据支票存根和发票等有关原始凭证编制银行存款付款凭证，其会计分录为：

借：材料采购等
　贷：银行存款

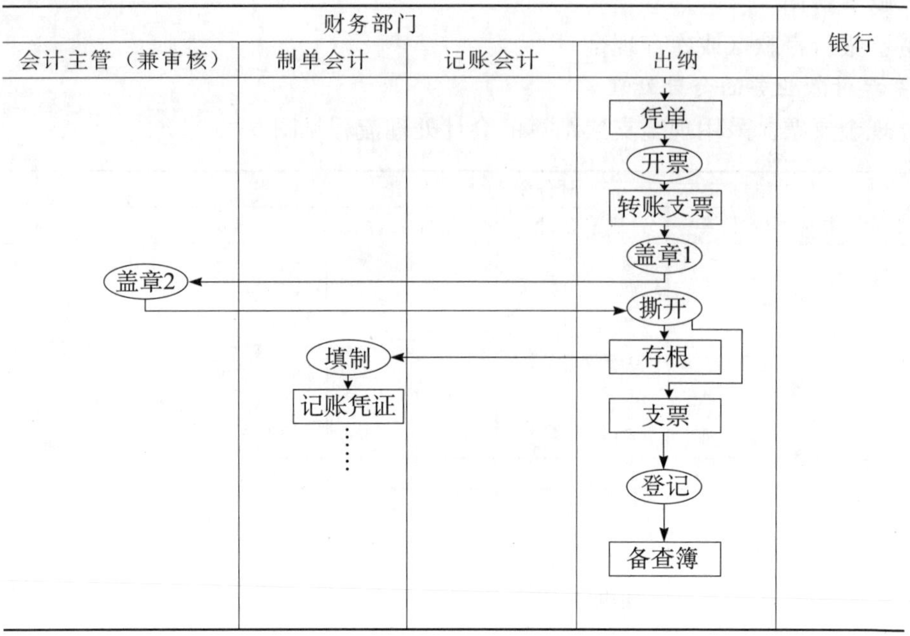

图 5-11　采用转账支票结算的会计处理流程

例 5-1

蓝湖公司从本市佳达公司购买 A 型材料 20 吨，每吨 300 元，增值税税额为 960 元。蓝湖公司签发转账支票给佳达公司进行结算。蓝湖公司财会部门根据支票存根和佳达公司出具的发票等原始凭证，编制银行存款付款凭证，其会计分录为：

借：材料采购	6 000	
应交税费——应交增值税（进项税额）	960	
贷：银行存款		6 960

例 5-2

蓝湖公司根据增值税发票开出一张面额为 2 438 元的转账支票支付广告费。其会计分录为：

借：销售费用	2 300	
应交税费——应交增值税（进项税额）	138	
贷：银行存款		2 438

（二）支票收款业务的账务处理

1. 现金支票收款业务

收款单位的出纳人员对现金支票审查无误后，即可在支票背面签字或加盖本单位印章（如收款人为个人，还需携带本人身份证件），直接到其开户银行提取现金。对于收入现金支票的核算，借记“库存现金”科目，贷记相关科目。

2. 转账支票收款业务

收款单位收到转账支票后，首先对支票进行审查，审查内容与现金支票相同。收款单位出纳人员对转账支票审查无误后，填制一式两联的银行进账单，连同支票一起交到其开户银行办理票款入账。开户银行对送来的支票、进账单进行审查，审查无误后在进账单第一联上加盖“转讫”章退回给收款单位，通知其票款已进账。收款单位根据其开户银行盖章退回的进账单及收款凭证编制银行存款收款凭证。其会计分录为：

借：银行存款

　贷：主营业务收入等

例5-3

承例5-1，佳达公司收到蓝湖公司的转账支票后，经审查无误，连同银行进账单一并送交其开户银行，并根据开户银行已盖“转讫”章退回的银行进账单第一联编制收款凭证。佳达公司编制的会计分录为：

借：银行存款	6 960	
贷：主营业务收入		6 000
应交税费——应交增值税（销项税额）		960

例5-4

佳达公司出售甲产品，价款为4 000元，应交增值税640元，收到购货方星光公司金额为4 040元的转账支票一张。佳达公司编制的会计分录为：

借：银行存款	4 640	
贷：主营业务收入		4 000
应交税费——应交增值税（销项税额）		640

如果付款单位签发转账支票后，直接送交其开户银行办理款项拨给收款人业务的，付款单位财务部门填制一式两联银行进账单。在银行进账单上，本单位为付款人，交易对方为收款人。之后，把填好的银行进账单连同支票一起送交本单位开户银行。银行审查无误后，在支票和两联进账单上加盖“转讫”章，并把第一联银行进账单作为收款通知送交收款单位。收款单位据此进行会计核算，会计分录同上。

3. 支票的背书

(1) 支票背书的概念。背书是指票据的收款人或者持票人为将票据权利转让给他人或者将一定的票据权利授予他人行使而在票据背面或粘单上记载有关事项并签章的行为。支票一律记名，转账支票的收款人或持票人可以通过背书将票据权利转让给他人或者将一定的票据权利授予他人行使，但用于支取现金的现金支票不得背书转让。

(2) 支票背书的种类。支票背书按照目的不同分为转让背书和非转让背书。转让背书是以持票人将票据权利转让给他人为目的；非转让背书是将一定的票据权利授予他人行使，包括委托收款背书和质押背书。委托收款背书是委托他人代替自己行使票据权利、收取票据金额的背书，被背书人有权代背书人行使被委托的票据权利，但是，被背书人不得再背书转让票据权利。质押背书是以设定质权、提供债务担保为目的而进行的背书，被背书人依法实现其债权时，可以行使票据权利。

无论何种目的的背书，都应当记载背书事项并交付票据。支票背书转让时，背书人除应在票据背面或者粘贴单上签章外，还应记载被背书人名称和背书日期，背书未记载日期的，视为在支票到期日前背书。

（3）支票背书业务的办理。

1）出纳人员对收到的支票进行审核，确定其是否可以背书转让。支票出票人在票据正面记载“不得转让”字样的，支票不得转让，如果其直接后手再背书转让的，出票人对其直接后手的被背书人不承担保证责任，对被背书人提示付款或委托收款的支票，银行不予受理。

支票被拒绝付款或者超过付款提示期限的，不得背书转让，若背书转让，背书人应当承担票据责任。

2）对可以背书转让的支票，经批准后，出纳人员将支票交给预留银行印鉴的保管人员，由其审核无误后，在支票背面盖章。

支票背书转让时，背书人应在票据背面签章。如果支票不能满足背书人记载事项的需要，可以在背面加附粘贴单，黏附于支票上，背书人应在粘贴单上签章。粘贴单上的第一记载人，应当在支票和粘贴单的粘接处签章。

3）出纳人员在支票背面“背书人”栏填写背书日期，在“被背书人”处填写受让人即被背书人名称。支票背书转让时，背书人除应在票据背面或者粘贴单上签章外，还应记载被背书人名称和背书日期。将支票金额的一部分转让的背书或者将支票金额分别转让给两人以上的背书无效。背书未记载日期的，视为在支票到期日前背书。

4）将支票交给被背书人，收到被背书人开具的收取支票的收据（内容及格式见图5-12）。出纳人员将收据及销货发票传递给会计人员，据以编制记账凭证。

根据销货发票做会计分录：

借：应收账款

　贷：主营业务收入等

根据收据做会记分录：

借：应付账款等

　贷：应收账款

例5-5

假如佳达公司2018年11月15日收到蓝湖公司面额为70 200元的转账支票后，没有委托银行收取款项，而是于11月20日将转账支票背书转让给天马公司，偿还前欠的购货款。佳达公司根据以下收据（见图5-12）编制转账凭证：

借：应付账款——天马公司　　70 200

　贷：应收账款——蓝湖公司　　70 200

收 款 收 据

今收到佳达公司交来的号码为20115478的转账支票一张

人民币合计金额（大写）：柒万零贰佰元整　　¥70 200.00

收款内容：前欠货款

负责人：×××　　收款人：×××　　开票人：×××

图5-12　收款收据

四、办理支票业务应注意的问题

(一) 支票的验付

银行收到收款人或持票人提交的支票后，应首先根据《支付结算办法》等规定对支票进行审核，审核的内容包括：

(1) 支票和银行进账单填写的内容是否一致，金额是否相符。

(2) 支票上的大小写金额是否一致。

(3) 支票上的金额是否超过结存余额。

(4) 支票是否在付款期内。

(5) 支票上的签名和印鉴是否与其预留银行印鉴相符。

(6) 支票上记载的内容如有更改，有无签发人签字或盖章。

(7) 支票上的记名及背书是否符合规定。

如果发现支票上的各项内容有不符规定之处，银行不予支付支票票款。

(二) 支票的退票

如果支票上记载的各项内容有不符的情况或票件不完备，银行不能支付，将支票退还持票人，由持票人向其签发支票人追索，这个过程叫退票。银行退票时，出具"退票理由书"(见表5-1)，填明退票理由，并将其与支票进账单一起退回给持票人（可以是收款人，也可以是付款人）。

表5-1　　退票理由书

出票单位：

票据号码：　　年　月　日

项目	内容	退票理由
账户款项不足	1. 存款不足 2. 超过放款批准额度或经费限额	
内容填写	3. 非用墨汁或碳素墨水填写 4. 金额写得不全、不清楚 5. 未填写收款单位或收款人 6. 未填写款项用途或用途填写不明 7. 按照国家政策规定不能支付的款项	
日期	8. 出票日期已过有效期限 9. 非即期支票	
背书签字	10. 背书人签章不清、不全、空白 11. 背书人签章与预留银行印鉴不符	
涂改	12. 支票大小写金额和收款人名称涂改 13. 日期、账号等涂改处未盖有预留银行印鉴证明	
其他	14. 此户已结清，无此账户 15. 出票人已经申请止付 16. 非本行承付支票 17. 非该户领购此支票	

如果是由于签发人签发空头支票或者签发不规范而引起银行退票，银行按规定要对签

发人进行处罚。对于这种处罚的罚款，签发人（付款单位）作为营业外支出处理。其会计分录为：

借：营业外支出

　贷：银行存款

（三）支票的止付

支票的止付是指支票的持票人遗失支票后，以书面形式通知银行停止支付支票票款。但是，银行在接到支票持有人通知前已支付票款而造成持有人损失的，由持有人自行负责。相关规定包括：

（1）已签发的现金支票遗失，可以向银行申请挂失。申请挂失时，签发人应出具公函或有关证明，并加盖预留银行印鉴，同时交付一定的挂失手续费。银行收取挂失手续费，受理申请单位挂失后，在签发人账户明显处用红笔注明“××××年××月××日第××号支票挂失止付”字样，并将公函或有关证明一并保管。

（2）已签发的转账支票遗失，银行不予挂失，但付款单位可以请求收款单位协助防范。

（四）印章遗失及更换的处理

存款单位或者个人将预留银行印鉴的印章遗失时，应立即出具正式公函并填写“更换印鉴申请书”，说明遗失情况、遗失日期及遗失前最后签发的支票号码等内容，向银行挂失，办理更换印鉴手续。经银行审查后，由挂失单位填具新印鉴卡、更换印鉴，并注明新印鉴启用日期。印鉴遗失前签发的支票，在支票有效期内仍有效。如在挂失前，单位的印鉴被盗用，签发支票发生冒领款项的，由单位自行负责。

单位若要更换印鉴，也要填制“更换印鉴申请书”，向银行办理印鉴更换手续。

第二节　银行本票结算业务办理

一、银行本票结算认知

（一）银行本票的概念和分类

银行本票是申请人将款项交存银行，由银行签发给申请人凭以办理转账结算或支取现金的票据。

银行本票分为定额和不定额两种。定额银行本票的面额有 1 000 元、5 000 元、10 000 元和 50 000 元。不定额银行本票的金额起点为 100 元。银行本票一律记名，并允许背书转让。

定额银行本票票面的左方为存根联，右方为银行本票正联，约占票面的 2/3，其格式见图 5－13。

不定额银行本票一式两联，一联是签发银行结清本票时作为付出传票；另一联由签发银行留存，作为结清本票时的传票附件。其具体规格、颜色和格式由中国人民银行各分行在其所管辖范围内做统一规定。不定额银行本票的格式见图 5－14。

××银行本票存根

本票号码：Ⅸ V 00000000

地　名

收 款 人：

金　　额：壹万元整

用　　途：

科　　目(借)

对方科目(贷)

出票日期：　年　月　日

出纳　复核　经办

付款期限 × 个 月

××银行　地 名　本票号码

本　票

出票日期（大写）　年　月　日

收款人

凭票即付人民币　壹万元整

¥ 10 000.00

转账　现金

出票行签章

图 5-13　定额银行本票

付款期限 ×个月

×　×　银　行　　地名　本票号码

本　票　2

出票日期（大写）　年　月　日

第　号

收款人：

凭票即付　人民币（大写）

转账　现金

备注：

出票行签章

科目(借)

对方科目(贷)

付款日期　年　月　日

出纳　复核　经办

此联出票行结清本票时作借方凭证

图 5-14　不定额银行本票

(二) 银行本票的适用范围

银行本票适用于单位和个人，在同一票据交换区域需要支付的各种款项。申请人或收款人为单位的，不得申请签发现金银行本票。

(三) 银行本票结算的基本规定

(1) 银行本票一律记名，不准涂改，但可以背书转让。

(2) 银行本票提示付款期限为自出票日起两个月（不分大小月，按次月对日计算，到期日遇节假日顺延）。逾期的银行本票，兑付银行不予受理。在付款期内银行见票即付，不能挂失。超过付款期限的银行本票，不能再向银行转账或支取现金，但可以由申请单位到签发本票的银行办理退款手续。

(3) 遗失的不定额银行本票，在付款期满后 1 个月内，确认未被冒领后可以办理退款手续。

(4) 银行本票需要支取现金的，付款人应在“银行本票申请书”上填明“现金”字样；银行受理签发本票时，在本票上划去“转账”字样并盖章，收款人凭此本票即可支取现金。

（5）银行本票的出票人，为经中国人民银行当地分支行批准办理银行本票业务的银行机构。签发银行本票必须记载下列事项：表明银行本票的字样；无条件支付的承诺；确定的金额；收款人名称；出票日期；出票人签章。欠缺上列事项之一的，银行本票无效。

（6）不允许签发定期银行本票等远期本票。

二、银行本票结算业务程序

银行本票结算流程如图 5－15 所示。

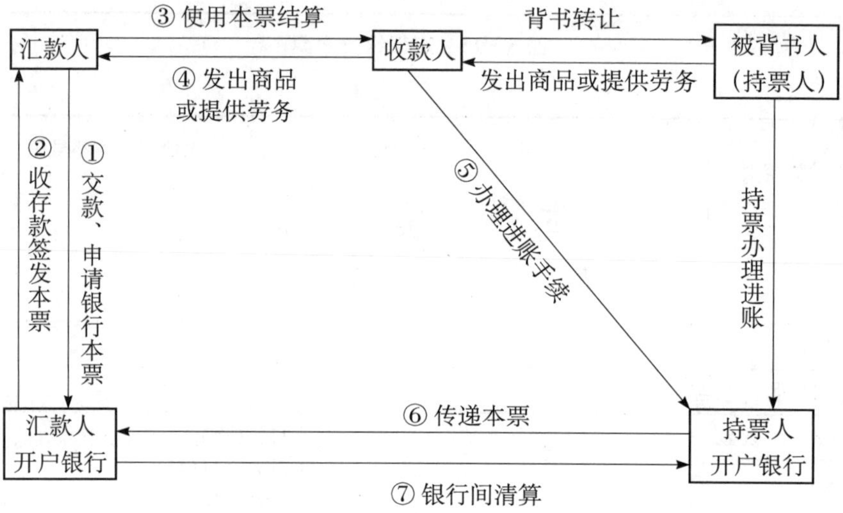

图 5－15　银行本票结算流程

（一）业务申请

采用银行本票办理款项结算，申请人须填写一式三联的银行本票申请书（见图 5－16）或结算业务申请书（见图 5－17）并送交银行。

××银行

签发本票申请书（存根）

申请日期　　年　　月　　日

收款单位或个人名称＿＿＿＿＿＿＿＿＿＿　　本票号码＿＿＿＿＿＿

申请签发本票金额（大写）＿＿＿＿＿＿＿＿＿＿＿＿＿＿＿＿＿＿＿＿

申请人名称＿＿＿＿＿＿＿＿

申请人地址（或账号）＿＿＿＿＿＿

申请人签章　　银行出纳　复核　记账　验印

图 5－16　银行本票申请书

ICBC 中国工商银行

业务委托书　豫 B 00265926　委托日期　年　月　日

业务类型	□现金汇款　□转账汇款　□汇票申请书　□本票申请书　□其他____		
委托人 全　称		收款人 全　称	
委托人 账号或地址		收款人 账号或地址	
委托人 开户行名称		收款人 开户行名称	
汇款方式	□普通 □加急 加急汇款签字___	开户银行	省　市
币种及金额（大写）			亿 千 百 十 万 千 百 十 元 角 分
用途		支付密码	

委托人确认上列委托信息填写正确，且已完全理解和接受背面“客户须知”的内容。上列款项及相关费用请从委托人账户内支付。

委托人签章

银行填写	□联动收费 □非联动收费 □不收费	备注：

受理（扫描）：　　审核：

ICBC 中国工商银行

业务委托书 回执

豫 B 00265926

委托人全称	
委托人账号	
收款人全称	
收款人账号	
金额	
委托日期	

此联为银行受理通知书，若委托人申请汇票或本票业务，应凭此联领取汇票或本票。

图 5－17　结算业务申请书

详细填明收款人名称、金额、日期等内容，并加盖预留银行印鉴，如个体经营户和个人需支取现金的，还应填明“现金”字样，然后送本单位开户银行（未在银行开户的个人办理银行本票时，应先将现金交银行出纳部门，再办理领取银行本票手续）。

银行本票申请书一式三联，第一联由签发单位或个人留存，第二联作签发行办理本票的付款凭证，第三联作签发行办理本票的收款凭证。

（二）开户银行出票

银行受理银行本票申请书，在收妥款项后，据以签发银行本票。不定额银行本票各联次及其正背面如图 5－18～图 5－20 所示。需转账结算的，在银行本票上划去“现金”字样，并加盖印章。不定额银行本票要由银行用压数机压印金额后，再将银行本票交给申请人。

付款期限 贰 个 月

中国工商银行

本　票（卡片）　1 山西　$\frac{BB}{03}$00000000

出票日期（大写）　年　月　日

收款人：		申请人
凭票即付 人民币（大写）		
转账	~~现金~~	
备注：		出纳　复核　经办

本票时作借方凭证附件　此联出票行留存，结清

图 5－18　银行本票第一联正面

付款期限 贰 个 月	中国工商银行 **本 票** 出票日期（大写） 年 月 日	2 山西 $\frac{BB}{03}$00000000	
收款人：		申请人：	此联出票行结清本票时作借方凭证
凭票即付 人民币（大写）			
转账 | 现金	中国工商银行股份有限公司 本票专用章 1054218709 本票专用章	出纳 复核 经办	
备注：			

图 5-19 银行本票第二联正面

被背书人： 背书人签章： 年 月 日		被背书人： 背书人签章： 年 月 日
持票人向银行提示付款签字	身份证件名称：	发证机关：
	号码	

图 5-20 银行本票第二联背面

（三）票据交付及结算

申请人持银行本票可以向填明的收款单位或个体经营户办理结算，收款人收到付款人交来的银行本票，经审查后，填写一式两联银行进账单并连同收到的银行本票，交本单位开户银行办理收款入账手续。收款人为个人的，也可以持转账的银行本票经背书向被背书人的单位或个体经营户办理结算，持具有“现金”字样的银行本票可以向银行支取现金。

三、银行本票结算账务处理

（一）银行本票付款业务的账务处理

1. 银行本票的签发

付款单位在收到银行本票正联和银行本票申请书存根联后，根据申请书的存根联编制如下会计分录：

借：其他货币资金——银行本票

　贷：银行存款

根据银行的收据，把办理本票时银行收取的手续费入账：

借：财务费用

　贷：库存现金或银行存款

例 5－6

甲企业准备向本市钢铁厂购买钢材 10 吨，每吨 8 000 元，决定采用银行本票方式进行结算。于是出纳人员填写银行本票申请书交给银行并向银行转账交款，申请办理银行本票。收到银行签发的本票后，根据银行本票申请书存根联编制会计分录如下：

借：其他货币资金——银行本票　　80 000
　贷：银行存款　　80 000

另外，以现金支付银行手续费 4 元：

借：财务费用　　4
　贷：库存现金　　4

2. 银行本票的使用

付款单位收到银行签发的本票后，即可以使用它向其他单位购买货物，办理款项结算。

当付款单位将本票交给收款人，并收到收款单位的发票账单等有关凭证时，应做一笔转账凭证，表明材料采购的成立和本票的支付。其会计分录为：

借：材料采购
　　应交税费——应交增值税（进项税额）
　贷：其他货币资金——银行本票

如果实际支付的货款大于本票金额，付款单位可以用现金或支票予以补足，其会计分录为：

借：材料采购
　　应交税费——应交增值税（进项税额）
　贷：其他货币资金——银行本票
　　　库存现金或银行存款（实际支付的货款大于本票票款的差额）

若不足的款项尚未支付，可先贷记“应付账款”账户，待实际支付时再转入“库存现金”或“银行存款”账户。

如果实际支付的货款小于本票金额，收款单位可以用现金或支票退回多余款项，其会计分录为：

借：材料采购
　　应交税费——应交增值税（进项税额）
　　库存现金或银行存款（实际支付的货款小于本票票款的差额）
　贷：其他货币资金——银行本票

若收款单位退回的多余款尚未收到，可先挂在“应收账款”账户内。

例 5－7

蓝湖公司持票面金额为 80 000 元的本票到本市明都钢铁厂购买钢材 10 吨，每吨8 000 元，增值税税额为 12 800 元。不足的货款蓝湖公司以转账支票支付。蓝湖公司根据发票等原始凭证编制会计分录如下：

借：材料采购　　80 000

应交税费——应交增值税（进项税额） 12 800
贷：其他货币资金——银行本票 80 000
银行存款 12 800

假如蓝湖公司购买钢材5吨，其余条件不变，则蓝湖公司应编制的会计分录为：

借：材料采购 40 000
应交税费——应交增值税（进项税额） 6 400
应收账款——明都钢铁厂（或“银行存款”） 33 600
贷：其他货币资金——银行本票 80 000

（二）银行本票收款业务的账务处理

1. 银行本票的兑付

收款单位收到付款单位交来的银行本票后，在向银行兑付前，应对银行本票进行认真的审查。审查的内容包括：

（1）本票的收款人或被背书人是否确为本收款人或被背书人。

（2）本票是否在付款期内。

（3）本票上签发的内容是否符合规定。

（4）本票上的印章是否清晰，不定额银行本票上是否有压数机压印的金额。

（5）背书是否连续。

上述内容经审查无误后，收款单位可在本票背面加盖预留银行印鉴，连同所填制的银行进账单一起送交银行办理票款入账业务。如果收款人未在银行开户，那么凭具有“现金”字样的银行本票向银行支取现金时，应在本票背面签章或盖章，并向银行交验有关证件。

兑付行接到收款人交来的本票和银行进账单后，对本票是否真实、填写是否规范、有无涂改、付款期限是否超过、本票上的收款人或被背书人是否为本收款人、印章是否有效、背书是否连续等内容进行审查。审查无误后，办理兑付手续，在第一联进账单上加盖“转讫”章，退回给收款单位作为收账通知。

收款单位收到本票并送到银行入账后，根据进账单等有关原始凭证编制会计分录为：

借：银行存款
贷：主营业务收入
应交税费——应交增值税（销项税额）

例5-8

承例5-7，明都钢铁厂的账务处理应为：

（1）销售钢材10吨，收到本票、补付货款的支票时：

借：银行存款 92 800
贷：主营业务收入 80 000
应交税费——应交增值税（销项税额） 12 800

（2）销售钢材5吨，收到本票、办理进账手续时：

借：银行存款 80 000
贷：主营业务收入 40 000
应交税费——应交增值税（销项税额） 6 400

应付账款——蓝湖公司　33 600

（3）用支票退回多余本票票款时：

借：应付账款——蓝湖公司　33 600

贷：银行存款　33 600

2. 银行本票的背书转让

银行本票一律记名，允许背书转让。银行本票持有人转让本票时，应在本票后面“背书”栏内背书，并加盖本单位预留银行印鉴，注明背书日期，在“被背书人”栏内填写收款人的名称，之后将本票交给被背书人，同时向被背书人交验有关证件，以便被背书单位查验。被背书人接收背书的本票时，也应对其进行认真的检查，检验其内容是否合法、正确、完整。

银行本票背书必须连续。若本票签发人在本票正面注有“不准转让”字样，则该本票不得背书转让；背书人也可以在背书时注明“不准转让”字样，禁止该本票以后再转让。

四、办理银行本票业务应注意的问题

（一）银行本票的保管和退款

银行本票见票即付，不予挂失。一旦遗失，将给汇票人造成极大的经济损失，所以，持票人必须认真、妥善地保管银行本票，防止遗失、被窃等事故发生。

按照现行规定，只有不定额银行本票在符合条件时才能办理退款作为补救。符合的条件主要包括：

（1）该银行本票由签发行签发后未曾背书转让。

（2）持票人为银行本票的收款单位。

付款单位因本票超期等原因而要求退款时，应填制一式两联的银行进账单，连同本票一起送交签发银行，签发银行经审查同意退款后，在进账单第一联上加盖“转让”章并退还给付款单位作为收账通知。付款单位根据银行退回的进账单第一联编制银行存款收款凭证。其会计分录如下：

借：银行存款

贷：其他货币资金——银行本票

对于遗失的不定额银行本票，在付款期满1个月后确未被冒领的，可以到签发银行办理退款手续。在办理退款手续时，原本票申请人应首先向签发银行说明情况，出具盖有公章的遗失本票退款申请书，连同填制好的一式两联银行进账单一并交给签发银行办理退款。之后，再根据银行退回的进账单第一联编制银行存款收款凭证，其会计分录同上。

（二）受理银行本票业务时应审查的事项

收款人在受理银行本票业务时应注意审查以下内容：

（1）收款人或被背书人是否确为本收款人。

（2）背书是否连续。

（3）银行本票付款期是否在规定的付款期内。

（4）签发的内容是否符合规定，有无涂改，印章是否清晰、有效。

（5）不定额银行本票是否有压数机压印的金额。

（6）持票人身份查验，摘录身份证件号码。

（三）银行本票的退款规定

申请人因银行本票超过付款期或因其他原因未使用要求退款时，可持银行本票到签发银行办理退款手续。在银行开立存款账户的持票人，还应填写一式两联的银行进账单，一并交银行，待银行办妥退款手续后，凭银行退回的进账单进行账务处理。未在银行开立存款账户的持票人，应在未用的银行本票背面签章，并上交有关证件，经银行审核无误后方予退款。

第三节　汇兑结算业务办理

一、汇兑结算认知

（一）汇兑的概念和分类

汇兑是汇款人委托银行将款项汇给收款人的结算方式。汇兑结算方式包括信汇、电汇和网上银行三种。信汇和电汇是传统的汇兑结算方式，是按照凭证传递方式的不同进行的划分。网上银行是银行利用互联网技术，通过互联网提供开户、查询、对账、转账、信贷、网上证券、投资理财等服务，企业足不出户便能办理上述业务。汇款人可根据需要选择使用。

（二）汇兑的适用范围

信汇和电汇适用于异地单位、个体经营户和个人各种款项的结算。企业开通网上银行，可以完成同城转账和异地汇款等大部分的日常结算工作，网上银行目前已被普遍采用。

（三）汇兑结算的基本规定

1. 结算起点的规定

汇兑结算没有结算起点限制，即不论汇款金额为多少均可以办理信汇、电汇结算和网上银行。

2. 支取现金的规定

收款人要在汇入银行支取现金，付款人在填制信汇或电汇凭证时，须在凭证“汇款金额”大写金额栏中填写“现金”字样。款项汇入异地后，收款人需携带本人身份证件或汇入地有关单位足以证实收款人身份的证明，到银行办理现金支取手续。信汇或电汇凭证上未注明“现金”字样而需要支取现金的，由汇入银行按现金管理规定审查支付；需要部分支取现金的，收款人应填写取款凭证送交汇入银行，办理部分支取现金和转账手续。

3. 留行待取的规定

汇款人将款项汇往异地需要派人领取的，在办理汇款时，应在签发的汇兑凭证各联的“收款人账号或地址”栏注明“留行待取”字样。留行待取的汇款，需要指定单位的收款人领取汇款的，应注明收款人的单位名称；信汇凭印鉴支取的，应在第四联凭证上加盖预留的收款人印鉴，款项汇入异地后，收款人须携带足以证明本人身份的证件，或汇入地有关单位足以证实收款人身份的证明向银行支取款项；信汇凭印鉴支取的，收款人必须持有与预留银行印鉴相符的印章，经银行验对无误后，方可办理支款手续。

4. 分次支取的规定

收款人接到汇入银行的取款通知后，若收款人需要分次支取，要向汇入银行说明分次支取的原因，经汇入银行同意，以收款人名义设立临时存款账户。该账户只付不收，结清为止，不计利息。

5. 转汇的规定

收款人如需将汇款转到另一地点，应在汇入银行重新办理汇款手续。转汇时，收款人和用途不得更改，汇入银行必须在信汇或电汇凭证上加盖“转汇”戳记。

6. 退汇的规定

汇款人对汇出的款项申请退汇时，应出具正式函件，说明要求退汇的理由、本人身份证明和原信汇、电汇凭证回单，向汇出银行办理退汇。汇出银行审查无误后，通知汇入银行，若汇入银行已经解付或已直接汇入收款人账户的，则不能办理退汇。此外，汇入银行对于收款人拒绝接受的汇款，应当办理退汇。汇入银行对从发出取款通知之日起，两个月内仍无法交付的款项，可主动办理退汇。

二、汇兑结算业务程序

汇兑结算业务程序如图 5－21 所示。

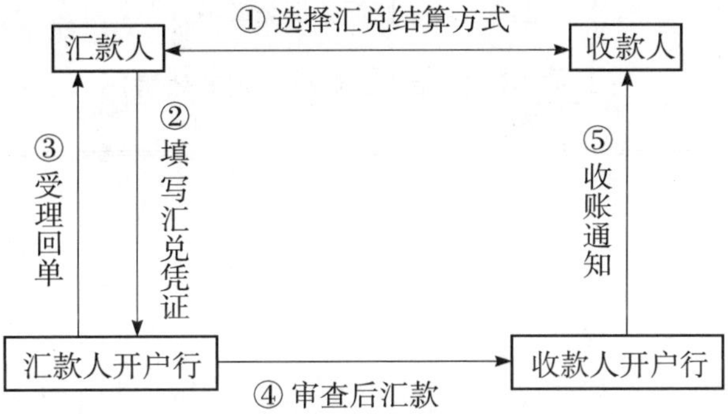

图 5－21　汇兑结算业务程序

（一）信汇结算程序

汇款人办理信汇时，应填写信汇凭证一式四联（见图 5－22～图 5－25），送交本单位开户银行办理信汇。银行受理后，将第一联回单退回给汇款人记账，银行留下第二联支款凭证用于银行记账，将第三联和第四联传给收款银行。收款银行收到凭证后，留下第三联收款凭证用于记账，将第四联传给收款人。

工商银行 信汇凭证（回　单）　　1

委托日期　　年　月　日　　×××××××

<table>
<tr><td rowspan="3">汇款人</td><td>全　称</td><td></td><td rowspan="3">收款人</td><td>全　称</td><td colspan="11"></td></tr>
<tr><td>账　号</td><td></td><td>账　号</td><td colspan="11"></td></tr>
<tr><td>汇出地点</td><td>省　市/县</td><td>汇入地点</td><td colspan="11">省　市/县</td></tr>
<tr><td colspan="2">汇出行名称</td><td></td><td colspan="2">汇入行名称</td><td colspan="11"></td></tr>
<tr><td rowspan="2">金额</td><td colspan="4" rowspan="2">人民币
（大写）</td><td>亿</td><td>千</td><td>百</td><td>十</td><td>万</td><td>千</td><td>百</td><td>十</td><td>元</td><td>角</td><td>分</td></tr>
<tr><td></td><td></td><td></td><td></td><td></td><td></td><td></td><td></td><td></td><td></td><td></td></tr>
<tr><td colspan="3" rowspan="2">汇出行签章</td><td colspan="2">支付密码</td><td colspan="11"></td></tr>
<tr><td colspan="13">附加信息及用途：
复核　　记账</td></tr>
</table>

此联汇出行给汇款人的回单

图 5－22　信汇凭证第一联

工商银行 信汇凭证（借方凭证） 2

委托日期　　年　月　日　　×××××××

汇款人	全　称		收款人	全　称	
	账　号			账　号	
	汇出地点	省　　市/县		汇入地点	省　　市/县
汇出行名称			汇入行名称		
金额	人民币（大写）			亿 千 百 十 万 千 百 十 元 角 分	
此汇款支付给收款人。 汇款人签章			支付密码		
			附加信息及用途： 复核　　记账		

此联汇出行作借方凭证

图 5-23　信汇凭证第二联

工商银行 信汇凭证（汇款依据） 3

委托日期　　年　月　日　　×××××××

汇款人	全　称		收款人	全　称	
	账　号			账　号	
	汇出地点	省　　市/县		汇入地点	省　　市/县
汇出行名称			汇入行名称		
金额	人民币（大写）			亿 千 百 十 万 千 百 十 元 角 分	
			支付密码		
			附加信息及用途： 复核　　记账		

此联汇入行作贷方凭证

图 5-24　信汇凭证第三联

工商银行 信汇凭证（收账通知） 4

委托日期　　年　月　日　　×××××××

汇款人	全　称		收款人	全　称	
	账　号			账　号	
	汇出地点	省　　市/县		汇入地点	省　　市/县
汇出行名称			汇入行名称		
金额	人民币（大写）			亿 千 百 十 万 千 百 十 元 角 分	
款项已收入收款人账户。 汇入行签章			支付密码		
			附加信息及用途： 复核　　记账		

此联给收款人的收账通知

图 5-25　信汇凭证第四联

（二）电汇结算程序

汇款人办理电汇时应填写电汇凭证一式三联（见图 5－26～图 5－28），送交开户银行办理电汇。银行受理后，将第一联回单退给汇款人记账，留下第二联支款凭证用于银行记账，依据第三联编制电划代收报单向收款银行拍发电报。收款银行收到电报后，签发电划代收补充报单一式三联，将第三联传给收款人。

工商银行 电汇凭证（回单）　　1

委托日期　　年　月　日　　　　　　　　第　　号

汇款人	全　称		收款人	全　称	
	账　号			账　号	
	汇出地点	省　市/县　汇出行名称		汇入地点	省　市/县　汇入行名称
金额	人民币（大写）		千 百 十 万 千 百 十 元 角 分		
汇款用途：			汇出行盖章　年　月　日		
单位主管　会计　复核　记账					

图 5－26　电汇凭证第一联

工商银行 电汇凭证（借方凭证）　　2

委托日期　　年　月　日　　　　　　　　第　　号

汇款人	全　称		收款人	全　称	
	账　号			账　号	
	汇出地点	省　市/县　汇出行名称		汇入地点	省　市/县　汇入行名称
金额	人民币（大写）		千 百 十 万 千 百 十 元 角 分		
汇款用途：			科目（借）＿＿＿＿ 对方科目（贷）＿＿＿＿ 汇出行汇出日期＿＿年＿月＿日 复核　记账		
此汇款支付给收款人。					

图 5－27　电汇凭证第二联

工商银行 电汇凭证（发电依据）　　3

委托日期　　年　月　日　　　　　　　　第　　号

汇款人	全　称		收款人	全　称	
	账　号			账　号	
	汇出地点	省　市/县　汇入行名称		汇入地点	省　市/县　汇入行名称
金额	人民币（大写）		千 百 十 万 千 百 十 元 角 分		
汇款用途：			科目（贷）＿＿＿＿ 对方科目（借）＿＿＿＿ 汇出行转账日期＿＿年＿月＿日 复核　记账		
备注：					

图 5－28　电汇凭证第三联

（三）网上银行结算程序

实行网上结算，企业首先需向银行申请并按银行的有关规定提供有关资料，经银行审核开通后才能进行。不同的银行，其网上银行业务办理的规定不同。

通过网上银行办理网上汇款，可以逐笔支付、批量支付、逐笔跨行支付、批量跨行支付，其办理流程如图 5－29 所示。

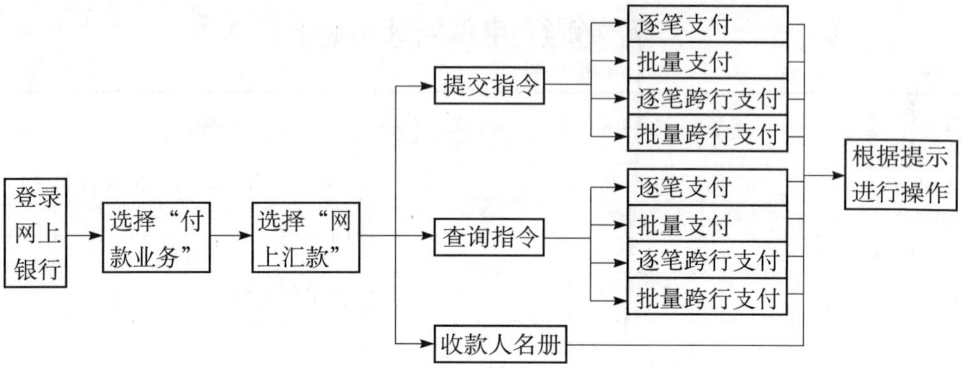

图 5－29　网上汇款流程

现以工商银行网上银行汇款中的逐笔支付为例介绍支付业务的办理。

（1）登录网上银行，点击【企业网上银行登录】（见图 5－30）。

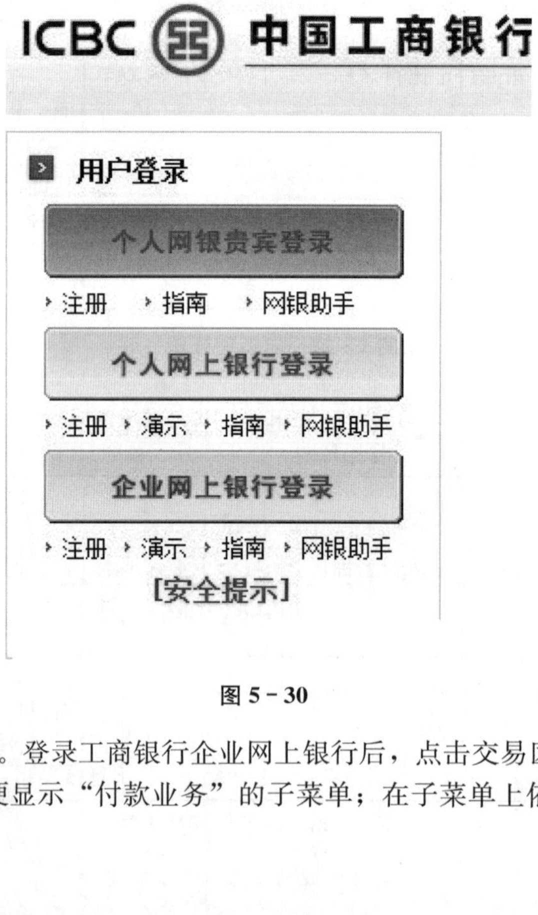

图 5－30

（2）网上办理汇款。登录工商银行企业网上银行后，点击交易区上方的一级菜单“付款业务”，交易区左方便显示“付款业务”的子菜单；在子菜单上依次展开“网上汇款—

提交指令—逐笔支付”子菜单，交易区进入“逐笔支付”界面（见图5-31）。

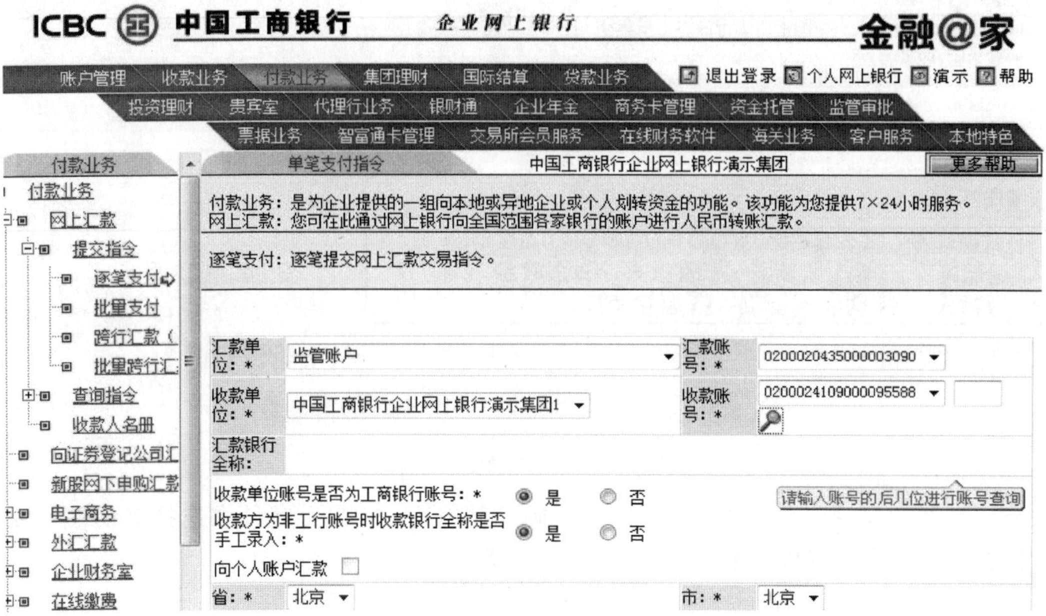

图 5-31

（3）在“逐笔支付”的界面上填写各项详细资料（见图5-32）。包括汇款单位名称及账号、汇款银行全称、收款单位名称及账号，确定收款单位账号是否为工商银行、收款方为非工商银行账号时收款银行全称是否为手工录入，填写大小写金额、汇款方式（加急或普通）、汇款用途等。填写完后，选择是否向相关人员发送信息，点击【确定】按钮。

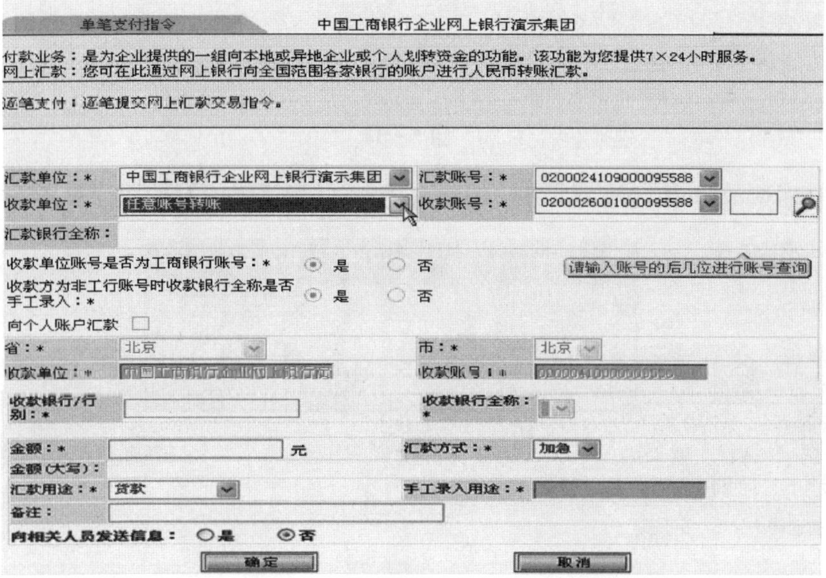

图 5-32

（4）根据界面显示（见图5-33）对所输入的信息进行核对。

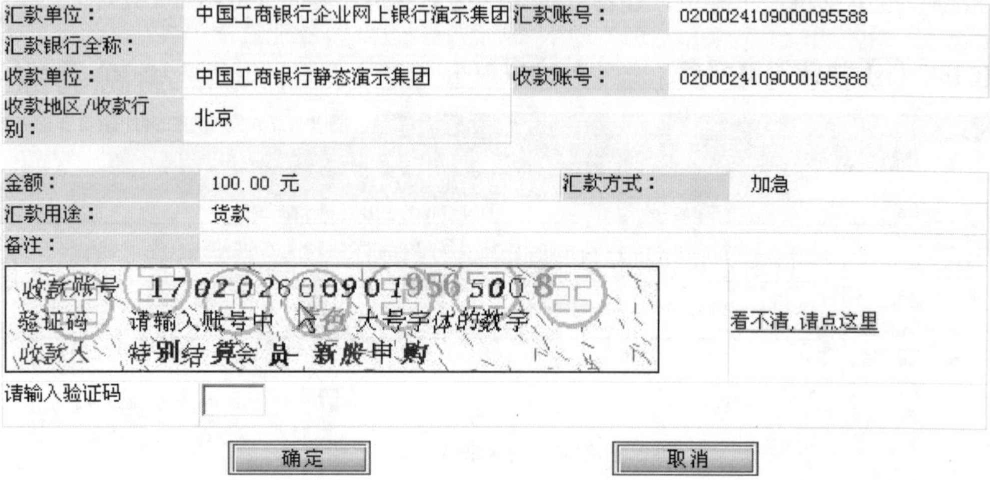

图 5-33

（5）核对无误后输入验证码，并点击【确定】按钮，弹出签名证书选择对话框，在列表中选择证书，点击【确定】按钮（见图 5-34）。

图 5-34

（6）弹出 SafeSign Login 对话框，输入密码，点击【确定】按钮（见图 5-35）。

图 5-35

（7）弹出签名信息确认对话框，确认无误后点击【确定】按钮（见图5-36）。

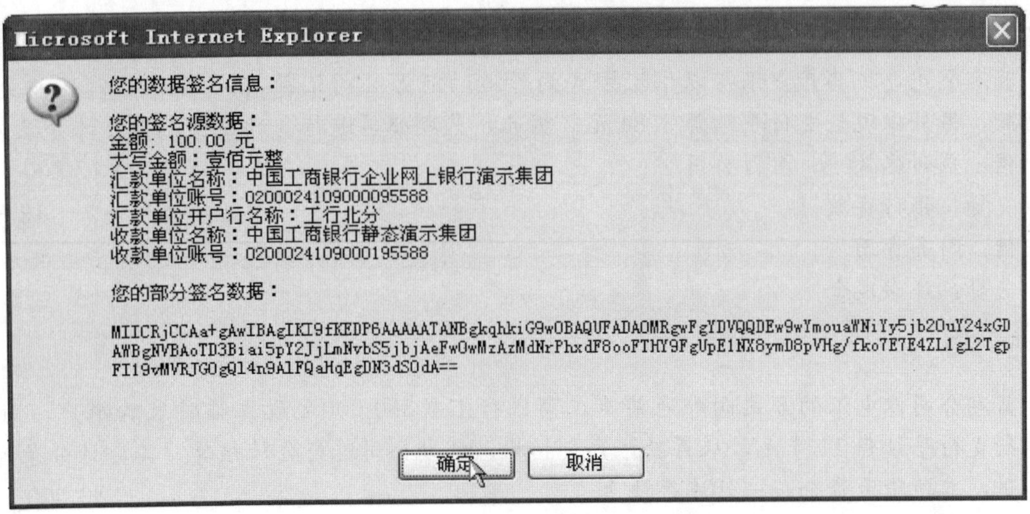

图5-36

（8）付款指令已成功提交，如果还需要进行其他操作，可点击【返回】按钮（见图5-37）。如果付款指令的付款金额超过支付权限，应提交有权授权人批复。

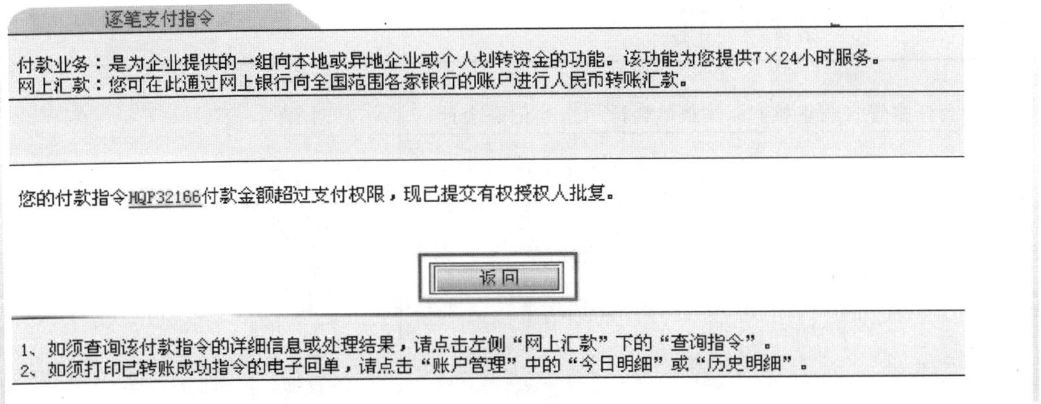

图5-37

三、汇兑结算账务处理

（一）汇兑付款业务

汇款单位根据银行退回的回单，编制银行存款付款凭证。其会计分录为：

借：应付账款（偿还前欠货款）或

　　其他货币资金——外埠存款（在异地设临时采购账户）或

　　预付账款（预付购货款）等

　贷：银行存款

同时，根据银行开具的手续费和邮电费收据编制付款凭证。其会计分录为：

借：财务费用

贷：库存现金或银行存款

例 5-9

蓝湖公司委托其开户银行以信汇方式向外地的河源公司汇款 12 800 元，偿还前欠的购货款，另外以现金支付手续费 3.84 元。据此，蓝湖公司进行会计核算，其会计分录为：

借：应付账款——河源公司　　12 800

　贷：银行存款　　12 800

借：财务费用　　3.84

　贷：库存现金　　3.84

例 5-10

蓝湖公司以电汇的方式向外地某市工商银行汇款380 000元设立临时采购账户，同时向银行支付手续费 11.4 元，从存款账户中扣收。蓝湖公司进行会计核算，其会计分录为：

借：其他货币资金——外埠存款　　380 000

　贷：银行存款　　380 000

借：财务费用　　11.4

　贷：银行存款　　11.4

（二）汇兑收款业务

汇兑收款业务办理流程见图 5-38。

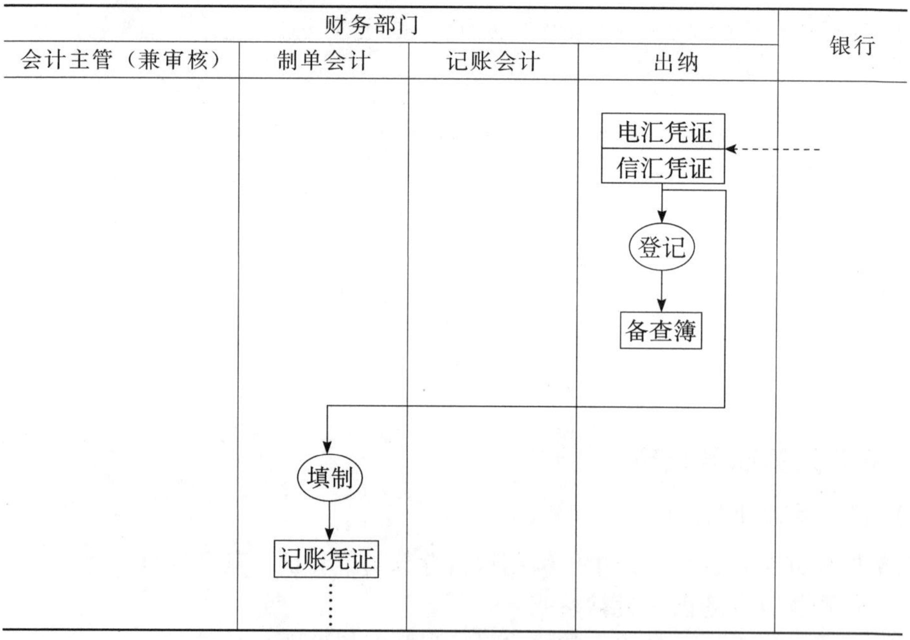

图 5-38　汇兑收款业务办理流程

汇入行接到汇出行寄来的有关信汇、电汇凭证后，首先审查凭证上的联行专用章与联行报单印章是否一致。审查一致后，再根据不同情况进行处理：

（1）对于在银行内开户的收款人，汇入行将汇入款项直接转入其银行存款账户内，同时将信汇凭证第四联或电汇凭证第三联加盖“转讫”章后交给收款人，表明银行已将汇款入账。收款人根据银行转来的收账通知，借记“银行存款”科目，贷方科目根据汇款性质而定。其会计分录为：

借：银行存款

　贷：应收账款或预收账款或主营业务收入

例 5－11

承例 5－9，河源公司收到其开户行转来的蓝湖公司的信汇凭证第四联，连同发票存根等原始凭证，编制银行存款收款凭证，其会计分录为：

借：银行存款	12 800	
贷：应收账款——蓝湖公司		12 800

例 5－12

河源公司销售产品一批，价款共计 780 000 元，增值税税额为 124 800 元。产品已发运。同时收到银行转来的购货方电汇凭证第三联，据此编制银行存款收款凭证，其会计分录为：

借：银行存款	904 800	
贷：主营业务收入		780 000
应交税费——应交增值税（销项税额）		124 800

（2）对于未在银行开户的收款人，领取汇款时，需填制一联支款单连同信汇凭证第四联或电汇凭证第三联，并携带有关身份证件到汇入行领款。信汇凭印鉴支取的，收款人的盖章必须与预留银行印鉴相符。审核无误后，即办理一次性现金支付手续。其中：若收款人以转账方式取款的，银行将汇款一次性转入收款人在当地的其他银行账户内；若收款人分次取款的，可以收款人的名义在收汇银行开立临时账户，汇款暂存入该账户，凭存单分次支取，临时账户只取不存，付清销户，不计利息；若收款人支取现金的，且信汇、电汇凭证大写金额栏内填有“现金”字样的，汇入行即可支付现金，否则，由汇入行按照现金管理规定来决定是否付现和付现的金额。

（三）转汇和退汇

汇款人因汇入地没有所需商品等原因需要转汇时，可以持取款通知和有关证件请求汇入银行重新办理信汇、电汇手续，将款项汇往其他地方。转汇时，收款人和用途的填写必须与原来汇款单上一致。银行在发出的转汇凭证上要加盖“转汇”戳记。注明“不得转汇”字样的，汇入银行不予办理转汇。

汇款单位收到汇出银行寄来的注有“汇款退回已代进账”字样的退汇通知书第四联（适用于汇款人申请退汇）或者由汇入银行加盖了“退汇”字样、汇出银行加盖了“转讫”章的特种转账贷方凭证（适用于银行主动退汇）后，即表明汇款已退回本单位账户，财务部门即可据此编制银行存款收款凭证。其会计分录与汇出款项时的会计分录正好相反。

四、汇兑结算应注意的问题

（1）汇款人办理异地汇款时，可根据款项汇入地点的远近和时间的要求，选择信汇或电汇结算方式。填写汇款凭证时，要按照凭证各栏要求，详细填明汇入地点、行名、收款人及汇款用途等内容，并在第二联上加盖预留银行印鉴。

（2）根据结算规定，信汇汇款可附带与汇款有关的少量单证，如向外地订购书刊的订购单、商品订购单以及向外地人员汇付工资时的工资发放表等。电汇款项不允许附带单证。

（3）收款人收到银行转来的收款通知或电划代收报单时，要认真地对凭证内容进行审查，主要查看凭证收款人的全称和账号是否与本单位的全称和账号一致、汇款用途是否与本单位有关、汇入银行是否加盖了“转讫”印章。在确认属于本单位款项但用途不明的情况下，应及时与本单位有关部门联系，尽快查明款项用途，从而准确归属有关核算账户。

五、同城汇兑结算

前述信汇、电汇结算仅限于异地结算，为了方便同城汇付款项，银行特制了一种叫“贷记凭证”的结算凭证以办理同城汇兑。

贷记凭证由付款人签发并送交银行转付款项。该凭证一式四联，一次填写。其中：第一联由付款人留存作记账依据，借记有关账户，贷记“银行存款”账户；第二联给付款人开户银行作为划付款项的依据和借记凭证，付款人在此联加盖预留银行印鉴；第三联给收款人开户银行作为划转款项的依据和贷方凭证；第四联则作为收款人收账通知，收款人开户银行应在此联盖章后再传给收款人，收款人则据此编制借记“银行存款”账户、贷记有关账户的记账凭证。

贷记凭证的样式见图 5－39。

贷记凭证（回单联）　AB827548

签发日期：　年　月　日　　1

付款人	全称	
	账号	
	开户银行	
人民币		
收款人	全称	
	账号	
	开户银行	

用途：

单位主管　会计　复核　记账

①此联作付款人回单

交通银行上海分行**贷记凭证**　凭证号码 AB827548

签发日期（大写）　年　月　日　　2

付款人	全称		收款人	全称	
	账号			账号	
	开户银行			开户银行	

人民币（大写）	千	百	十	万	千	百	十	元	角	分

用途：________　复核

上列款项请从我账户内支付　记账　验印

签发人盖章　转账日期　年　月　日

②此联作付款人开户行借方凭证

图 5－39　贷记凭证

第四节　银行汇票结算业务办理

一、银行汇票结算认知

（一）银行汇票的概念及适用范围

银行汇票是汇款人将款项交存当地银行，由银行签发给汇款人持往异地办理转账结算或支取现金的票据。

银行汇票适用于异地单位、个体经营户、个人之间需要支付的各种款项。凡在银行开立账户的单位、个体经营户和未在银行开立账户的个人，都可以向银行申请办理银行汇票，而且都可以接收银行汇票。

（二）银行汇票结算的基本规定

（1）银行汇票一律记名。汇款人申请办理银行汇票时，应在填写的“银行汇票申请书”上详细填明兑付地点、收款人名称、账户、用途等内容。能确定收款人的，需详细填明兑付地点、收款人名称、账号、用途等内容；确定不了收款人的，应填写汇款人指定人员的姓名。

（2）银行汇票无起点金额限制。

（3）银行汇票的付款期为1个月（不分大小月，统一按次月对日计算，到期日遇节假日顺延）。逾期的银行汇票，兑付银行不予受理。

（4）汇款人持银行汇票可以向填明的收款单位或个体经营户直接办理结算，收款人为个人的，也可以将转账的银行汇票经背书向兑付地的单位或个体经营户办理结算。

（5）在银行开立账户的收款人或被背书人受理银行汇票后，在汇票背面加盖预留银行印鉴，连同解讫通知、银行进账单送交开户银行办理转账。未在银行开立账户的收款人持银行汇票向银行支取款项时，必须交验本人身份证件或兑付地有关单位足以证实收款人身份的证明，并在银行汇票背面盖章或签字，注明证件名称、号码及发证机关后，才能办理支取手续。

（6）支取现金的规定。收款人如需要在兑付地支取现金，汇款人在填写“银行汇票申请书”时，须在“汇款金额”大写金额栏内先填写“现金”字样，然后填写汇款金额。

（7）分次支取的规定。收款人持银行汇票向银行支取款项时，如需分次支取，应以收款人的姓名开立临时存款账户办理支付，临时存款账户只付不收，付完销户，不计利息。

（8）转汇的规定。银行汇票可以转汇，可委托兑付银行重新签发银行汇票，但转汇的收款人和用途必须是原收款人和用途，兑付银行必须在银行汇票上加盖“转汇”戳记，已转汇的银行汇票，必须全额兑付。

（9）退汇的规定。汇款人因银行汇票超过付款期或其他原因要求退款时，可持银行汇票和解讫通知到签发银行办理退汇。

（10）挂失的规定。持票人如果遗失了填明“现金”字样的银行汇票，持票人应当立即向兑付银行请求挂失。在银行受理挂失前（包括对方银行收到挂失通知前）被冒领，银行不承担责任，遗失了注明收款单位、个体经营户名称的银行汇票，银行不予以挂失，持票人可通知收款单位或个体经营户、兑付银行、签发银行协助防范。遗失的银行汇票在付款期满后1个月内未冒领的，可以办理退汇手续。

（三）银行汇票的特点

（1）票随人到，用款及时。银行汇票可由付款人携带至异地办理付款，有利于单位和个人的急需用款。

（2）付款有保证。由于银行汇票是以银行信用做保证的，所以在使用银行汇票进行结算时，一般不会出现“空头”和无款支付的情况。

（3）使用灵活。持票人既可一笔转账，又可分次付款，还可根据需要通过银行办理转汇，持票人也可将银行汇票背书转让。

（4）兑现性强。异地付款需支付现金时，只要在汇款时向银行说明用途或以现金交汇，由汇出银行在签发的银行汇票“汇款金额”栏大写金额前注明“现金”字样，就可以在兑付银行支取现金，这样既可以避免长途携带现金的不便，又可以保证现金的安全。

（5）购物方便。持票人可以持票购物，收款人可见票发货，按货收款，余款退回，做到钱货两清，从而避免了不合理的预付款，做到款项一次结清。

二、银行汇票结算业务程序

银行汇票结算业务程序如图5-40所示。

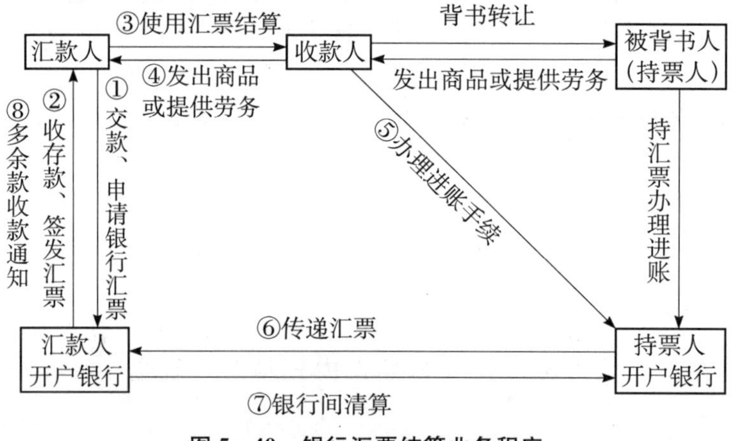

图5-40 银行汇票结算业务程序

（一）签发银行汇票

汇款人需要办理银行汇票时，应先填写“银行汇票申请书”一式三联（见图5-41～图5-43）或“结算业务申请书”，送本单位开户银行申请签发银行汇票（本单位开户银行不能办理银行汇票的，应将款项转交附近可以签发银行汇票的银行办理，没有在该银行开户的应同时交付现金）。

中国工商银行汇票申请书（存根） 1 第 号

申请日期 年 月 日

申请人		收款人	
账 号		账 号	
用 途		代理付款行	
汇票金额	人民币 （大写）		千百十万千百十元角分

备注：

科 目：

对方科目（贷）：

财务主管 复核 经办

图 5－41 银行汇票申请书第一联

中国工商银行汇票申请书（借方凭证） 2 第 号

申请日期 年 月 日

申请人		收款人	
账 号		账 号	
用 途		代理付款行	
汇票金额	人民币 （大写）		千百十万千百十元角分

上列款项请从我账户内支付。

科 目：

对方科目（贷）：

转账日期： 年 月 日

申请人盖章 复核 记账

图 5－42 银行汇票申请书第二联

中国工商银行汇票申请书（贷方凭证） 3 第 号

申请日期 年 月 日

申请人		收款人	
账 号		账 号	
用 途		代理付款行	
汇票金额	人民币 （大写）		千百十万千百十元角分

备注：

科 目：

对方科目（贷）：

转账日期： 年 月 日

复核 记账 出纳

图 5－43 银行汇票申请书第三联

银行受理后，根据“银行汇票申请书”第二、三联办理银行收款手续，然后签发银行汇票一式四联（见图 5－44～图 5－47），留下第一联和第四联，将第二联汇票、第三联解讫通知和加盖印章后的“银行汇票申请书”第一联交给汇款人。

付款期限
壹 个 月

中国工商银行
银行汇票（卡片） **1** 汇票号码 第 号

出票日期
（大写） 年 月 日 代理付款行： 行号：

收款人： 账号：
出票金额 人民币（大写）
实际结算金额 人民币（大写）

千	百	十	万	千	百	十	元	角	分

账号或住址：______

申请人：______
出票行：______ 行号：______
备注：______
复核人 经办

科目（借）______
对方科目（贷）______
销账日期 年 月 日
复核 记账

图 5-44 银行汇票第一联

付款期限
壹 个 月

中国工商银行
银行汇票 **2** 汇票号码 第 号

出票日期
（大写） 年 月 日 代理付款行： 行号：

收款人： 账号：
出票金额 人民币（大写）
实际结算金额 人民币（大写）

千	百	十	万	千	百	十	元	角	分

账号或住址：______

申请人：______
出票行：______ 行号：______
备注：______
凭票付款
出票行签章

多余金额

科目（借）______
对方科目（贷）______
销账日期 年 月 日
复核 记账

图 5-45 银行汇票第二联

付款期限
壹 个 月

中国工商银行
银行汇票（解讫通知） **3** 汇票号码 第 号

出票日期
（大写） 年 月 日 代理付款行： 行号：

收款人： 账号：
出票金额 人民币（大写）
实际结算金额 人民币（大写）

千	百	十	万	千	百	十	元	角	分

账号或住址：______

申请人：______
出票行：______ 行号：______
备注：______
代理付款行盖章
复核 经办

多余金额

科目（借）______
对方科目（贷）______
兑付日期 年 月 日
复核 记账

图 5-46 银行汇票第三联

付款期限
壹个月

中国工商银行
银行汇票（多余款收账通知）　**4**　汇票号码　第　号

出票日期
（大写）　年　月　日　代理付款行：　行号：

收款人：　账号：

出票金额　人民币（大写）

实际结算金额　人民币（大写）	千	百	十	万	千	百	十	元	角	分

账号或住址：

申请人：
出票行：　行号：
备注：
凭票付款
出票行签章

多余金额	左列多余款项已收入你账户内。 账务 主管　复核　记账

图 5-47　银行汇票第四联

（二）兑付

汇款人取得签发银行签发的银行汇票以后，即可到异地向收款人办理结算。对已注明收款人的银行汇票，可直接将汇票交予收款人，到兑付银行办理兑付；对收款人为持票人的银行汇票，可由持票人到兑付银行办理兑付手续，也可将银行汇票背书转让给收款人（见图 5-48），由收款人到兑付银行办理兑付。收款人向银行兑付时，应将实际结算金额填入第二联汇票和第三联解讫通知，并填写银行进账单一式两联，一并送开户银行办理入账手续。

被背书人　珠海市××公司	被背书人　李明林	被背书人
重庆市××公司 财务专用章　周敏 背书人签章 2018 年 8 月 28 日	珠海市××公司 财务专用章　赵萍 背书人签章 2018 年 8 月 28 日	背书人签章 年　月　日

粘贴单处

持票人向银行
提示付款签章　李明林

身份证件名称：身份证
号　　　码：440301640506112
发 证 机 关：深圳市公安局

图 5-48　银行汇票背书

（三）结算余额

兑付银行按实际结算金额办理入账后，将银行汇票第三联传递给汇票签发银行，签发银行核对后将余款转入汇款人账户，并将银行汇票第四联多余款收账通知转给汇款人，汇款人据此办理余款入账手续。汇款人收到通知后，编制借记“银行存款”账户、贷记“其他货币资金——银行汇票”账户的记账凭证。

三、银行汇票结算账务处理

（一）银行汇票结算的付款业务

银行汇票结算的付款流程如图 5－49 所示。

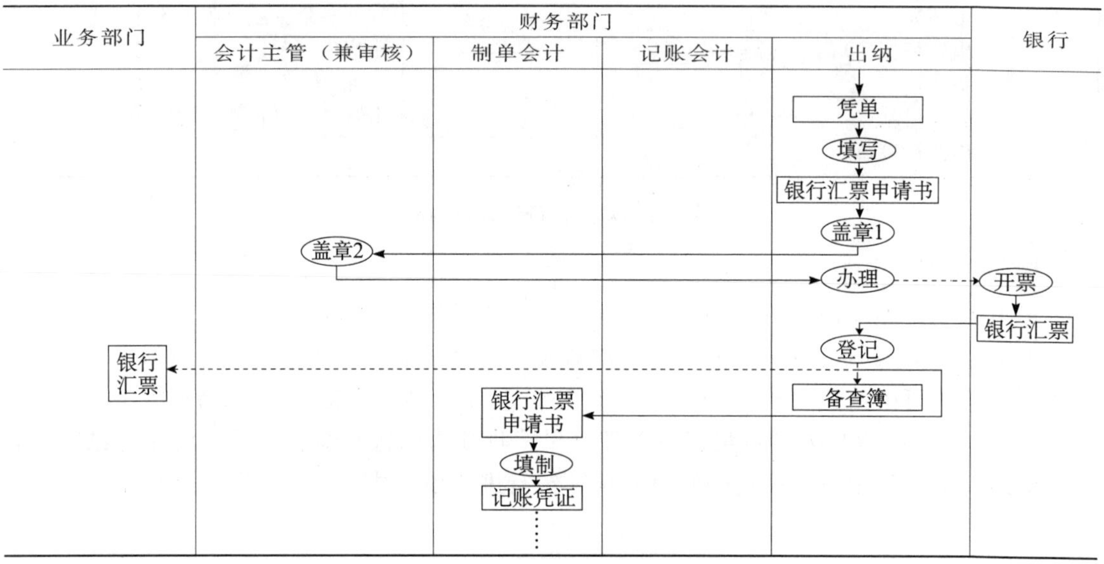

图 5－49　银行汇票结算的付款流程

1. 银行汇票的签发

（1）汇款单位的财务部门收到银行签发的银行汇票联和解讫通知联后，根据银行盖章退回的“银行汇票申请书”第一联，编制如下会计分录：

借：其他货币资金——银行汇票

　　贷：银行存款

借：其他货币资金——银行汇票

　　贷：库存现金

（2）对于银行按规定收取的手续费、邮电费，汇款单位根据银行出具的收费收据，编制如下会计分录：

借：财务费用

　　贷：银行存款或库存现金

2. 银行汇票的使用

汇款单位使用银行汇票购货或付款后，收到汇票签发银行转来的银行汇票第四联，即可根据该联中“实际结算金额”栏的实际结算金额及供应部门转来的发票等原始凭证，进行相应账务处理。

（1）企业以银行汇票购买材料，根据对方的销货发票等凭证及签发行退回的银行汇票第四联编制如下会计分录：

借：材料采购

　　应交税费——应交增值税（进项税额）

　贷：其他货币资金——银行汇票

（2）若银行汇票金额大于实际结算金额，出现多余款项时，汇款单位的财务部门根据银行转来的银行汇票第四联中所列的“多余金额”数编制如下会计分录：

借：银行存款

　贷：其他货币资金——银行汇票

例 5－13

蓝湖公司以银行汇票结算方式到外地购买原材料一批，根据核对相符的发票和开户行转来的银行汇票第四联，实际应付材料款 80 000 元、增值税税额 12 800 元。银行汇票票面金额为 100 000 元。财务部门应编制如下会计分录：

采购材料，支付材料款时：

借：材料采购——××材料	80 000	
应交税费——应交增值税（进项税额）	12 800	
贷：其他货币资金——银行汇票		92 800

接到开户银行通知，收回多余银行汇票款时：

借：银行存款	7 200	
贷：其他货币资金——银行汇票		7 200

若材料实际价款为 100 000 元，增值税税额为 16 000 元，银行汇票金额同前，应补交材料款，编制如下会计分录：

借：材料采购——××材料	100 000	
应交税费——应交增值税（进项税额）	16 000	
贷：其他货币资金——银行汇票		100 000
银行存款		16 000

3. 银行汇票的退款

汇款人因银行汇票超过付款期或其他原因没有使用银行汇票而要求退款时，可持银行汇票联和解讫通知联到签发银行办理。汇款单位办理退款手续后，待收到银行转回的银行汇票多余款收账通知联时，财务部门根据此联中的“多余金额”栏进行会计核算，编制银行存款收款凭证，其会计分录为：

借：银行存款

　贷：其他货币资金——银行汇票

（二）银行汇票结算的收款业务

银行汇票结算的收款流程如图 5－50 所示。

收款单位收到银行汇票联和解讫通知联后，按实际结算金额填写银行进账单与银行汇

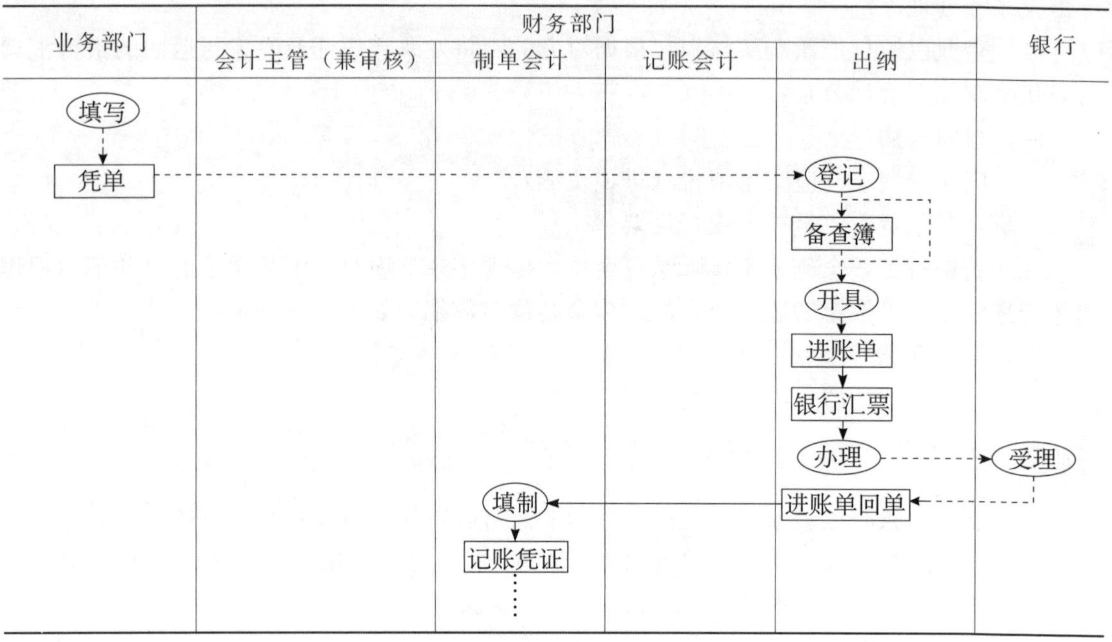

图 5-50　银行汇票结算的收款流程

票向银行办理结算，根据银行退回的进账单第一联所列的实际结算金额和发票存根等原始凭证，编制银行存款收款凭证，其会计分录为：

借：银行存款

　贷：主营业务收入

　　应交税费——应交增值税（销项税额）

四、银行汇票结算应注意的问题

（1）汇款人申请办理银行汇票时，应根据需要确定是否支付现金和允许转汇，如需支取现金，可在填写“银行汇票申请书”大写金额前注明“现金”字样，银行受理后签发带有“现金”字样的银行汇票；如明确不得转汇，可在“银行汇票申请书”的“备注”栏注明“不得转汇”字样，银行将根据要求在签发银行汇票“用途”栏注明“不得转汇”字样，这样就不能再办理转汇。

（2）收款人为个人的银行汇票，如需背书转让给兑付地点的单位或个体经营户，则可办理背书转让手续。先由持票人（或汇票的收款人）在银行汇票的背面“背书人”栏加盖汇票原收款人的名章，再在“被背书人”栏加盖预留银行印鉴中的财务专用章后，就可以到银行办理收款入账手续。

（3）收款人受理银行汇票时，要注意审查如下内容：

1）收款人或被背书人是否确为收款人。

2）银行汇票是否在付款期内，日期、金额等内容的填写是否正确无误。

3）印章是否清晰，是否有用压数机压印的金额。

4）银行汇票联与解讫通知联是否齐全、相符。

5）汇款人与背书人的证明或证件是否真实，是否与其背书相符。

（4）收款人在受理银行汇票办理转账时，如果将实际结算金额或多余金额填错，可用红线划去，在其上方重新填上正确的数字并加盖印章，但只限更改一次。

第五节　商业汇票结算业务办理

一、商业汇票结算认知

（一）商业汇票的概念与分类

商业汇票是收款人或付款人（或承兑申请人）签发，由承兑人承兑，并于到期日向收款人或被背书人支付款项的票据。

商业汇票按其承兑人的不同，分为商业承兑汇票和银行承兑汇票两种。商业承兑汇票是由付款人签发并承兑，或由收款人签发交由付款人承兑的票据，其承兑人是企业。银行承兑汇票是由在承兑银行开立存款账户的存款人签发，并经开户银行承兑付款的票据，其承兑人是银行。

（二）商业汇票的适用范围

商业汇票适用于在银行开立账户的法人之间根据购销合同先发货后收款或延期付款的商品交易，无论是同城还是异地，其款项结算均可使用商业汇票结算方式。

（三）商业汇票结算的基本规定

（1）商业汇票一律记名，允许背书转让。

（2）商业汇票承兑期限由交易双方商定，最长不超过 6 个月。商业汇票到期后，承兑人（即付款人）负有无条件支付票款的责任。需要分期付款时，应一次签发若干张不同期限的汇票。

（3）无款支付的规定。商业承兑汇票到期，当付款人账户存款不足而不能支付票款时，如果属于异地办理委托收款的，由付款人开户银行在委托收款凭证备注栏注明“付款人无款支付”字样，按照委托收款结算无款支付处理，将委托收款凭证和商业承兑汇票退回收款人开户银行。如果属于同城用银行进账单划款的，比照空头支票退票处理，将委托收款凭证和商业承兑汇票退回收款人开户银行。同时，银行按照商业承兑汇票的票面金额处以 5%但不低于1 000元的罚款，同时处以票面金额 2%的赔偿金给收款人。银行承兑汇票到期，付款人账户无款支付或不足支付时，银行除凭票向收款人无条件支付款项外，还将根据承兑协议对付款人进行扣款。对尚未收回款项转入付款人的逾期贷款户，每日按 5‰计收罚息。

二、商业汇票结算业务程序

（一）商业承兑汇票结算业务程序

商业承兑汇票结算业务程序见图 5－51。

1. 签发和承兑商业承兑汇票

商业承兑汇票一式三联（见图 5－52～图 5－54），可由收款人签发，也可由付款人签发。汇票签发后，第一联由付款人（即承兑人）留存；第二联由付款人（即承兑人）在承

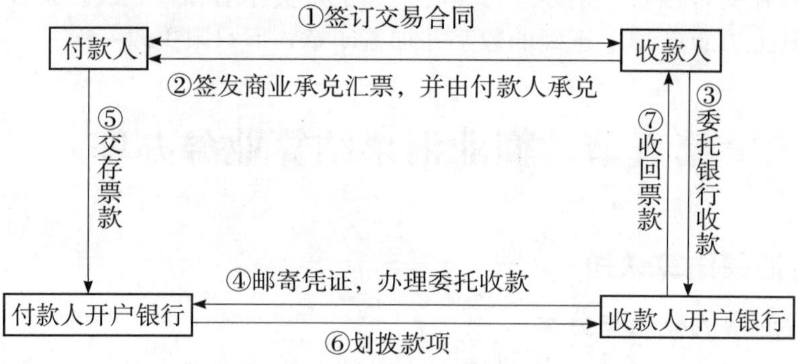

图 5－51　商业承兑汇票结算业务程序

兑栏加盖预留银行印鉴，并在商业承兑汇票上签署“承兑”字样以示承兑后，将商业承兑汇票交给收款人，收款人据此编制借记“应收票据”账户、贷记有关账户的记账凭证；第三联由签发人留存备查。

商业承兑汇票（卡片）　　1　　汇票号码

出票日期（大写）　年　月　日　　第　号

<table>
<tr><td rowspan="3">付款方</td><td>全　称</td><td colspan="3"></td><td rowspan="3">收款方</td><td>全　称</td><td colspan="10"></td></tr>
<tr><td>账　号</td><td colspan="3"></td><td>账　号</td><td colspan="10"></td></tr>
<tr><td>开户银行</td><td></td><td>行号</td><td></td><td>开户银行</td><td colspan="4"></td><td colspan="3">行号</td><td colspan="3"></td></tr>
<tr><td colspan="2" rowspan="2">出票金额</td><td colspan="5" rowspan="2">人民币
（大写）</td><td>千</td><td>百</td><td>十</td><td>万</td><td>千</td><td>百</td><td>十</td><td>元</td><td>角</td><td>分</td></tr>
<tr><td></td><td></td><td></td><td></td><td></td><td></td><td></td><td></td><td></td><td></td></tr>
<tr><td colspan="2">汇票到期日</td><td colspan="3"></td><td colspan="2">合同号码</td><td colspan="10"></td></tr>
<tr><td colspan="7">出票人签章</td><td colspan="10">备注：</td></tr>
</table>

图 5－52　商业承兑汇票第一联

商业承兑汇票　　2　　汇票号码

出票日期（大写）　年　月　日　　第　号

<table>
<tr><td rowspan="3">付款方</td><td>全　称</td><td colspan="3"></td><td rowspan="3">收款方</td><td>全　称</td><td colspan="10"></td></tr>
<tr><td>账　号</td><td colspan="3"></td><td>账　号</td><td colspan="10"></td></tr>
<tr><td>开户银行</td><td></td><td>行号</td><td></td><td>开户银行</td><td colspan="4"></td><td colspan="3">行号</td><td colspan="3"></td></tr>
<tr><td colspan="2" rowspan="2">出票金额</td><td colspan="5" rowspan="2">人民币
（大写）</td><td>千</td><td>百</td><td>十</td><td>万</td><td>千</td><td>百</td><td>十</td><td>元</td><td>角</td><td>分</td></tr>
<tr><td></td><td></td><td></td><td></td><td></td><td></td><td></td><td></td><td></td><td></td></tr>
<tr><td colspan="2">汇票到期日</td><td colspan="3"></td><td colspan="2">合同号码</td><td colspan="10"></td></tr>
<tr><td colspan="7">本汇票已经承兑，到期无条件支付票款。
承兑人签章
承兑日期　年　月　日</td><td colspan="10">本汇票请予以承兑，于到期日付款。
出票人签章</td></tr>
</table>

图 5－53　商业承兑汇票第二联

商业承兑汇票（存根）　　3　　汇票号码

出票日期（大写）　　年　　月　　日　　　　第　　号

付款方	全　称				收款方	全　称			
	账　号					账　号			
	开户银行		行号			开户银行		行号	
出票金额		人民币（大写）					千 百 十 万 千 百 十 元 角 分		
汇票到期日					合同号码				
备注：									

图 5-54　商业承兑汇票第三联

2. 委托收款

商业承兑汇票收款的提示付款期限为汇票到期日起 10 日。持票人应在提示付款期限内通过开户银行委托收款或直接向付款人提示付款，超过提示付款期限提示付款的，持票人开户银行不予受理。商业汇票提示付款时，应签发一式五联的托收凭证，将托收凭证及商业承兑汇票（或银行承兑汇票）第二联一并交开户银行办理托收，托收方式和程序见本章第六节内容。

3. 到期兑付

付款人应于商业承兑汇票到期日前积极筹措款项，于到期日前将票款足额交存其开户银行，付款人开户银行收到传来的委托收款凭证和商业承兑汇票后，将款项划给收款人或被背书人。

（二）银行承兑汇票结算业务程序

银行承兑汇票结算业务程序见图 5-55。

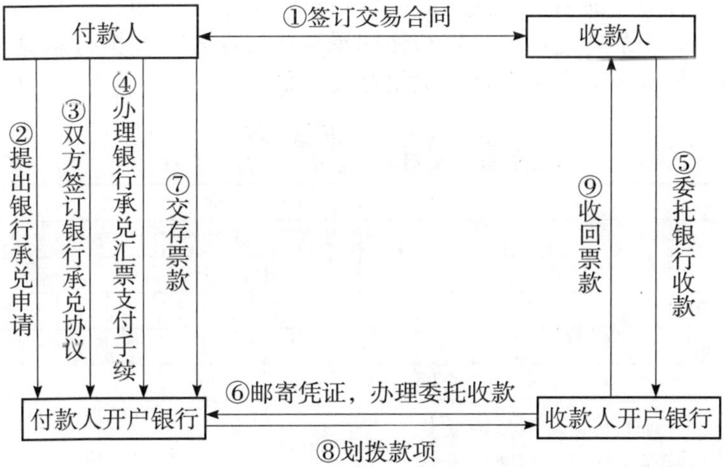

图 5-55　银行承兑汇票结算业务程序

银行承兑汇票结算一般可分为下述四个步骤进行。

1. 申请承兑，签发承兑协议

根据购销合同中双方的约定，出票人填写“银行承兑申请书”，向银行提出承兑申请。

“银行承兑申请书”要加盖出票人的财务专用章和法人名章。同时，向开户银行提交下列材料：（1）银行承兑汇票的承兑申请书；（2）营业执照；（3）上年和当年的资产负债表、利润表和现金流量表；（4）商品交易合同或增值税发票原件及复印件；（5）按规定需要提供担保的，提交保证人材料；（6）其他。

银行信贷部门对出票人的资格、资信、购销合同和汇票记载的内容进行审核，符合规定和承兑条件的，与出票人签订一式三联的银行承兑协议（见图 5－56）。

银行承兑协议　　　　编号

银行承兑汇票内容：

出票人全称＿＿＿＿＿＿＿＿　　收款人全称＿＿＿＿＿＿＿＿

开户银行＿＿＿＿＿＿＿＿　　开户银行＿＿＿＿＿＿＿＿

账　　号＿＿＿＿＿＿＿＿　　账　　号＿＿＿＿＿＿＿＿

汇票号码＿＿＿＿＿＿＿＿　　汇票金额（大写）＿＿＿＿＿＿＿＿

出票日期＿＿＿＿年＿＿月＿＿日　到期日＿＿＿＿年＿＿月＿＿日

以上汇票经银行承兑，出票人应遵守《支付结算办法》的规定及下列条款：

一、出票人于汇票到期日前将应付票款足额交存承兑银行。

二、承兑手续费按票面金额的千分之五计算，在银行承兑时一次付清。

三、出票人与持票人如发生交易纠纷，由双方自行处理，票款于到期前仍按第一条办理不误。

四、承兑汇票到期日，承兑银行凭票无条件支付票款。如到期日之前出票人不能足额交付票款，承兑银行对不足部分的票款转作出票申请人逾期贷款，并按照有关规定计收罚息。

五、承兑汇票款付清后，本协议自动失效。

承兑银行签章　　　　出票人签章

订立承兑协议日期＿＿＿年＿＿＿月＿＿＿日

图 5－56　银行承兑协议

2. 出票并承兑

出纳人员根据有关凭证填制一式三联的银行承兑汇票（见图 5－57～图 5－59），并在银行承兑汇票上加盖印章送交银行。银行注明承兑协议编号，在银行承兑汇票的第二联加盖银行印章，用压数机压印汇票金额后交给承兑申请人。

银行承兑汇票（卡片）　　1　　　汇票号码

出票日期（大写）　　年　　月　　日　　　　第　　号

<table>
<tr><td>出票人全称</td><td colspan="3"></td><td rowspan="3">收款人</td><td>全称</td><td colspan="10"></td></tr>
<tr><td>出票人账号</td><td colspan="3"></td><td>账号</td><td colspan="10"></td></tr>
<tr><td>付款行全称</td><td></td><td>行号</td><td></td><td>开户银行</td><td colspan="4"></td><td colspan="3">行号</td><td colspan="3"></td></tr>
<tr><td rowspan="2">出票金额</td><td colspan="5" rowspan="2">人民币
（大写）</td><td>千</td><td>百</td><td>十</td><td>万</td><td>千</td><td>百</td><td>十</td><td>元</td><td>角</td><td>分</td></tr>
<tr><td></td><td></td><td></td><td></td><td></td><td></td><td></td><td></td><td></td><td></td></tr>
<tr><td>汇票到期日</td><td colspan="2"></td><td colspan="2">合同号码</td><td colspan="11"></td></tr>
<tr><td colspan="3">本汇票请你行承兑，此项汇票款我单位按承兑协议于到期日前足额存入你行，到期请予以支付。
出票人签章
年　月　日</td><td colspan="5">

备注：</td><td colspan="8">承兑协议编号：
科目（借）＿＿＿＿
对方科目（贷）＿＿＿＿
转账　年　月　日
复核　　记账</td></tr>
</table>

图 5－57　银行承兑汇票第一联

银行承兑汇票　　　2　　　汇票号码

出票日期（大写）　年　月　日　　　第　号

<table>
<tr><td>出票人全称</td><td colspan="3"></td><td rowspan="3">收款人</td><td colspan="3">全称</td><td colspan="7"></td></tr>
<tr><td>出票人账号</td><td colspan="3"></td><td colspan="3">账号</td><td colspan="7"></td></tr>
<tr><td>付款行全称</td><td></td><td>行号</td><td></td><td colspan="3">开户银行</td><td colspan="3"></td><td colspan="2">行号</td><td colspan="2"></td></tr>
<tr><td rowspan="2">出票金额</td><td colspan="4" rowspan="2">人民币
（大写）</td><td>千</td><td>百</td><td>十</td><td>万</td><td>千</td><td>百</td><td>十</td><td>元</td><td>角</td><td>分</td></tr>
<tr><td></td><td></td><td></td><td></td><td></td><td></td><td></td><td></td><td></td><td></td></tr>
<tr><td>汇票到期日</td><td></td><td colspan="3">合同号码</td><td colspan="10"></td></tr>
<tr><td colspan="3" rowspan="2">本汇票请你行承兑，此项汇票款我单位按承兑协议于到期日前足额存入你行，到期请予以支付。
出票人签章
年　月　日</td><td colspan="4">本汇票已经承兑，到期日由本行付款。
承兑行签章
年　月　日</td><td colspan="8" rowspan="2">承兑协议编号：
科目（借）
对方科目（贷）
转账　年　月　日
复核　　记账</td></tr>
<tr><td colspan="4">备注：</td></tr>
</table>

图 5－58　银行承兑汇票第二联

银行承兑汇票（存根）　　　3　　　汇票号码

出票日期（大写）　年　月　日　　　第　号

<table>
<tr><td>出票人全称</td><td colspan="3"></td><td rowspan="3">收款人</td><td colspan="3">全称</td><td colspan="7"></td></tr>
<tr><td>出票人账号</td><td colspan="3"></td><td colspan="3">账号</td><td colspan="7"></td></tr>
<tr><td>付款行全称</td><td></td><td>行号</td><td></td><td colspan="3">开户银行</td><td colspan="3"></td><td colspan="2">行号</td><td colspan="2"></td></tr>
<tr><td rowspan="2">出票金额</td><td colspan="4" rowspan="2">人民币
（大写）</td><td>千</td><td>百</td><td>十</td><td>万</td><td>千</td><td>百</td><td>十</td><td>元</td><td>角</td><td>分</td></tr>
<tr><td></td><td></td><td></td><td></td><td></td><td></td><td></td><td></td><td></td><td></td></tr>
<tr><td>汇票到期日</td><td></td><td colspan="3">合同号码</td><td colspan="10"></td></tr>
<tr><td colspan="3" rowspan="2"></td><td colspan="4"></td><td colspan="8" rowspan="2">承兑协议编号：</td></tr>
<tr><td colspan="4">备注：</td></tr>
</table>

图 5－59　银行承兑汇票第三联

3. 兑取票款

付款人（即承兑申请人）将第二联银行承兑汇票交给收款人。收款人或被背书人应在银行承兑汇票到期时，填写两联银行进账单，然后将银行承兑汇票连同进账单送交其开户银行办理收取票款手续。银行按规定审查无误后，在第一联进账单上加盖“转讫”章作收账通知交给收款人，收款人凭此办理收入入账手续。

4. 支付票款

付款人在银行承兑汇票到期前应将票款足额交存其开户银行，承兑银行在收到承付银行转来的银行承兑汇票和解讫通知以及有关传票后，于银行承兑汇票到期日将付款人款项划出。

（三）商业汇票贴现程序

商业汇票持有人在急需资金时，可以持未到期的商业汇票向银行申请贴现以进行融资。

贴现是指企业以未到期的票据向银行融通资金，银行按票据的应收金额扣除一定期间的利息后的余额付给企业的行为。

商业汇票的贴现一般分为下述两步。

1. 申请贴现

贴现单位填写一式五联的贴现凭证（见图 5－60～图 5－64），内容包括贴现申请人名称、账号、开户银行，贴现汇票的种类、到期日和号码，汇票承兑人名称、账号和开户银行，以及汇票金额。申请贴现时须在贴现凭证第一联加盖贴现单位财务专用章和法人名章，出纳人员填好并盖章后送交开户银行。

贴现凭证（代申请书） 1

申请日期（大写）　年　月　日　　第　号

<table>
<tr><td rowspan="3">贴现汇票</td><td>种　类</td><td colspan="3"></td><td>号码</td><td colspan="2"></td><td rowspan="3">持票人</td><td colspan="3">名　称</td><td colspan="7"></td></tr>
<tr><td>出票日</td><td colspan="6">年　月　日</td><td colspan="3">账　号</td><td colspan="7"></td></tr>
<tr><td>到期日</td><td colspan="6">年　月　日</td><td colspan="3">开户银行</td><td colspan="7"></td></tr>
<tr><td colspan="2">汇票承兑人</td><td>名称</td><td colspan="5"></td><td>账号</td><td colspan="2"></td><td colspan="2">开户银行</td><td colspan="6"></td></tr>
<tr><td rowspan="2" colspan="2">汇票金额</td><td rowspan="2" colspan="7">人民币
（大写）</td><td>千</td><td>百</td><td>十</td><td>万</td><td>千</td><td>百</td><td>十</td><td>元</td><td>角</td><td>分</td></tr>
<tr><td></td><td></td><td></td><td></td><td></td><td></td><td></td><td></td><td></td><td></td></tr>
<tr><td colspan="2">贴现率</td><td colspan="2"></td><td colspan="2">贴现息</td><td colspan="5"></td><td colspan="3">实付金额</td><td colspan="7"></td></tr>
<tr><td colspan="5">附送承兑汇票申请贴现，请审核。

持票人签章</td><td>银行审批</td><td colspan="6">负责人　信贷员</td><td colspan="7">科目（借）＿＿＿＿
对方科目（贷）＿＿＿＿
复核　记账</td></tr>
</table>

图 5-60　贴现凭证第一联

贴现凭证（贷方凭证） 2

申请日期（大写）　年　月　日　　第　号

<table>
<tr><td rowspan="3">贴现汇票</td><td>种　类</td><td colspan="3"></td><td>号码</td><td colspan="2"></td><td rowspan="3">持票人</td><td colspan="3">名　称</td><td colspan="7"></td></tr>
<tr><td>出票日</td><td colspan="6">年　月　日</td><td colspan="3">账　号</td><td colspan="7"></td></tr>
<tr><td>到期日</td><td colspan="6">年　月　日</td><td colspan="3">开户银行</td><td colspan="7"></td></tr>
<tr><td colspan="2">汇票承兑人</td><td>名称</td><td colspan="5"></td><td>账号</td><td colspan="2"></td><td colspan="2">开户银行</td><td colspan="6"></td></tr>
<tr><td rowspan="2" colspan="2">汇票金额</td><td rowspan="2" colspan="7">人民币
（大写）</td><td>千</td><td>百</td><td>十</td><td>万</td><td>千</td><td>百</td><td>十</td><td>元</td><td>角</td><td>分</td></tr>
<tr><td></td><td></td><td></td><td></td><td></td><td></td><td></td><td></td><td></td><td></td></tr>
<tr><td colspan="2">贴现率</td><td colspan="2"></td><td colspan="2">贴现息</td><td colspan="5"></td><td colspan="3">实付金额</td><td colspan="7"></td></tr>
<tr><td colspan="12">备注：</td><td colspan="7">科目（贷）＿＿＿＿
对方科目（借）＿＿＿
复核　记账</td></tr>
</table>

图 5-61　贴现凭证第二联

贴现凭证（贷方凭证） 3

申请日期（大写）　年　月　日　　第　号

<table>
<tr><td rowspan="3">贴现汇票</td><td>种　类</td><td colspan="3"></td><td>号码</td><td colspan="2"></td><td rowspan="3">收款人</td><td colspan="3">名　称</td><td colspan="7"></td></tr>
<tr><td>出票日</td><td colspan="6">年　月　日</td><td colspan="3">账　号</td><td colspan="7"></td></tr>
<tr><td>到期日</td><td colspan="6">年　月　日</td><td colspan="3">开户银行</td><td colspan="7"></td></tr>
<tr><td colspan="2">汇票承兑人</td><td>名称</td><td colspan="5"></td><td>账号</td><td colspan="2"></td><td colspan="2">开户银行</td><td colspan="6"></td></tr>
<tr><td rowspan="2" colspan="2">汇票金额</td><td rowspan="2" colspan="7">人民币
（大写）</td><td>千</td><td>百</td><td>十</td><td>万</td><td>千</td><td>百</td><td>十</td><td>元</td><td>角</td><td>分</td></tr>
<tr><td></td><td></td><td></td><td></td><td></td><td></td><td></td><td></td><td></td><td></td></tr>
<tr><td colspan="2">贴现率</td><td colspan="2"></td><td colspan="2">贴现息</td><td colspan="5"></td><td colspan="3">实付金额</td><td colspan="7"></td></tr>
<tr><td colspan="12">备注：</td><td colspan="7">科目（贷）＿＿＿＿
对方科目（借）＿＿＿
复核　记账</td></tr>
</table>

图 5-62　贴现凭证第三联

贴现凭证（贷方凭证）　　　　4

申请日期（大写）　年　月　日　　　　第　号

<table>
<tr><td rowspan="3">贴现汇票</td><td>种　类</td><td></td><td>号码</td><td></td><td rowspan="3">持票人</td><td>名　称</td><td colspan="10"></td></tr>
<tr><td>出票日</td><td colspan="3">年　月　日</td><td>账　号</td><td colspan="10"></td></tr>
<tr><td>到期日</td><td colspan="3">年　月　日</td><td>开户银行</td><td colspan="10"></td></tr>
<tr><td colspan="2">汇票承兑人</td><td>名称</td><td colspan="2"></td><td>账号</td><td></td><td>开户银行</td><td colspan="9"></td></tr>
<tr><td rowspan="2">汇票金额</td><td colspan="5" rowspan="2">人民币
（大写）</td><td>千</td><td>百</td><td>十</td><td>万</td><td>千</td><td>百</td><td>十</td><td>元</td><td>角</td><td>分</td></tr>
<tr><td></td><td></td><td></td><td></td><td></td><td></td><td></td><td></td><td></td><td></td></tr>
<tr><td>贴现率</td><td></td><td>贴现息</td><td colspan="3"></td><td colspan="3">实付金额</td><td colspan="7"></td></tr>
<tr><td colspan="6">贴现款项已划入你单位账户。
银行签章
年　月　日</td><td colspan="10">备注：</td></tr>
</table>

图 5-63　贴现凭证第四联

贴现凭证（到期卡）　　　　5

申请日期（大写）　年　月　日　　　　第　号

<table>
<tr><td rowspan="3">贴现汇票</td><td>种　类</td><td></td><td>号码</td><td></td><td rowspan="3">持票人</td><td>名　称</td><td colspan="10"></td></tr>
<tr><td>出票日</td><td colspan="3">年　月　日</td><td>账　号</td><td colspan="10"></td></tr>
<tr><td>到期日</td><td colspan="3">年　月　日</td><td>开户银行</td><td colspan="10"></td></tr>
<tr><td colspan="2">汇票承兑人</td><td>名称</td><td colspan="2"></td><td>账号</td><td></td><td>开户银行</td><td colspan="9"></td></tr>
<tr><td rowspan="2">汇票金额</td><td colspan="5" rowspan="2">人民币
（大写）</td><td>千</td><td>百</td><td>十</td><td>万</td><td>千</td><td>百</td><td>十</td><td>元</td><td>角</td><td>分</td></tr>
<tr><td></td><td></td><td></td><td></td><td></td><td></td><td></td><td></td><td></td><td></td></tr>
<tr><td>贴现率</td><td></td><td>贴现息</td><td colspan="3"></td><td colspan="3">实付金额</td><td colspan="7"></td></tr>
<tr><td colspan="11">备注：</td><td colspan="6">科目（贷）__________
对方科目（借）______
复核　　　　记账</td></tr>
</table>

图 5-64　贴现凭证第五联

2. 办理贴现

开户银行按照有关规定对汇票和贴现凭证进行审查，审查无误后，在贴现凭证第一联“银行审批”处标注同意，并加盖银行印章，计算并在贴现凭证上填写贴现率、贴现息及实付额，将贴现凭证第四联还给贴现申请人办理贴现收款。

三、商业汇票结算账务处理

（一）商业承兑汇票付款业务

1. 商业承兑汇票的签发

商业承兑汇票是在商品交易的基础上，表明购货方和供货方双方债权、债务关系的票据。所以，当付款单位把经过其承兑的商业承兑汇票交给收款方后，应编制会计分录对该笔业务进行反映。其会计分录如下：

借：材料采购等

　　应交税费——应交增值税（进项税额）

　贷：应付票据

2. 商业承兑汇票的兑付

付款单位签发了商业承兑汇票以后，应根据汇票第一联（卡片）登记的情况，在汇票到期日前备足票款，交存开户银行。商业承兑汇票到期，其开户银行将票款划拨给收款人、被背书人或贴现银行，同时通知其该商业承兑汇票款已付。付款单位根据其开户银行的通知，编制银行存款付款凭证，其会计分录如下：

借：应付票据

　贷：银行存款

同时在“应付票据备查簿”上登记到期付款的日期、金额，并在注销栏内予以注销。

3. 商业承兑汇票到期，付款单位无力支付票款

付款方无力支付到期的商业汇票时，应编制转账凭证，把应付票据转为应付账款，同时在“应付票据备查簿”中进行登记。其结转应付票据的会计分录为：

借：应付票据

　贷：应付账款

若收、付款单位经协商，继续采用商业承兑汇票方式进行结算，需要开出新的商业承兑汇票，编制如下会计分录：

借：应付账款

　贷：应付票据

同时，在“应付票据备查簿”中加以记录。

付款单位对于其无力支付票据的罚款，应根据其开户银行转来的罚款凭证，做营业外支出处理。其会计分录为：

借：营业外支出

　贷：银行存款

（二）商业承兑汇票收款业务

1. 收到商业承兑汇票

当收款单位收到经付款单位承兑的商业承兑汇票后，应据此编制转账凭证进行反映，其会计分录为：

借：应收票据

　贷：主营业务收入

　　　应交税费——应交增值税（销项税额）

同时，出纳人员据此登记“应收票据备查簿”，逐项填写备查簿中汇票的种类、交易合同号、签发日期、到期日期、汇票金额、承兑人等内容。

2. 商业承兑汇票兑付

收款单位按规定办理收款手续后，根据其开户银行的收账通知，编制银行存款收款凭证，其会计分录如下：

借：银行存款

　贷：应收票据

同时，在“应收票据备查簿”上登记收款日期和金额，并在注销栏内予以注销。

3. 商业承兑汇票到期，付款单位无力支付票款

对于因付款方无力支付到期的商业汇票，收款单位应根据其开户银行转来的付款单位

退回的商业承兑汇票，编制转账凭证，其会计分录为：

借：应收账款

　贷：应收票据

若收、付款单位经协商，继续采用商业承兑汇票方式进行结算，应收取开出的新的商业承兑汇票，编制如下会计分录：

借：应收票据

　贷：应收账款

同时，在“应收票据备查簿”中加以记录。

如果付款单位确实无法支付该笔账款，则收款单位应把该笔账款作为坏账损失。其会计分录为：

借：坏账准备或管理费用

　贷：应收账款

例 5-14

2018 年 3 月 20 日，蓝湖公司和佳达公司签订一份原材料购货合同，双方商定以商业承兑汇票进行结算，当即由购货方蓝湖公司开出并承兑商业承兑汇票一张，期限为两个月，票面上的价款为 40 000 元，增值税税额为 6 400 元。

(1) 签订购销合同，签发商业汇票时：

付款方蓝湖公司开出商业承兑汇票，并凭汇票第一联编制如下会计分录：

借：材料采购	40 000	
应交税费——应交增值税（进项税额）	6 400	
贷：应付票据		46 400

收款方佳达公司销售商品，收到商业承兑汇票第二联后编制如下会计分录：

借：应收票据	46 400	
贷：主营业务收入		40 000
应交税费——应交增值税（销项税额）		6 400

(2) 两个月后，商业承兑汇票兑付：

付款方蓝湖公司到期根据开户银行送来的委托收款凭证和商业承兑汇票第二联编制如下会计分录：

借：应付票据	46 400	
贷：银行存款		46 400

收款方佳达公司到期将商业承兑汇票第二联送交其开户银行委托银行收款后，根据银行的收账通知编制如下会计分录：

借：银行存款	46 400	
贷：应收票据		46 400

(三) 银行承兑汇票付款业务

1. 银行承兑汇票的签发

银行承兑汇票的承兑申请单位向银行办理承兑，需要缴纳银行承兑手续费。按照现行规定，银行承兑手续费按银行承兑汇票票面金额的 0.1%计收，每笔手续费不足 10 元的，按10元计收。其会计分录：

借：财务费用

　贷：银行存款（或库存现金）

2. 银行承兑汇票的寄交使用

付款单位向收款单位购货，将已经过银行承兑的商业汇票第二联、第三联寄交给收款单位，以便收款单位到期收款或背书转让。付款单位寄交汇票后，编制转账凭证予以反映，其会计分录为：

借：材料采购

　　应交税费——应交增值税（进项税额）

　贷：应付票据

同时，出纳人员登记“应付票据备查簿”。

3. 银行承兑汇票到期，付款单位无款支付

付款单位签发了银行承兑汇票后，根据银行承兑协议的规定，应于汇票到期前将票款足额地交存其开户银行（即承兑银行），以便承兑银行于汇票到期时将款项划拨给收款单位或贴现银行。付款单位若无款支付到期的银行承兑汇票，应根据银行转来的特种转账传票编制如下会计分录：

借：应付票据

　贷：短期借款

（四）银行承兑汇票收款业务

1. 收到银行承兑汇票

当收款单位收到经银行承兑的银行承兑汇票后，会计处理与商业承兑汇票相同，即编制转账凭证进行反映，其会计分录为：

借：应收票据

　贷：主营业务收入

　　应交税费——应交增值税（销项税额）

2. 收款单位委托银行收款

在汇票到期日，收款单位应填制一式两联的银行进账单，并在银行承兑汇票第二联、第三联背面加盖预留银行印鉴，之后将它们一起送交其开户银行，委托银行收款。开户银行的会计部门按规定对银行承兑汇票进行审查，无误后，将第一联进账单加盖“转讫”章交收款单位作为收账通知，同时将款项划归收款单位银行存款账户内。收款单位根据收账通知单编制如下会计分录：

借：银行存款

　贷：应收票据

如果汇票到期，承兑申请人（即付款人）无款支付或款项不足支付，首先，承兑银行将按承兑协议约定继续把款项划归收款人账户上。同时，将不足支付的票款转作付款单位的逾期贷款，每天计收罚息。按规定，付款人无款支付，其承兑银行将开出一张特种转账传票，在传票的“转账原因”栏中注明“××汇票无款支付转作逾期贷款户”字样并加盖银行业务章。付款人存款不足支付，其承兑银行将开出两张特种传票，在其中一张的“转账原因”栏内注明“××汇票因存款不足，未付部分转作逾期贷款户”，另一张的“转账

原因”栏中注明“××汇票已支付部分款项”。

（五）商业汇票贴现

商业汇票持有人将未到期的商业汇票交给银行，向银行申请贴现，银行经审核无误后，按规定计算并在贴现凭证上填写贴现率、贴现息和实付贴现金额。

贴现率是国家规定的月贴现率；贴现息是指汇票持有人向银行申请贴现面额付给银行的贴现利息；实付贴现金额是指汇票金额（即贴现金额）减去应付贴现息后的净额，即汇票持有人办理贴现后实际得到的款项。

按照规定，贴现息应根据贴现金额、贴现天数（自银行向贴现单位支付贴现票款日起至汇票到期日前一天止的天数）和贴现率计算求得。相关计算公式如下：

贴现息＝贴现金额×贴现天数×日贴现率

日贴现率＝月贴现率÷30

贴现金额＝贴现金额－贴现息

贴现单位根据银行填写的贴现率、贴现息和实付贴现金额的贴现凭证（第四联）编制如下会计分录：

借：银行存款

　　财务费用

　贷：应收票据

汇票到期，如果付款单位有存款足额支付票款，收款单位应于贴现银行收到票款后将应收票据在备查簿中注销。

当付款单位存款不足、无力支付到期商业承兑汇票时，贴现银行将商业承兑汇票退还给贴现单位，并开出特种转账传票，并在“转账原因”栏中注明“未收到××号汇票款，贴现款已从你账户收取”字样，从贴现单位银行账户直接划转已贴现票款。贴现单位收到银行退回的商业承兑汇票和特种转账传票时，凭特种转账传票编制银行存款付款凭证，同时立即向付款单位追索票款。其会计分录为：

借：应收账款——××单位

　贷：银行存款

如果贴现单位账户存款不足，贴现银行将贴现票款转作逾期贷款，退回商业承兑汇票，并开出特种转账传票，在“转账原因”栏中注明“贴现已转作逾期贷款”字样，贴现单位据此编制转账凭证，其会计分录为：

借：应收账款——××单位

　贷：短期借款

四、商业汇票结算应注意的问题

（1）使用商业汇票结算的单位必须是在银行开立账户的企业法人。

（2）签发商业汇票必须以合法的商品交易为基础，禁止签发无商品交易的汇票。

（3）商业汇票收款的提示付款期限为自汇票到期日起 10 天，商业承兑汇票付款人在收到开户银行的付款通知后，应在当日通知银行付款。付款人在接到银行通知日的次日起 3 日内未通知银行付款的，视同付款人承诺付款，银行于付款人接到通知日的次日起第 4 日上午开始营业时，将款项划给持票人。

第六节　委托收款结算业务办理

一、委托收款结算认知

（一）委托收款结算的适用范围与分类

委托收款是收款人向银行提供收款依据，委托银行向付款人收取款项的结算方式。根据凭证传递方式的不同，可分为委邮和委电两种，由收款人选用。

凡在银行和其他金融机构开立账户的单位和个体经营户的商品交易，公用事业单位向用户收取水电费、邮电费、燃气费、公房租金等劳务款项以及其他应收款项，无论是在同城还是在异地，均可使用委托收款结算方式。

（二）委托收款结算的基本规定

（1）委托收款不受金额起点限制，均可采用委邮或委电结算方式。

（2）委托收款的付款期为 3 天，从付款人开户银行发出付款通知的次日算起，付款期内遇节假日顺延。付款人在付款期内未向银行提出异议，银行视作同意付款，并在付款期满的次日开始营业时，将款项主动划给收款人。如在付款期满前，付款人通知银行提前付款，银行将即刻划款。

（3）拒绝付款的规定。付款人收到银行转来的付款通知后，如发现款项有误，对收款人委托收取的款项需要全部拒绝付款的，应在付款期内填制“委托收款结算全部（部分）拒绝付款理由书”（见图 5－65），并加盖预留银行印鉴，连同有关单证送交开户银行，银行不负责审查拒付理由，将拒绝付款理由书和有关凭证及单证寄给收款人开户银行转交收款人。需要部分拒绝付款的，应在付款期内出具“委托收款结算部分拒绝付款理由书”，并加盖预留银行印鉴，送交开户银行，银行办理部分划款，并将部分拒绝付款理由书寄给收款人开户银行转交收款人。

委托收款结算全部（部分）拒绝付款理由书

拒付日期　　年　月　日　　　　　　原委收号码

收款人	全称				付款人	名称			
	账号					账号			
	开户银行		行号			开户银行		行号	
委收金额		拒付金额			部分付款金额	千 百 十 万 千 百 十 元 角 分			
附寄单证	张	部分付款金额（大写）							
拒付理由：　付款人盖章									

图 5－65　拒绝付款理由书

（4）无款支付的规定。付款人在付款期满日、银行营业终了前，如无足够资金支付全部款项，即为无款支付。银行于次日上午开始营业时，通知付款人将有关单证（单证已做账务处理的，付款人可填制“应付款项证明书”，见图 5－66）在两天内退回开户银行，银行将有关结算凭证连同单证或“应付款项证明书”退回收款人开户银行转交收款人。

应付款项证明书

年　月　日　　　　　　　　　第　　号

收款人名称		付款人名称	
单证名称		单证编号	
单证日期		单证内容	
单证未退回原因：	我单位应付款项： 人民币（大写） 付款人盖章		

图 5-66　应付款项证明书

付款人逾期不退回单证的，开户银行应按照委托收款的金额自发出通知的第 3 天起，每天处以 5‰但不低于 50 元的罚金，并暂停付款人委托银行向外办理结算业务，直到退回单证为止。

二、委托收款结算业务程序

委托收款结算业务程序见图 5-67。

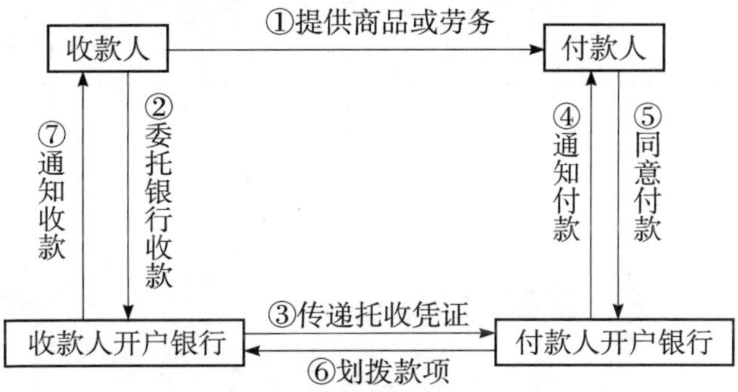

图 5-67　委托收款结算业务程序

（一）委邮结算业务程序

1. 收款人办理托收

收款人委托本单位开户银行收款时，应填写委托收款凭证一式五联（见图 5-68～图 5-72），连同有关收款单据送交开户银行。经开户银行审查无误后，将第一联回单加盖印章后退给收款人，留下第二联作收款凭证，将第三、四、五联交给付款人。

委 托 收 款 凭 证（贷方凭证）　　**1**　　委托号码：

委邮

委托日期　　年　　月　　日

<table>
<tr><td rowspan="3">付款人</td><td>全　称</td><td colspan="3"></td><td rowspan="3">收款人</td><td>全　称</td><td colspan="10"></td></tr>
<tr><td>账　号</td><td colspan="3"></td><td>账　号</td><td colspan="10"></td></tr>
<tr><td>开户银行</td><td colspan="3"></td><td>开户银行</td><td colspan="4"></td><td colspan="3">行号</td><td colspan="3"></td></tr>
<tr><td colspan="2" rowspan="2">委托金额</td><td colspan="5" rowspan="2">人民币
（大写）</td><td>千</td><td>百</td><td>十</td><td>万</td><td>千</td><td>百</td><td>十</td><td>元</td><td>角</td><td>分</td></tr>
<tr><td></td><td></td><td></td><td></td><td></td><td></td><td></td><td></td><td></td><td></td></tr>
<tr><td colspan="2">款项内容</td><td></td><td>收款凭证名称</td><td colspan="3"></td><td colspan="5">单据张数</td><td colspan="5"></td></tr>
<tr><td colspan="3">备注：</td><td colspan="4">款项收妥日期
年　月　日</td><td colspan="10">收款人开户行盖章
年　月　日</td></tr>
</table>

图 5-68　委托收款凭证第一联

委托收款凭证（贷方凭证） 2 委托号码：

委邮

委托日期 年 月 日

<table>
<tr><td rowspan="3">付款人</td><td>全称</td><td colspan="2"></td><td rowspan="3">收款人</td><td>全称</td><td colspan="12"></td></tr>
<tr><td>账号</td><td colspan="2"></td><td>账号</td><td colspan="12"></td></tr>
<tr><td>开户银行</td><td colspan="2"></td><td>开户银行</td><td colspan="4"></td><td colspan="3">行号</td><td colspan="5"></td></tr>
<tr><td colspan="2" rowspan="2">委托金额</td><td colspan="4" rowspan="2">人民币
（大写）</td><td>千</td><td>百</td><td>十</td><td>万</td><td>千</td><td>百</td><td>十</td><td>元</td><td>角</td><td>分</td></tr>
<tr><td></td><td></td><td></td><td></td><td></td><td></td><td></td><td></td><td></td><td></td></tr>
<tr><td colspan="2">款项内容</td><td></td><td>收款凭证名称</td><td colspan="2"></td><td colspan="5">单据张数</td><td colspan="5"></td></tr>
<tr><td colspan="3">备注：</td><td colspan="3">上列委托收款随附有关单证，请予以办理。

收款人盖章</td><td colspan="10">科目（贷）______
对方科目（借）______
转账____年____月____日
复核 记账</td></tr>
</table>

收款人开户行收到日期 年 月 日

图 5-69 委托收款凭证第二联

委托收款凭证（借方凭证） 3 委托号码：

委邮

委托日期 年 月 日 付款期限 年 月 日

<table>
<tr><td rowspan="3">付款人</td><td>全称</td><td colspan="2"></td><td rowspan="3">收款人</td><td>全称</td><td colspan="12"></td></tr>
<tr><td>账号</td><td colspan="2"></td><td>账号</td><td colspan="12"></td></tr>
<tr><td>开户银行</td><td colspan="2"></td><td>开户银行</td><td colspan="4"></td><td colspan="3">行号</td><td colspan="5"></td></tr>
<tr><td colspan="2" rowspan="2">委托金额</td><td colspan="4" rowspan="2">人民币
（大写）</td><td>千</td><td>百</td><td>十</td><td>万</td><td>千</td><td>百</td><td>十</td><td>元</td><td>角</td><td>分</td></tr>
<tr><td></td><td></td><td></td><td></td><td></td><td></td><td></td><td></td><td></td><td></td></tr>
<tr><td colspan="2">款项内容</td><td></td><td>收款凭证名称</td><td colspan="2"></td><td colspan="5">单据张数</td><td colspan="5"></td></tr>
<tr><td colspan="3">备注：</td><td colspan="3">收款人开户行盖章
年 月 日</td><td colspan="10">科目（贷）______
对方科目（借）______
转账____年____月____日
复核 记账</td></tr>
</table>

付款人开户行收到日期 年 月 日

图 5-70 委托收款凭证第三联

委托收款凭证（收账通知） 4 委托号码：

委邮

委托日期 年 月 日 付款期限 年 月 日

<table>
<tr><td rowspan="3">付款人</td><td>全称</td><td colspan="2"></td><td rowspan="3">收款人</td><td>全称</td><td colspan="12"></td></tr>
<tr><td>账号</td><td colspan="2"></td><td>账号</td><td colspan="12"></td></tr>
<tr><td>开户银行</td><td colspan="2"></td><td>开户银行</td><td colspan="4"></td><td colspan="3">行号</td><td colspan="5"></td></tr>
<tr><td colspan="2" rowspan="2">委托金额</td><td colspan="4" rowspan="2">人民币
（大写）</td><td>千</td><td>百</td><td>十</td><td>万</td><td>千</td><td>百</td><td>十</td><td>元</td><td>角</td><td>分</td></tr>
<tr><td></td><td></td><td></td><td></td><td></td><td></td><td></td><td></td><td></td><td></td></tr>
<tr><td colspan="2">款项内容</td><td></td><td>收款凭证名称</td><td colspan="2"></td><td colspan="5">单据张数</td><td colspan="5"></td></tr>
<tr><td colspan="6">备注：</td><td colspan="12">上列款项：
1. 已全部划回收入你账户。
2. 全部未收到。
收款人开户行盖章
年 月 日</td></tr>
</table>

单位主管 会计 复核 记账 付款人开户行收到日期 年 月 日

支付日期 年 月 日

图 5-71 委托收款凭证第四联

委托收款凭证（付款通知）　5　委托号码：

委邮　　委托日期　年　月　日　　付款期限　年　月　日

<table>
<tr><td rowspan="3">付款人</td><td>全　称</td><td colspan="3"></td><td rowspan="3">收款人</td><td>全　称</td><td colspan="10"></td></tr>
<tr><td>账　号</td><td colspan="3"></td><td>账　号</td><td colspan="10"></td></tr>
<tr><td>开户银行</td><td colspan="3"></td><td>开户银行</td><td colspan="3"></td><td colspan="3">行号</td><td colspan="4"></td></tr>
<tr><td colspan="2" rowspan="2">委托金额</td><td colspan="5" rowspan="2">人民币
（大写）</td><td>千</td><td>百</td><td>十</td><td>万</td><td>千</td><td>百</td><td>十</td><td>元</td><td>角</td><td>分</td></tr>
<tr><td></td><td></td><td></td><td></td><td></td><td></td><td></td><td></td><td></td><td></td></tr>
<tr><td colspan="2">款项内容</td><td></td><td>收款凭证名称</td><td colspan="3"></td><td colspan="5">单据张数</td><td colspan="5"></td></tr>
<tr><td colspan="5">备注：</td><td colspan="12">付款人注意：
1. 应于见票当日通知开户行划款。
2. 如需拒付，应在规定期限内，将拒付理由书并附债务证明退交开户行。</td></tr>
</table>

单位主管　会计　复核　记账　付款人开户行盖章　年　月　日

图 5-72　委托收款凭证第五联

2. 付款人付款

当付款人同意付款或付款期满后，付款银行根据三联支款凭证作付款处理，并编制邮划代收报单，连同第四联邮寄给收款人开户银行。收款人开户银行收到付款银行邮寄来的第四联凭证和代收报单后，经核实予以转账，并将第四联收款通知交给收款人。

3. 付款人拒付

若付款人拒绝付款，按规定程序办理，付款人拒付款部分不作账务处理。

（二）委电结算业务程序

委电结算业务程序与委邮结算业务基本相同，其区别在于收款通知传递的方式不同，当付款人同意付款后，付款银行将编制电划代收报单，采用发报的方式，通知收款银行收款。委电凭证格式与委邮凭证相同，只是具有“委电”字样。

三、委托收款结算账务处理

（一）委托收款结算的收款业务

委托收款结算的收款流程见图 5-73。

收款单位的出纳人员在认真、逐项地填制好委托收款凭证后在第二联上加盖单位印章，连同委托收款的依据（如发票、运单等）一并送交其开户银行。

收款单位的开户银行在收到收款单位送交的有关单证后，按照委托收款的有关规定和凭证填写的有关要求进行认真的审查。审查无误后，受理委托收款业务，在委托收款凭证第一联上加盖业务专用公章后退给收款单位，并收取一定的手续费和邮电费。

收款单位财务部门根据其开户银行盖章退回的委托收款凭证第一联和发票、装运单据等有关原始凭证编制记账凭证。其会计分录为：

借：应收账款——××单位

　贷：主营业务收入

　　　应交税费——应交增值税（销项税额）

对于提供劳务的业务，在委托收款时，根据银行盖章退回的委托收款凭证第一联，同样编制借记“应收账款——××单位”账户、贷记“其他业务收入”等账户的记账凭证。

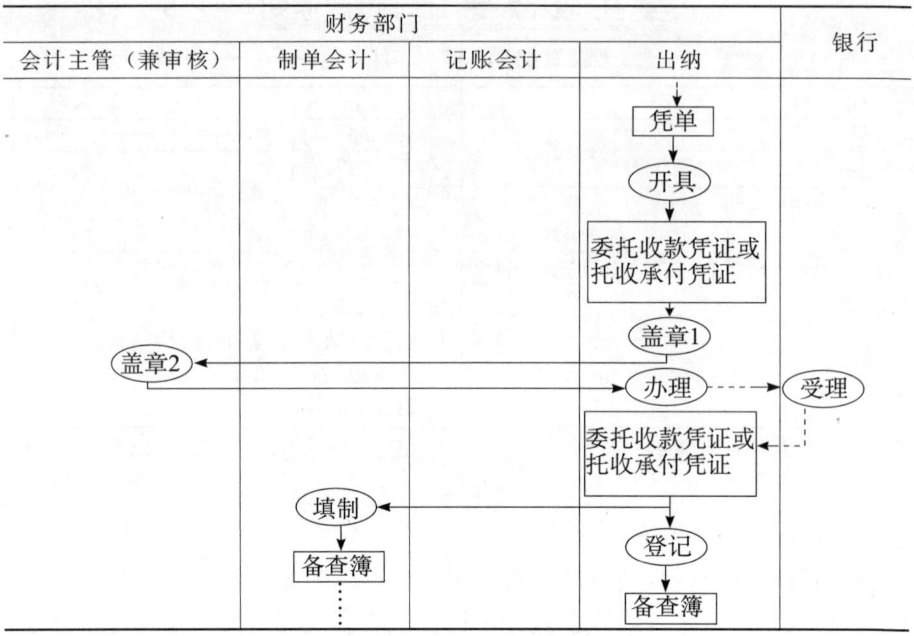

图 5-73 委托收款结算的收款流程

例 5-15

佳达公司向蓝湖公司销售一批产品，价款为 300 000 元，应交增值税为 48 000 元，采用委托收款的方式结算。

(1) 佳达公司发出产品后，提供发票、发运单等凭证向银行办理委托收款手续，收到银行盖章退回的委托收款凭证第一联，并根据有关原始凭证编制转账凭证。其会计分录为：

借：应收账款——蓝湖公司　　348 000

　贷：主营业务收入　　300 000

　　　应交税费——应交增值税（销项税额）　　48 000

(2) 用现金缴纳银行手续费 5 元，编制如下会计分录：

借：财务费用　　5

　贷：库存现金　　5

(二) 委托收款结算的付款业务

付款单位根据银行转来的委托收款凭证第五联及有关单证编制银行存款付款凭证，贷记“银行存款”账户，借方账户根据业务性质而定。其会计分录为：

借：材料采购等

　贷：银行存款

例 5-16

承例 5-15，蓝湖公司付款时编制如下会计分录：

借：材料采购　　300 000

应交税费——应交增值税（进项税额） 48 000
贷：银行存款 348 000

（三）委托收款结算的拒绝付款业务

付款单位收到银行盖章退回的“委托收款结算全部（部分）拒绝付款理由书”第一联后，对于全部拒绝付款的，因未引起资金增减变动，不必编制记账凭证和登记账簿，只需将拒绝付款理由书妥善保管以备查，并在“委托收款登记簿”上登记全部拒付情况。如果在拒付时，收款方的货物已收到，则应在“代管物资登记簿”中进行登记，并标明拒付情况。对于部分拒付的，根据银行盖章退回的拒绝付款理由书第一联，按照实际支付金额编制银行存款付款凭证，其会计分录与全部付款的会计分录相同。

例 5－17

承例 5－15，若蓝湖公司收到银行转来的佳达公司委托收款凭证及有关单证后，经审查发现多出货款 50 000 元，相应的增值税多计 8 000 元。填写拒绝付款理由书，对多计部分拒付。根据银行盖章退回的拒绝付款理由书第一联，按实际支付货款编制如下会计分录：

借：材料采购 250 000
应交税费——应交增值税（进项税额） 40 000
贷：银行存款 290 000

佳达公司收到开户银行转来的蓝湖公司的拒绝付款理由书和委托收款凭证第四联等单证后，应立即与付款单位取得联系，协商解决。同时，对已确定的拒付部分，应做销售收入减少和应收账款减少的会计核算，其会计分录为：

借：主营业务收入 50 000
应交税费——应交增值税（销项税额） 8 000
贷：应收账款 58 000

例 5－18

承例 5－15，若蓝湖公司认为佳达公司委托收款凭证上记载的产品单价与合同记载不同，全部拒付，则佳达公司根据其开户银行转来的拒绝付款理由书及有关凭证，编制如下会计分录：

借：主营业务收入 300 000
应交税费——应交增值税（销项税额） 48 000
贷：应收账款——蓝湖公司 348 000

若佳达公司对该项销售业务已结转了成本，还应冲回已结转的成本。

（1）若成本为 200 000 元，佳达公司结转成本的会计分录为：

借：主营业务成本 200 000
贷：库存商品 200 000

（2）已结转成本转回的会计分录与（1）正相反。

如果经过协商，收款单位可以用其他产品替换原产品，或者给予对方一定的销售折让，则收款单位冲减原有销售收入，重新办理托收手续，按照新的托收凭证进行会计处理。对于给予销售折让的情况，也可在原有会计处理的基础上进行调整，减少销售收入。

例5-19

承例5-18，在蓝湖公司全部拒付的情况下，佳达公司与之协商，同意给蓝湖公司10%的销售折让，蓝湖公司收下货物。这时，佳达公司应重新办理委托收款手续，并对以前的会计核算进行修正。佳达公司根据新的委托收款凭证及有关折让的规定，在保持原有销售记录的基础上，冲减折让部分的销售收入及增值税，其会计分录为：

借：主营业务收入　30 000

　　应交税费——应交增值税（销项税额）　4 800

　贷：应收账款——蓝湖公司　34 800

（四）无款支付

如果付款单位无款支付，而货物已到，则会计人员编制如下会计分录：

借：材料采购等

　贷：应付账款——××单位

如果付款单位银行存款账户内款项不足，但已支付部分货款，则会计人员根据已付款的金额编制如下会计分录：

借：材料采购等

　贷：银行存款

按未付款金额编制如下会计分录：

借：材料采购

　贷：应付账款——××单位

收款单位收到开户银行转来的委托收款凭证、无款支付通知书等有关单证后，应立即与付款单位取得联系，协商解决办法。对于部分付款的，应于收到款项时作银行存款的收款记录，对于未收到的部分暂时保存在应收账款中，对于无款支付的，也暂时保存在应收账款中。

四、委托收款结算应注意的问题

（1）收款人委托银行收款时，应根据划款快慢的需要选择委电或委邮结算方式。凭证的付款人全称、账号或地址、开户银行等内容要填写清楚，连同有关收款凭证向本单位开户银行办理托收手续。

（2）付款人收到银行转来的付款通知后，应及时查明是否为本单位应付款项、款项的金额是否有误，并在付款期内决定是否予以承付。对应拒付的款项，要在付款期内及时填制拒绝付款理由书，连同付款通知一起交开户银行办理拒付手续。

（3）收付款双方在结算过程中发生纠纷时，应由收付款双方共同协商解决，或申请仲裁机关裁决，银行不负责监督扣款和拒绝付款。

第七节　托收承付结算业务办理

一、托收承付结算认知

（一）托收承付结算的概念及分类

托收承付结算，是销货单位根据合同发货后，委托银行向购货单位收取货款，购货单位根据合同核对单证或验货后，向银行承认付款的一种结算方式。托收承付结算款项的划回方法，分为邮寄和电报两种。

（二）托收承付结算的适用范围

托收承付结算方式只适用于异地签有经济合同的商品交易及相关劳务款项的结算。可见，该结算办法的最大特点是其适用范围受到严格的限制。

(1) 收款单位和付款单位必须是异地国有企业、供销合作社以及经营管理较好，并经开户银行审查同意的城乡集体所有制工业企业。

(2) 若收付款双方使用托收承付结算方式，必须签有符合我国《合同法》的购销合同，并在合同上订明使用托收承付结算方式。

(3) 办理托收承付结算的款项，必须是商品交易货款，以及因商品交易而产生的劳务供应的款项。代销、寄销、赊销商品的款项，不得使用托收承付结算方式。

(4) 采用托收承付结算方式，每笔的金额起点为 1 万元。新华书店系统每笔的金额起点为1 000元。

（三）托收承付结算的基本规定

托收承付结算方式分为托收与承付两个阶段。

托收是指销货单位（即收款单位）委托其开户银行收取款项的行为。办理托收时，必须具有符合《合同法》规定的合同，并在合同上注明使用托收承付结算方式和遵守发货结算的原则。所谓发货结算，是指收款方按照合同发货，并取得货物发运证明后，方可向开户银行办理托收手续。

承付是指购货单位（即付款单位）在承付期限内，向银行承认付款的行为。承付方式有两种，即验单承付和验货承付。

验单承付是指付款方接到其开户银行转来的承付通知和相关凭证，并与合同核对相符后，就必须承认付款的结算方式。验单承付的承付期为 3 天，从付款人开户银行发出承付通知的次日算起，遇节假日顺延。

验货承付是指付款单位除了验单外，还要等商品全部运达并验收入库后才承付货款的结算方式。验货承付的承付期为 10 天，从承运单位发出提货通知的次日算起，遇法定节假日顺延。

付款方若在验单或验货时发现货物的品种、规格、数量、质量、价格等与合同规定不符，可在承付期内提出全部或部分拒付的意见，并填写“拒绝承付理由书”送交其开户银行审查，办理拒付手续。应注意，拒付货款的商品为对方所有，必须妥善为其保管。付款人在承付期内未向开户银行提出异议，银行做默认承付处理，在承付期满的次日上午将款项从付款方账户划转到收款方账户。

付款方在承付期满后，如果其银行账户内没有足够的承付货款，其不足部分作延期付款处理。付款方要按延期付款部分的一定比例支付给收款方赔偿金。待付款方账户内有款支付时，由付款方开户银行将欠款及赔偿金一并划转给收款人。

二、托收承付结算业务程序

托收承付结算业务程序见图 5－74，与委托收款结算方式基本相同。

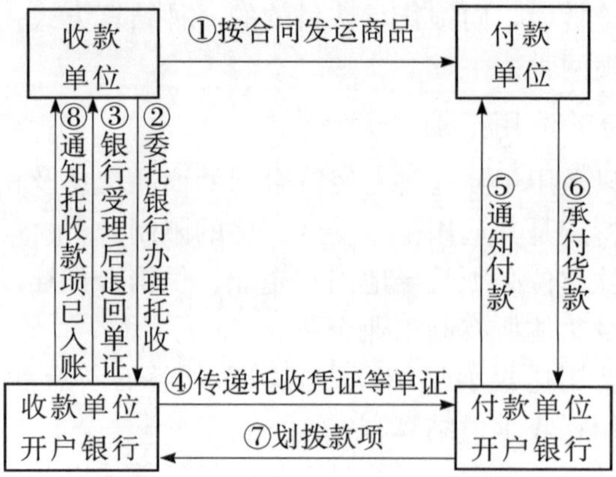

图 5-74　托收承付结算业务程序

（一）托收

收款单位委托开户银行收款时，应填制银行印制的一式五联托收承付凭证（见图 5-75～图 5-79），连同购销合同、已发货的货物发运证件等交开户银行办理托收。

托 收 承 付 凭 证（回单）　　1　托收号码

邮

委托日期（大写）　年　月　日　　到期　年　月　日

付款人	全　称		收款人	全　称		
	账　号			账　号		
	开户银行			开户银行		行号	
托收金额	人民币（大写）				千 百 十 万 千 百 十 元 角 分	
附　件		商品发运情况		合同名称号码		
附寄单证张数或册数						
备注：		款项收妥日期　年　月　日		收款人开户行盖章　年　月　日		

单位主管　　会计　　复核　　记账

图 5-75　托收承付凭证第一联

托 收 承 付 凭 证（贷方凭证）　　2　托收号码

邮

委托日期（大写）　年　月　日　　到期　年　月　日

付款人	全　称		收款人	全　称		
	账　号			账　号		
	开户银行			开户银行		行号	
托收金额	人民币（大写）				千 百 十 万 千 百 十 元 角 分	
附　件		商品发运情况		合同名称号码		
附寄单证张数或册数						
备注：		本托收款项随附有关单证等，请予以办理托收。 收款人签章		科目（贷）____ 对方科目（借）____ 转账日期____年____月____日 复核　记账		

收款人开户行收到日期　年　月　日

图 5-76　托收承付凭证第二联

托收承付凭证（借方凭证）　　3　托收号码

邮

委托日期（大写）　年　月　日　　到期　年　月　日

付款人	全称		收款人	全称	
	账号			账号	
	开户银行			开户银行	行号
托收金额	人民币（大写）				千 百 十 万 千 百 十 元 角 分
附件		商品发运情况		合同名称号码	
附寄单证张数或册数					
备注：		银行意见 收款人开户行盖章 年　月　日		科目（借）＿＿＿＿ 对方科目（贷）＿＿＿＿ 转账＿＿年＿＿月＿＿日 复核　　记账	

付款人开户行收到日期　年　月　日

图 5-77　托收承付凭证第三联

托收承付凭证（收账通知）　　4　托收号码

邮

委托日期（大写）　年　月　日　　到期　年　月　日

付款人	全称		收款人	全称	
	账号			账号	
	开户银行			开户银行	行号
托收金额	人民币（大写）				千 百 十 万 千 百 十 元 角 分
附件		商品发运情况		合同名称号码	
附寄单证张数或册数					
备注：		本托收款项已由付款人开户行全额划回并收入你账户内。 收款人开户行签章 年　月　日		科目＿＿＿＿ 对方科目＿＿＿＿ 转账＿＿年＿＿月＿＿日 单位主管　复核　记账　会计	

付款人开户行收到日期　年　月　日　支付日期　年　月　日

图 5-78　托收承付凭证第四联

托收承付凭证（承付、支款通知）　　5　托收号码

邮

委托日期（大写）　年　月　日　　到期　年　月　日

付款人	全称		收款人	全称	
	账号			账号	
	开户银行			开户银行	行号
托收金额	人民币（大写）				千 百 十 万 千 百 十 元 角 分
附件		商品发运情况		合同名称号码	
附寄单证张数或册数					
备注：		付款人注意： 1. 根据支付结算办法，上列托收款项，在承付期内未承付时即视同全部承付。按票面金额支付即以此联代付款通知，如遇延付或部分支付时，再由银行另送付款通知。 2. 如需提前承付或多承付，应另写书面通知送银行办理。 3. 如全部或部分拒付，应在承付期内另填拒付理由书送银行办理。			

单位主管　会计　复核　记账　付款人开户行盖章　年　月　日

图 5-79　托收承付凭证第五联

（二）承付

付款单位接到银行转来的托收承付凭证后，在承付期内审查核对，安排资金。付款单位在承付期内，未向银行表示拒绝付款，银行即视作承付，并在承付期满的次日（遇法定节假日顺延）上午银行开始营业时，将款项从付款单位的账户内划出，并按收款单位指定的划款方式划给收款单位。

（三）拒付

1. 拒付理由

采用托收承付结算方式，按照规定，付款单位不得无理由拒付。但在承付期内，如出现以下情况，可向银行提出全部或部分拒绝付款：

（1）没有签订购销合同或购销合同未订明托收承付结算方式的款项。

（2）未经双方事先达成协议，收款单位提前交货或因逾期交货付款单位不再需要该项货物的款项。

（3）未按合同规定的到货地址发货的款项。

（4）代销、寄销、赊销商品的款项。

（5）验单付款，发现所列货物的品种、规格、数量、价格与合同规定不符，或货物已到，经查验货物与合同规定或发货清单不符的款项。

（6）验货付款，经查验货物与合同规定或与发货清单不符的款项。

（7）货款已经支付或计算有错误的款项。

付款单位的开户银行要对拒付理由进行审查，拒付理由不属于上述情况的，付款单位不得向银行提出拒绝付款。

2. 拒付的办理

付款单位接到银行转来的托收承付凭证，在承付期内审查发现有符合拒绝付款条件的，应在付款期内填写“托收承付拒付理由书”（见图 5－80～图 5－83）并签章，连同开户银行转来的有关单证送开户银行。拒绝付款理由书应注明拒绝付款理由，涉及合同的，应引证合同上的有关条款；属于商品质量问题的，需要提供商品检验部门的检验证明；属于商品数量问题的，需要提供说明数量问题的证明及有关数量的记录。开户银行必须认真审查拒绝付款理由书，查验合同。对于付款人提出拒绝付款的手续不全、依据不足、理由不符合规定和不属于上述七种拒绝付款情况的，以及超过承付期拒付和应当部分拒付转为全部拒付的，银行均不得受理，应实行强制扣款。银行同意部分或全部拒绝付款的，应在拒绝付款理由书上签署意见。部分拒绝付款的，除办理部分付款外，应将拒绝付款理由书连同拒付证明和拒付商品清单邮寄收款人开户银行转交收款人。全部拒绝付款的，应将拒绝付款理由书连同拒付证明和有关单证邮寄收款人开户银行转交收款人。

托收承付拒付理由书（回单或付款通知） 1

拒付日期 年 月 日　　原托收号码：

付款人	全 称				收款人	全 称			
	账 号					账 号			
	开户银行		行号			开户银行		行号	
托收金额			拒付金额		部分付款金额	千 百 十 万 千 百 十 元 角 分			
附寄单证	张		部分付款金额（大写）						
拒付理由： 付款人盖章									

图 5-80 托收承付拒付理由书第一联

托收承付拒付理由书（借方凭证） 2

拒付日期 年 月 日　　原托收号码：

付款人	全 称				收款人	全 称			
	账 号					账 号			
	开户银行		行号			开户银行		行号	
托收金额			拒付金额		部分付款金额	千 百 十 万 千 百 十 元 角 分			
附寄单证	张		部分付款金额（大写）						
拒付理由： 付款人盖章						科目（借）______ 对方科目（借）______ 转账___年___月___日 复核 记账			

图 5-81 托收承付拒付理由书第二联

托收承付拒付理由书（贷方凭证） 3

托付日期 年 月 日　　原托收号码：

付款人	全 称				收款人	全 称			
	账 号					账 号			
	开户银行		行号			开户银行		行号	
托收金额			拒付金额		部分付款金额	千 百 十 万 千 百 十 元 角 分			
附寄单证	张		部分付款金额（大写）						
拒付理由： 付款人盖章						科目（贷）______ 对方科目（借）______ 转账___年___月___日 复核 记账			

图 5-82 托收承付拒付理由书第三联

托收承付拒付理由书（回单或付款通知） **4**

拒付日期　　年　　月　　日　　　　原托收号码：

付款人	全　称			收款人	全　称		
	账　号				账　号		
	开户银行		行号		开户银行		行号
托收金额		拒付金额		部分付款金额	千 百 十 万 千 百 十 元 角 分		
附寄单证	张	部分付款金额（大写）					
拒付理由： 付款人盖章							

图 5－83　托收承付拒付理由书第四联

三、托收承付结算账务处理

（一）托收承付结算的收款业务

1. 托收的账务处理

收款单位在收到银行盖章退回的托收承付凭证第一联后，应根据第一联和有关单证编制转账凭证，其会计分录为：

借：应收账款——××单位

　贷：主营业务收入

　　　应交税费——应交增值税（销项税额）

对于收款单位在发运货物时代付款单位垫付的运杂费，应在垫付后凭运杂费单据复印件编制银行存款或现金付款凭证，其会计分录为：

借：应收账款——××单位

　贷：银行存款或库存现金

2. 托收款项收回的账务处理

收款单位根据银行转来的付款单位承付的托收承付结算凭证的收款通知联进行账务处理，其会计分录为：

借：银行存款

　贷：应收账款

3. 付款单位部分付款和无款支付的账务处理

付款单位在承付期满日银行营业终了时，其银行账户内无足够资金支付托收款项，只能部分支付时，银行填制特种转账凭证，收款单位收到开户银行盖章后转来的作为收款通知的特种转账贷方凭证，按照部分划回款项金额编制银行存款收款凭证，其会计分录为：

借：银行存款

　贷：应收账款——××单位

付款期满，付款单位银行账户无款支付时，银行填制“到期未收通知书”一式三联，加盖业务专用章后通知收款单位。收款单位收执，暂不进行账务处理。

4. 拒付的账务处理

收款单位收到银行转来的“拒绝承付理由书”后，应及时与付款单位联系，如果经协商由付款方退回所购货物，则财务部门编制转账凭证，冲销退回货物已入账的销售收入，其会计分录为：

借：主营业务收入

　　应交税费——应交增值税（销项税额）

　贷：应收账款——××单位

同时，对于已退回货物发运时和退回时所承担的运杂费等，也应编制记账凭证，其会计分录为：

借：销售费用

　贷：应收账款（发货时代垫）

　　　银行存款（退货时应付）

如果经过协商由收款单位给予付款单位一定的销售折扣，则可以重新办理托收承付手续，冲减原有销售收入，按照新的托收承付凭证重新确认销售收入，也可以在原有销售收入的基础上进行会计处理。

（二）托收承付结算的付款业务

1. 承付的账务处理

付款单位承付托收款项后，应当根据托收承付凭证第五联及有关交易单证编制银行存款付款凭证，其会计分录如下：

借：材料采购

　　应交税费——应交增值税（进项税额）

　贷：银行存款

2. 逾期付款的账务处理

银行扣付赔偿金时，应填制特种转账凭证，在特种转账借方凭证上加盖业务专用章后送交付款单位，付款单位据此编制银行存款付款凭证，其会计分录为：

借：营业外支出

　贷：银行存款

另外，银行单独扣划逾期付款赔偿金的手续费按每笔1元计，邮电费普通件按每笔1元计，快件按每笔5元计，由付款单位开户银行向付款单位收取。付款单位据此编制银行存款付款凭证，其会计分录为：

借：财务费用

　贷：银行存款或库存现金

收款单位收到银行盖章后转来的特种转账贷方凭证后，按照付款单位转来的滞纳金额，编制银行存款收款凭证，其会计分录为：

借：银行存款

　贷：营业外收入

3. 部分付款和无款支付的账务处理

付款单位在承付期满日银行营业终了时，其银行账户内无足够资金支付托收款项，只能部分支付时，银行将填制特种转账凭证，将特种转账借方凭证加盖业务专用章后交给付款单位作为支款通知，同时通知收款单位开户银行并由其通知收款单位。付款单位收到银行转来的特种转账凭证后，编制如下会计分录：

借：材料采购等

　贷：应付账款——××单位

按照部分支付款项编制银行存款付款凭证，其会计分录为：

借：材料采购等

　贷：银行存款

付款期满，付款单位银行账户无款支付时，银行填制“到期未收通知书”一式三联，加盖业务专用章后寄收款单位开户银行并由其通知收款单位。

付款单位根据承付通知和有关凭证编制转账凭证，其会计分录为：

借：材料采购等

　贷：应付账款——××单位

4. 拒付的账务处理

付款单位收到银行盖章退回的拒绝承付理由书后，如果是全部拒付，由于没有引起其资金的增减变动，因而无须进行会计处理；如果付款单位部分拒付，应根据银行盖章退回的拒绝承付理由书，按照部分承付金额编制银行存款付款凭证，其会计分录为：

借：材料采购等

　贷：银行存款

四、两种托收结算方式的对比

（一）两种托收结算方式的适用地域范围

委托收款结算方式适用范围广泛，无论是同城还是异地，均可使用。托收承付结算方式只适用于异地企业之间有合同的商品交易。

（二）两种托收结算方式的适用业务范围

委托收款结算方式适用范围广泛，凡在银行或其他金融机构开立账户的单位和个人因销售商品、提供劳务，凭已承兑的商业汇票、债券、存单等付款人债务证明办理款项收取时，均可以采用委托收款结算方式。此外，委托收款结算方式还可用于收取电费、电话费等付款人众多、分散的公用事业费等有关款项的结算。它不受单位性质、结算种类，以及是否具有经济合同之类的条件限制，银行亦不承担分期付款和审查拒付的义务。因此，采用这种结算方式，要具有可靠的信用基础，以防止单位不讲信用，随意拒付和找借口拖欠货款。

托收承付结算方式适用范围较窄，使用托收承付结算方式的收款单位和付款单位，必须是异地国有企业、供销合作社以及经营管理较好，并经开户银行审查同意的城乡集体所有制工业企业。收付款双方使用托收承付结算方式必须签有符合我国《合同法》的购销合同，并在合同上订明使用托收承付结算方式。采用托收承付结算方式的款项，必须是因商品交易产生的款项，以及因商品交易而产生的劳务供应款项。代销、寄销、赊销商品的款项，不得使用托收承付结算方式。

（三）两种托收结算方式的金额限制

委托收款结算方式不受金额起点限制，凡是收款单位发生的各种应收款项，不论金额大小，均可委托银行办理。

托收承付结算方式有金额起点要求，托收承付结算方式每笔的金额起点为1万元，新华书店系统每笔的金额起点为1 000元。

(四) 两种托收结算方式的款项划回方式

委托收款结算款项划拨方式可采用邮寄、电报两种，由收款人选用；托收承付结算款项划拨方式可采用邮寄、电报两种，由双方在购销合同中约定。

(五) 两种托收结算方式的开户银行责任

在两种托收结算方式中，银行的作用不一样。采用委托收款结算方式，当付款方无力承付时，银行不负责监督，只要退回单证即可；付款人拒付时，银行不审查理由，由双方自行解决。采用托收承付结算方式，在承付期满时，付款人如无足够资金支付，其不足部分即为逾期未付款，按逾期付款处理，付款人开户银行按每天5‰计算逾期付款赔偿金。付款人拒付时，银行应行使审查责任，并审查拒付方的拒付理由。

两种托收结算方式的业务程序和账务处理基本相同。

第八节　信用卡结算业务办理

一、信用卡结算认知

(一) 信用卡结算的适用范围与分类

信用卡是指商业银行向个人和单位发行的，凭以向特约单位购物、消费以及向银行存取现金且具有消费信用的特制载体卡片。

信用卡按使用对象分为单位卡和个人卡，按信誉等级分为金卡和普通卡。

凡在中国境内金融机构（经中国人民银行批准的发卡机构）开立基本存款账户的单位，可以申请单位卡。单位卡可申请若干张，持卡人由申请单位法定代表人或其委托的代理人书面指定或注销。

(二) 信用卡结算的基本规定

(1) 单位申请信用卡，应按规定填写申请表，经发卡银行核准，持支票和银行进账单及手续费按要求交存一定金额的备用金后，银行为申请单位开立信用卡账户，并发给信用卡。

单位信用卡账户的资金一律从基本存款账户存入。不得交存现金和销货收入的款项，严禁将单位的款项存入个人卡账户。

(2) 信用卡只能用于10万元以下的商品交易、劳务供应的款项结算，但不得支取现金。

发卡银行应建立审批制度，信用卡结算超过规定限额的，必须取得发卡银行的授权。

(3) 信用卡透支额的规定。金卡最高不得超过10 000元，普通卡最高不得超过5 000元。透支期限最长为60天，但不得恶意透支。关于信用卡透支的利息，依《支付结算办法》的规定，自签单日或银行记账日起15日内按日息0.05%计算；超过15日，按日息0.1%计算；超过30日或透支金额超过规定限额的，按日息1.5‰计算。透支计息不分段，按最后期限或最高透支额的最高利率计算。

（4）信用卡仅限于合法持卡人本人使用，不得出租或转借。发卡银行收到代理银行通过同城票据交换系统联行划转的各种单据并审核无误后，为持卡人办理付款或收款业务。

（5）持卡人不需要继续使用信用卡的，应持信用卡主动到发卡银行办理销户手续。

持卡人办理销户手续时，如果账户内还有余额，属于单位卡的，则应将该账户内的余额转入其基本存款账户，不得提取现金；属于个人卡的，可以转账结清，也可以提取现金。

持卡人透支之后，只有在还清透支本息后，在下列情况下，可以办理销户：

1）信用卡有效期满45天后，持卡人不更换新卡的。

2）信用卡挂失满45天后，没有附属卡且不更换新卡的。

3）信用卡被列入止付名单，发卡银行已收回其信用卡45天的。

4）持卡人死亡，发卡银行已收回其信用卡45天的。

5）持卡人要求销户或担保人撤销担保，并已交回全部信用卡45天的。

6）信用卡账户两年以上未发生交易的。

7）持卡人违反其他规定，发卡银行认为应该取消其资格的。发卡银行办理销户时，应当收回信用卡，有效信用卡无法收回的，应当将其止付。

二、信用卡结算业务程序

持卡人持信用卡消费时，应按下述程序进行。

（一）持卡人将信用卡和身份证件一并交特约单位

如果信用卡为智能卡、照片卡，可免验身份证件。特约单位不得拒绝受理持卡人合法持有的、签约银行发行的有效信用卡，不得因持卡人使用信用卡而向其收取附加费用。

（二）特约单位应审查信用卡

特约单位受理信用卡结算业务时，应审查下列事项：

（1）确为本单位受理的信用卡。

（2）信用卡在有效期内，未列入止付名单，没有非正常签名的字样。

（3）签名条上没有“样卡”或“专用卡”等字样。

（4）信用卡无打孔、剪角、毁坏或涂改的痕迹。

（5）持卡人身份证件或卡片的照片与持卡人相符，但使用智能卡、照片卡或持卡人凭密码在销售终端上消费、购物的，可免验身份证件。

（6）卡片正面的拼音姓名与卡片背面的签名、身份证件上的姓名一致。

（三）办理结算手续

特约单位受理信用卡结算业务时，经审查无误后，在签购单上压卡，填写实际结算金额、用途、持卡人身份证件号码、特约单位名称和编号。如超过支付限额的，应向发卡银行索取并填写授权号码，交持卡人签名确认，同时核对其签名与卡片背面签名是否一致。经审查无误后，同意按经办人填写的金额和用途付款的，由持卡人在签购单上签名确认，特约单位将信用卡、身份证件和第一联签购单交还给持卡人。特约单位在每日营业终了时，应将当日受理的信用卡签购单汇总，计算手续费和净计金额，并填写汇计单和进账单，连同签购单一并送交收单银行办理进账。收单银行接到特约单位送交的各种单据，经审查无误后，为特约单位办理进账。

三、信用卡结算账务处理

（一）申领单位卡的核算

单位卡对在金融机构开立基本存款账户的单位发行。单位卡可申领若干张，持卡人由申领单位法定代表人或其委托的代理人书面指定。单位卡账户的资金一律从其基本存款账户转入，不得支取现金，也不得将销货收入款存入个人信用卡账户。

单位向银行申领信用卡时，应填写申请书，同时应缴存起存金额的备用金，经审阅同意后，办理发卡和开户手续。

申领信用卡的单位在发卡行有账户的，在申领信用卡时，应签发基本存款账户的转账支票和三联进账单，发卡行填制一联特种转账贷方传票。支票作为基本存款账户的借方传票，第二联进账单作为信用卡备用金存款账户的贷方传票，特种转账贷方传票作为银行手续费收入的贷方传票，办理转账。其会计分录为：

借：其他货币资金——信用卡存款

　　财务费用

　贷：银行存款

（二）凭信用卡直接消费的核算

持卡人凭信用卡在同城或异地直接消费时，需填制签购单，由特约单位填制进账单及汇兑单并与签购单一并送存银行，经办行应向特约单位收取手续费。

银行对特约单位提交的凭证应认真审查的内容包括：签购单及其压印的内容是否为本行可受理的信用卡；签购单上有无持卡人签名、身份证件号码、特约单位名称和编号，签购单的小写金额是否与大写金额相符；签购单上压印的信用卡有效期限是否正确；超过规定交易限额的，有无授权号；汇兑单和签购单的内容是否一致，汇兑单、签购单和进账单的统计金额是否正确；手续费计算是否正确。

汇兑单一式三联，第一联为交费收据，第二联为贷方凭证附件，第三联为存根。签购单一式四联，第一联为回单，第二联为借方凭证，第三联为贷方凭证附件，第四联为存根。

（1）收、付款人在同一行处开户的。第一联进账单作收账通知，第一联汇兑单作交费依据，退交特约单位；第二联进账单作特约单位存款账户的转账贷方传票；第三联签购单作附件；填制一联手续费收入科目特种转账贷方传票，第二联汇兑单作附件；第二联签购单作借方传票；汇兑单第三联、签购单第四联留存。其会计分录为：

借：财务费用

　贷：其他货币资金——信用卡存款

（2）收、付款人在同一城市不同行处开户的，经办行需通过票据交换系统将款项划给发卡行。特约单位开户行将第三联签购单连同第三联汇兑单通过票据交换系统提交给发卡行，款项收妥抵用。

（3）收、付款人在异地行处开户的，经办行应通过全国联行往来或分行辖内往来将款项划往发卡行，其具体处理方法不再详述。

各大银行的信用卡如图 5－84 所示，各种结算方式的比较如表 5－2 所示。

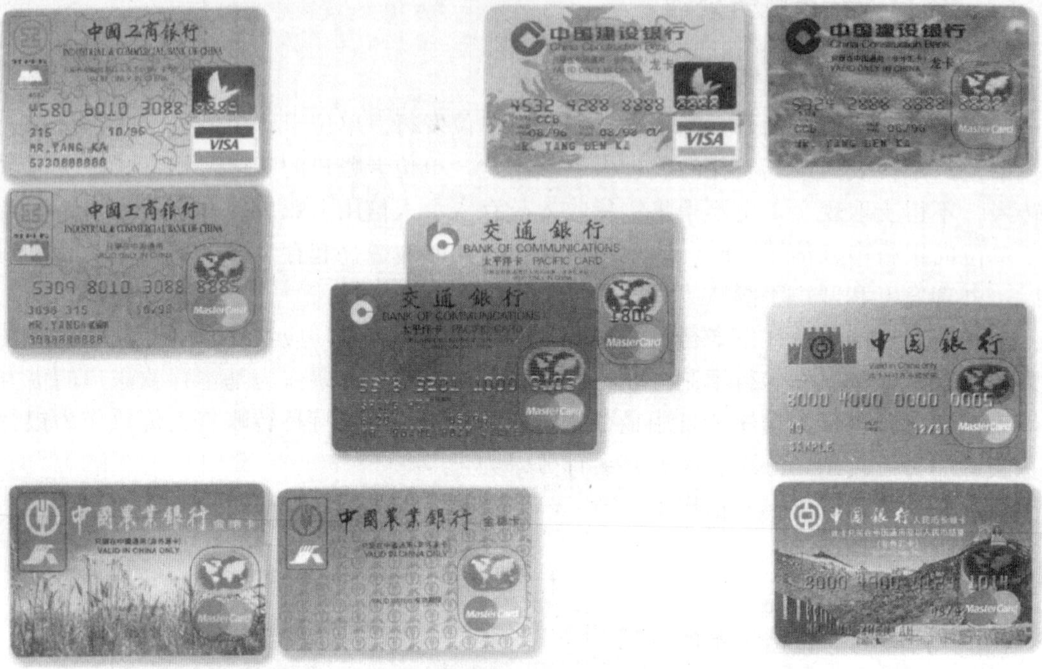

图 5－84　各大银行信用卡

表 5－2　　**各种结算方式比较表**

结算方式	使用者	使用区域范围	付款期限	特点	分类	会计核算使用科目
银行汇票	单位或个人	异地	自出票日起 1 个月内	1. 灵活，变现性强；2. 可背书转让，但填明“现金”字样的银行汇票不得转让	—	其他货币资金——银行汇票存款
商业汇票	单位	同城、异地	最长不超过 6 个月	1. 需具备真实的交易关系或债权债务关系；2. 可以背书转让；3. 信用较高，急需资金时，还可以向银行申请贴现；4. 签发人可以是收款人、付款人，承兑人可以是付款人、银行	按照承兑人不同分为商业承兑汇票和银行承兑汇票	应收票据、应付票据
银行本票	单位或个人	同城	自出票日起最长不超过 2 个月	1. 由银行签发并保证兑付，且见票即付，信誉高，支付功能强；2. 可以背书转让（填明“现金”字样的银行本票不得背书转让）	不分定额	其他货币资金——银行本票存款

续前表

结算方式	使用者	使用区域范围	付款期限	特点	分类	会计核算使用科目
支票	单位或个人	同一票据交换区域	提示付款期限为自出票日起10日内	1. 记名；2. 禁止签发空头支票；3. 支票限于见票即付，不得另行记载付款日期；4. 可以背书转让（用于支取现金的支票不得背书转让）	分为现金支票、转账支票和普通支票	银行存款
汇兑	单位或个人	异地		简便、灵活	分为信汇、电汇两种	银行存款
委托收款	单位或个人	同城、异地	3天	单位和个人凭已承兑商业汇票以及债务、存单等付款人债务证明办理款项的结算，均可以使用委托收款结算方式	委托收款结算款项的划回方式，分为邮寄和电报两种，由收款人选用	银行存款
异地托收承付	国有企业、供销社、经审查同意的集体企业	异地	1. 验单付款的承付期为3天；2. 验货付款的承付期为10天	1. 采用托收承付结算方式的款项，必须是商品交易，以及因商品交易而产生的劳务供应款项，代销、寄销、赊销商品的款项不得办理托收承付结算；2. 托收承付结算每笔的金额起点为1万元，新华书店系统每笔金额起点为1 000元	1. 款项的划回方法分为邮寄和电汇两种，由收款人选用；2. 承付货款分为验单付款和验货付款两种，由收付款双方商量，并在合同中明确规定	银行存款
信用卡	单位或个人	同城、异地	信用卡透支期限最长为60天。	1. 具有消费信用且允许善意透支，单位卡账户的资金一律从其基本存款账户转账存入，不得交存现金，不得将销货收入的款项存入该账户；2. 单位卡一律不得支取现金	1. 按照用卡对象分为单位卡和个人卡；2. 按信誉等级分为金卡和普通卡	其他货币资金——信用卡存款

注：(1) 支票结算已纳入全国支票影像交换系统的，可在全国通用。
(2) 网上银行结算属于汇兑结算方式，同城、异地均可使用。

主要概念

支票　银行本票　汇兑　银行汇票　商业汇票　委托收款　托收承付　信用卡　票据贴现

思考讨论

1. 简述支票结算的使用规定及业务办理程序。
2. 简述银行本票结算的使用规定及业务办理程序。
3. 简述银行汇票结算的使用规定及业务办理程序。
4. 简述商业汇票结算的使用规定及业务办理程序。
5. 简述汇兑结算的使用规定及业务办理程序。
6. 简述委托收款结算的使用规定及业务办理程序。

7. 简述托收承付结算的使用规定及业务办理程序。

案例分析

1. 2018 年 3 月 8 日，晨星公司从鹰航公司通过电话商议购买钢材，预订钢材 15 吨，每吨12 000元，商议 4 月 10 日前准备好货物，采用银行本票方式进行结算。晨星公司财务经理让出纳小李于 3 月 10 日办妥 15 吨钢材款180 000元的银行本票，并支付银行手续费 50 元，4 月 6 日通知付款提货。小李应如何办理此业务？具体怎么操作？若 4 月 6 日鹰航公司通知付款提货，但其供货量减至 10 吨，单价仍为12 000元，小李又该如何操作？

2. 晨星公司向湖里公司销售产品，取得了湖里公司签发并承兑的商业汇票一张，票面金额为800 000元，签发承兑日期为 4 月 8 日，付款期为 6 个月。晨星公司因急需资金，5 月 22 日，财务经理通知出纳小李持此票据向银行申请贴现。小李应如何办理商业汇票的贴现？（假设银行贴现率为 6%）

技能实训

［实训目的］

掌握常见的几种银行结算方式的凭证填制及结算办理程序。

［实训要求］

给出企业的收付款业务，要求学生能正确地选择结算方式，规范填制银行结算凭证；了解各种银行结算方式的办理程序。

［实训考评］

能根据所给定的收付款业务正确选择结算方式，规范填制结算凭证并能正确进行账务处理的为合格。

第六章
出纳税收知识

学习目标

知识目标

通过本章的学习，掌握主要税种的征收范围、计税依据、税率及应纳税额；理解各税种的征税原理；了解税金的起征点、纳税义务发生时间、纳税地点、纳税期限和有关的优惠政策。

技能目标

通过本章的学习和训练，掌握主要税种应纳税额的计算和纳税申报表的填制技能。

❖ 引导案例

❖ 本章内容

第一节　税收基础知识

第二节　税务登记

第三节　发票管理

第四节　纳税申报

❖ 主要概念

❖ 思考讨论

❖ 案例分析

❖ 技能实训

引导案例

某轧钢厂是无证无照的私营企业，从事废旧钢铁的收购及简单加工业务。由于其收购和销售对象皆为个人或私营企业，无须使用发票，故未办理税务登记，从未向税务机关申报缴纳过税款。又由于其多为夜间生产，地处偏远，税务机关也没有发现。2018年10月，经举报，某税务稽查局对其实施了检查。在检查中发现，该企业没有账证，而业主高某拒不交出其生产销售记录，稽查人员也无法查到。在此情况下，稽查人员根据举报线索，依照程序对业主进行了询问，并做了笔录，业主承认：在2018年1—9月，采取销售不开发票等手段，共销售经某轧钢厂简单加工的废旧钢铁共计36万元，未向税务机关申报缴纳税款。业主表示，自己不懂税法，愿意补缴税款，接受税务机关处理，并在询问笔录上签了字。稽查局在无法查到其他证据的情况下，根据纳税人口供，对高某做出了补税21 600元、罚款43 200元的处理。

第一节　税收基础知识

一、税收的概念和特点

税收是国家为实现其职能和任务，凭借政治权力，按照法定标准，无偿地参与国民收入分配，取得财政收入的一种形式。税收体现了国家与纳税人在征收、纳税的利益分配上的一种特殊关系，是一定社会制度下的一种特定分配关系。税收收入是国家财政收入最主要的来源。

税法是国家制定的用以调整国家与纳税人之间在征纳税方面的权利及义务关系的法律规范的总称。它是国家及纳税人依法征税、依法纳税的行为准则，其目的是保障国家利益和纳税人的合法权益，维护正常的税收秩序，保证国家的财政收入。

税法与税收密不可分，税法是税收的法律表现形式，税收则是税法所确定的具体内容。因此，了解税收的本质与特征是非常必要的。税收是国家为了行使其职能而取得财政收入的一种方式。它的特征主要表现在以下三个方面：

一是无偿性。无偿性是税收最本质的特征。国家征税后，税款即为国家所有并成为财政收入，不再归还纳税人，也不支付任何报酬。

二是强制性。主要是指征税凭借国家的政治权力，通过颁布法律、法规等形式对征税予以实施，任何单位和个人都不得违抗，如果纳税人不依法履行纳税义务，就构成违法，国家则强制征收。

三是固定性。主要是指在征税之前，就以法律的形式规定了课税对象、课税额度和课税方法等。任何纳税人或征收机关都无权改变法律规定的纳税标准。

因此，税法就是国家凭借其权力，利用税收工具的无偿性、强制性、固定性的特征参与社会产品和国民收入分配的法律规范的总称。

二、税收制度

税收制度是国家以法律形式规定的各种税收法令和征收管理办法的总称，简称为税制。税收制度是国家财政制度的主要内容，既是国家征税的依据，也是纳税人纳税的准则，它是实现税收职能的具体体现。

我国税收制度包括法律、法规和规章三种形式。

税收制度的构成要素包括总则、纳税人、课税对象、税目、税率、税收优惠、纳税环节、纳税期限、纳税地点、减税免税、罚则、附则等内容。纳税人、课税对象和税率这三个要素是构成税收制度的基本要素。

（一）纳税人

纳税人，即纳税主体，是指在税收制度中规定的负有纳税义务和有义务从纳税人持有的收入中扣除应纳税款并代为缴纳的法人、自然人及其他组织。

（二）课税对象

课税对象，即纳税客体，是指税收制度中规定的征纳税双方权利与义务所指向的物或行为，是国家据以征税的依据，是一种税种区别于另一种税种的最主要标志。

（三）税率

税率是指在税收制度中规定的对课税对象征收的比率或征收的额度，也是衡量税负轻重与否的重要标志。我国现行的税率主要有：

（1）比例税率。即对同一征税对象，不分数额大小，规定相同的征收比例。我国的增值税、城市维护建设税、企业所得税等采用的是比例税率。

（2）超额累进税率。即把征税对象按数额的大小分成若干等级，每一等级规定一个税率，税率依次提高，但每一位纳税人的征税对象则依所属等级同时适用几个税率并分别计算，将计算结果相加后得出应纳税款。目前，采用这种税率的是个人所得税。

（3）定额税率。即按征税对象确定的计算单位，直接规定一个固定的税额。征税对象的计量单位可以是其自然单位，也可以是特殊规定的复合单位。目前，采用定额税率的有城镇土地使用税、车船税等。

（4）超率累进税率。即以征税对象数额的相对率划分若干级距，分别规定相应的差别税率，相对率每超过一个级距的，对超过的部分就按高一级的税率计算征税。目前，采用这种税率的是土地增值税。

三、税收的种类

（一）按征税对象分类

税收最基本的分类为按征税对象的不同来划分，大体可分为下述五类。

1. 流转税类

流转税类是对销售商品或提供服务的流转额征收的一类税收，是以纳税人商品生产、流通环节的流转额或者数量以及非商品交易的营业额为征税对象。流转税是商品生产和商品交换的产物，各种流转税是政府财政收入的重要来源。我国当前开征的流转税主要有增值税、消费税和关税。

2. 所得税类

所得税类是指以纳税人的所得额为课税对象的税种。应纳税额取决于纳税人有无收益及收益额的多少，所得税类在调节收入和公平税负方面具有特殊的作用。税法规定的应纳税所得额：一是有合法来源的所得。合法来源的所得大致包括生产经营所得（如利润等）、提供劳务所得（如工资、薪金、劳务报酬等）、投资所得（如股息、利息、特许权使用费收入等）和其他所得（如财产租赁所得、遗产继承所得等）。二是纳税人的货币所得，或能以货币衡量或计算其价值的经济上的所得，不包括荣誉性、知识性的所得和体质上、心理上的所得。三是纳税人的纯所得，即纳税人在一定时期的总收入扣除成本、费用以及纳税人个人的生活费用和赡养近亲的费用后的净所得。四是增强纳税能力的实际所得。总的来说，所得税是对纳税人在一定时期（通常为一年）的合法收入总额减除成本费用和法定允许扣除的其他各项支出后的余额，即应纳税所得额征收的税种。我国当前开征的所得税主要有企业所得税和个人所得税。

3. 资源税类

资源税类是指以各种自然资源及其级差收入为征税对象的税种。征收这类税有两个目的：一是取得资源消耗的补偿基金，保护国有资源的合理开发利用；二是调节资源级差收入，以利于企业在平等的基础上开展竞争。我国的资源税类主要有资源税、城镇土地使用税、耕地占用税、土地增值税等。

4. 财产税类

财产税类是指以纳税人拥有或属于其支配的财产为征税对象的税种。它包括对财产的直接征收和对财产的转移征收两种方式。开征这类税收除为国家取得财政收入外，对提高财产的利用效果、限制财产的不必要占有量有一定作用。我国的财产税主要有房产税、契税、车辆购置税和车船税。

5. 行为税

行为税是指以纳税人的特定行为为征税对象的税种。征收行为税的目的有：一是对某些特定行为进行限制、调节，使微观活动符合宏观经济的要求；二是开拓地方财源，达到特定的目的。这类税种的设置比较灵活，其中有些税种具有临时税的性质。我国目前开征的行为税主要有印花税和城市维护建设税。

（二）按税收管理和使用权限分类

税收按其管理和使用权限划分，可分为中央税、地方税和中央地方共享税。这是在分级财政体制下的一种重要的分类方法。通过这种划分，可以使各级财政有相应的收入来源和一定范围的税收管理权限，从而有利于调动各级财政组织收入的积极性，更好地完成一级财政任务。一般的做法是，将税源集中、收入多、涉及面广且由全国统一立法和统一管理的税种列为中央税；将一些与地方经济联系紧密、税源比较分散的税种列为地方税；将一些既能兼顾中央和地方经济利益，又有利于调动地方组织收入积极性的税种列为中央地方共享税。当前，我国开征的中央税主要有关税、消费税；归地方支配和使用的税收收入主要有车船税、房产税、土地增值税等；中央地方共享税主要有增值税、资源税、企业所得税、个人所得税、印花税等。

四、税收的征收管理

目前，我国的税收分别由财政、税务、海关等部门负责征收管理。

（1）税务部门负责征收和管理的项目有企业所得税、个人所得税、增值税、消费税、车辆购置税、资源税、城市维护建设税、教育费附加、土地增值税、印花税、房产税、契税、车船税、土地使用税、环境保护税、烟叶税等。

（2）耕地占用税及有些地方性附加，由地方财政部门征收和管理。

（3）海关系统负责征收和管理的项目有关税、船舶吨税、行李和邮递物品进口税，同时负责代征进出口环节的增值税和消费税。

第二节　税务登记

税务登记是税务机关依据《中华人民共和国税收征收管理法》（以下简称《征管法》）及其实施细则和国家税务总局印发的《税务登记管理办法》等法律规定，对纳税人的生产、经营活动进行登记管理的一项法定制度。它有利于税务机关了解纳税人的基本情况，掌握税源，加强征收与管理，防止漏管漏征，建立税务机关与纳税人之间正常的工作联系，强化税收政策和法规的宣传，增强纳税人的纳税意识等。它是税务机关对纳税人实施税收管理的首要环节和基础工作，是征纳双方法律关系成立的依据和证明，也是纳税人必须依法履行纳税义务的法定手续。

为了推进简政放权，便利市场准入，鼓励投资创业，激发市场活力，国务院办公厅于2015年6月23日发布了《关于加快推进“三证合一”登记制度改革的意见》，国家税务总局等六部门先后就落实国务院办公厅文件发布了一系列规章，明确自2015年10月1日起在全国范围全面推行“三证合一、一照一码”登记模式的改革。2016年6月30日，国务院办公厅又发布了《关于加快推进“五证合一、一照一码”登记制度改革的通知》，自2016年10月1日起在全国范围全面实现“五证合一”登记制度。

一、税务登记的范围

凡有法律、法规规定的应税收入、应税财产或应税行为的各类纳税人，均应当按照《征管法》及其实施细则和国家税务总局印发的《税务登记管理办法》的规定办理税务登记。

另外，根据税收法律、行政法规的规定，负有扣缴税款义务的扣缴义务人（国家机关除外），应当按照《征管法》及其实施细则和国家税务总局印发的《税务登记管理办法》的规定办理扣缴税款登记，领取扣缴凭证。

二、“五证合一、一照一码”登记制度

“五证合一、一照一码”登记制度是指将原来企业、农民专业合作社、外国企业常驻代表机构登记时依次申请，分别由工商行政管理部门核发工商营业执照、质量技术监督部门核发组织机构代码证、税务部门核发税务登记证、统计部门核发统计登记证、社会保障部门核发社会保险登记证，改为一次申请，由工商行政管理部门核发一个加载统一社会信用代码的营业执照的登记制度。可见，“五证”包括工商营业执照、组织机构代码证、税务登记证、统计登记证、社会保险登记证。

“五证合一、一照一码”登记制度改革的具体内容可概括为“五个一”：

（1）一窗受理。企业登记申请表和登记材料由工商登记窗口受理，质监部门、税务部

门、统计部门、社保部门不再受理企业组织机构代码证、税务登记证、社会保险登记证和统计登记证申请。

（2）一表申请。投资者办理企业登记注册，只需填写一份申请表，向登记窗口提交一套登记材料。

（3）一照一码。一个企业主体只能有一个统一社会信用代码，一个统一社会信用代码只能赋予一个企业主体。统一社会信用代码是每个法人和其他组织在全国范围内唯一的、终身不变的法定身份识别码。

（4）一网互联。以省级共享交换平台为单位，各省工商、质监、税务等部门通过这个平台进行数据交换，实现跨层级、跨区域、跨部门信息共享和有效应用。

（5）一照通用。"一照一码"在全国通用，相关各部门均予以认可。

三、税务登记流程

税务登记包括设立登记、变更税务登记、停复业登记、注销登记和外出经营报验登记。

（一）设立登记流程

办理设立登记，一般由企业向税务机关呈交资料申请，税务机关对报送的材料进行审核并颁发设立税务登记证明。

自实行"五证合一、一照一码"登记制度后，企业只要根据工商行政管理部门要求的登记条件、登记程序和登记申请提交文书材料，即可向登记机关提交申请。工商行政管理部门统一受理并核发营业执照，企业领取载有18位的统一社会信用代码营业执照后，无须再次进行税务登记，也不再领取税务登记证。

企业发生应税行为需办理涉税事项时，可以持"一照"在其住所地任一税务局办税服务厅办理信息补录、核定税种、划分主管税务机关等业务。若企业无应税行为，无须办理涉税事项，可暂不办理税务报到事宜。

（二）变更税务登记流程

变更税务登记是指纳税人税务登记内容发生重要变化时向税务机关申报办理的一种税务登记手续。

1. 领取"一照一码"营业执照企业变更登记流程

经营地点、财务负责人、核算方式由企业登记机关在新设时采集，在企业经营过程中，上述信息发生变化的，企业应向主管税务机关申请变更，不向工商登记部门申请变更。除前述三项信息外，企业在登记机关新设时采集的信息发生变更，均由企业向工商行政管理部门申请变更，对于税务机关在后续管理中采集的其他必要涉税基础信息发生变更的，直接向税务机关申请变更即可。

2. 未领取"一照一码"营业执照企业变更登记流程

2015年10月1日前已登记企业申请变更登记，或者申请换发营业执照的，企业应在登记机关申请变更，换发载有统一社会信用代码的营业执照。原税务登记证由企业登记机关收缴、存档。财务负责人、核算方式、经营地点的变更事项，应直接向税务机关申请变更。个体工商户及其他机关批准设立的未列入"一照一码"登记范围主体的变更事项，仍按照现行税收业务流程操作。

纳税人税务登记内容发生变化的，应当自工商行政管理部门或者其他机关办理变更登记之日起30日内，持有关证件向原税务登记机关申报办理变更税务登记。

纳税人税务登记内容发生变化，不需要到工商行政管理机关或者其他机关办理变更登记的，应当自发生变化之日起30日内，持有关证件向原税务登记机关申报办理变更税务登记。

(三) 停复业登记流程

停复业登记适用于需要停业、复业的实行定期定额征收方式的个体工商户。需要停业的，应在停业前（通常为停业前一个星期）向税务机关申报办理停业登记。纳税人的停业期限不得超过一年。

纳税人在申报办理停业登记时，应如实填写《停业申请登记表》，说明停业理由、停业期限、停业前的纳税情况和发票的领、用、存情况，并结清应纳税款、滞纳金、罚款。税务机关应收存其发票领购簿、未使用完的发票和其他税务证件。纳税人在停业期间发生纳税义务的，应当按照税收法律、行政法规的规定申报缴纳税款。

纳税人应当于恢复生产经营之前，向税务机关申报办理复业登记，如实填写《停、复业报告书》，领回并启用发票领购簿及停业前领购的发票。

纳税人停业期满不能及时恢复生产经营的，应当在停业期满前向税务机关提出延长停业登记申请，并如实填写《停、复业报告书》。纳税人停业期满未按期复业又不申请延长停业的，税务机关应当视为已恢复营业，实施正常的税收征收管理。

(四) 注销登记流程

注销登记是指纳税人税务登记内容发生了根本性变化，须终止履行纳税义务时向税务机关申报办理的一种税务登记手续。

纳税人发生解散、破产、撤销以及其他情形，依法终止纳税义务的，应当在向工商行政管理机关或者其他机关办理注销登记前，持有关证件和资料向原税务登记机关申报办理注销税务登记；按照规定不需要在工商管理机关或者其他机关办理注销登记的，应当自有关机关批准或者宣告终止之日起15日内，持有关证件和资料向原税务登记机关申报办理注销税务登记。

纳税人办理注销税务登记前，应当向税务机关提交相关证明文件和资料，结清应纳税款、应交滞纳金和罚款，缴销发票和其他税务证件，经税务机关核准后，办理注销税务登记手续。

领取"一照一码"营业执照，已实行"一照一码"登记模式的企业办理注销登记，应向税务机关申报清税，填写《清税申报表》。主管税务机关在接到企业清税申报并受理后进行清税，企业申请注销将在15个工作日内完成注销程序。清税完毕后，受理的税务机关要根据清税结果向纳税人出具统一的清税证明，纳税人持清税证明办理后续工商注销事宜。

未领取"一照一码"营业执照的企业申请办理注销，税务机关按原来规定办理。

(五) 外出经营报验登记

外出经营报验登记是指纳税人到外县（市）临时从事生产经营活动，须持《外出经营活动税收管理证明》（以下简称《外管证》）向临时生产经营地税务机关办理登记的一种手续。

纳税人到外县（市）临时从事生产经营活动的，应当在外出生产经营以前，持“一照一码”营业执照向主管税务机关申请开具《外管证》。税务机关按照一地一证的原则，核发《外管证》，《外管证》的有效期限一般为 30 日，最长不得超过 180 天。

纳税人应当在《外管证》注明地进行生产经营前向当地税务机关报验登记，根据“一照一码”营业执照完成信息采集，并提交《外管证》。纳税人在《外管证》注明地销售货物的，应如实填写《外出经营货物报验单》，以申报查验货物。

纳税人外出经营活动结束，应当向经营地税务机关填报《外出经营活动情况申报表》，并结清税款、缴销发票。纳税人应当在《外管证》有效期届满后 10 日内，持《外管证》回原税务登记地税务机关办理《外管证》缴销手续。

第三节　发票管理

一、发票概述

（一）发票的概念

发票是指单位和个人在购销商品、提供或者接受服务以及从事其他经营活动中，开具、收取用以摘记经济业务活动的收付款凭证。它是确定经营收支行为发生的法定凭证，是会计核算的原始凭证，是税务机关进行税源控管和开展税务稽查的重要依据。

税务机关是发票的主管机关，负责发票的印制、领购、开具、取得、保管、缴销的管理和监督。在全国范围内统一式样的发票，由国家税务总局确定；在省、自治区、直辖市范围内统一式样的发票，由省、自治区、直辖市税务局确定。

发票套印全国统一发票监制章。全国统一发票监制章的式样和发票版面印刷的要求，由国家税务总局规定。发票监制章由省、自治区、直辖市税务机关制作。

发票使用全国统一的防伪专用品。发票防伪专用品由国家税务总局指定的企业生产，并核发发票防伪专用品生产许可证。发票防伪专用品的确定和使用由国家税务总局决定。

发票由省、自治区、直辖市税务机关指定的企业印制；增值税专用发票由国家税务总局指定的企业统一印制。禁止私自印制、伪造、变造发票。

税务机关在发售发票时，应按财政、物价部门核准的收费标准收取发票工本费，并向购票方开具收据。

发票管理的主要政策法律依据有《征管法》及其实施细则、《中华人民共和国发票管理办法》（以下简称《发票管理办法》）及其实施细则和国家税务总局发布的有关发票管理的规定。

（二）发票的种类

发票的种类由省级以上税务机关根据社会经济活动的需要确定，按照不同管理工作的需要，可以对发票按照不同的方法进行分类。

目前，税务机关确定的发票有增值税专用发票、增值税普通发票、机动车销售统一发票、增值税电子普通发票、门票、过路（过桥）费发票、定额发票、二手车销售统一发票以及税务机关发放的卷式普通发票。

国有金融、保险企业的存贷、汇兑、转账凭证、保险凭证；国有邮政、邮单、话务、电报收据，国有铁路、国有航空企业和交通部门、国有公路、水上运输企业的客票、货票等，是一种特殊种类的发票，不套印税务机关的统一发票监制章，需经有关部门批准后，由主管部门自定式样，自行印制、发放和管理，自行负责。这种发票属于发票的管理范围，根据税收征管的要求统一管理。

（三）发票的基本内容

发票的内容一般包括发票的名称、发票代码和号码、联次及用途、客户名称、开户银行及账号、商品名称或经营项目、计量单位、数量、单位（价）、大小写金额、开票人、开票日期、开票单位名称（盖章）等内容。增值税专用发票还应有购货方的地址、购货方的纳税人识别号、增值税税率、税额以及供货方的名称、地址和纳税人识别号等。

二、发票的认购

依法办理税务登记的单位和个人，在领取“一照一证”营业执照后，向主管税务机关申请领购发票。

（一）发票申购

申购发票的单位和个人应持申请认购发票审批表、经办人身份证明及其他有关证明，以及财务印章或发票专用章的印模向主管税务机关申购发票，主管税务机关审核后，发给发票领购簿。领购发票的单位和个人凭发票领购簿核准的种类、数量及购票方式，向主管税务机关领购发票。

无固定经营场地、临时取得应税收入或者财务制度不健全的纳税人需要开具发票的，可以到税务部门办税服务厅申请代开发票。

临时到本省、自治区、直辖市从事经营活动的单位或者个人，应当凭所在地税务机关的证明，向经营地税务机关申请领购经营地的发票。临时在本省、自治区、直辖市以内跨市、县从事经营活动领购发票的办法，由省、自治区、直辖市税务机关规定。

申购增值税专用发票，除上交上述规定的证明外，还应向税务部门提供增值税一般纳税人资格证书 、增值税专用发票领购簿和增值税专用发票条形章及增值税专用发票领购申请表，才可以办理专用发票领购手续。纳入增值税专用发票防伪税控系统的企业凭税控IC卡向税务机关领购计算机专用发票。

（二）发票领购注意事项

（1）发票领购实行批量供应、验旧供新、交旧供新三种购票方式，其中防伪税控企业实行批量供应。对交验有问题的用票单位和个人，暂停发票领购，待按规定处理完毕，才能领购发票。

（2）购领发票的单位和个人要指定专人领购发票，其他人不得替代，未经主管税务机关同意不得随意变动，领购发票人员如有工作变动等特殊情况，应及时携带单位正式介绍信、新经办人员身份证到票证所办理变更手续。

（3）财务管理制度健全，发票存放保管条件较好，从未发生发票丢失、被盗情况，没有欠税，未发生发票违章行为的单位，可以一次购买不超过3个月用量的发票。个体经营户每次领购发票不得超过两本。除上述以外的单位，每次领购发票不得超过1个月的用量。

（4）领购防伪税控专用发票时，应先缴销原已领购、尚未开具的手写版专用发票。领购时，要将纸质发票与领购记录的发票号码进行核对；在将发票领回作金税卡发票入库时，应将纸质发票与金税卡入库票号进行核对，核对无误后方可开票。

（5）领购的防伪税控专用发票，应按序号开具并保持平整，不得有褶皱、揉搓等。

三、发票的使用

（一）发票的界定

发票是在购销商品、提供或者接受经营服务以及从事其他经营活动中，开具、收取用以摘记经济业务活动的收付款凭证。但在实际工作中，并不是所有的收付款凭证都是发票。一般来说，可按记载的经济内容把收付款凭证分为以下三大类：

一是基于生产、经营性活动收付款项，证明资金所有权转移的收付款凭证。这类凭证记载的主要是商（产）品销售、提供或接受服务等生产、经营性活动状况。从税收管理的角度来看，这类活动都是涉税行为的活动，其营业收付款凭证都属于发票范围。

二是基于行政管理活动收付款项的收付款凭证。主要有行政性收费收款收据，如执法机关的罚没款项、司法机关的诉讼费用以及某些行政机关颁发执照、许可证等收取的登记费、许可费等，这类凭证与税收管理没有直接联系，属于非涉税的收付款凭证，应使用财政部门监制的统一收款收据。

三是基于非经营性、非财政性收入的收付款凭证。主要是指行政事业单位、社会团体、工商企业和个人取得的非经营性款项收入业务，如赞助、捐赠、集资、赔偿、划转、上缴等，既非经营性收入，也非财政性收入，但都直接影响收付款单位的成本核算，与税收管理有着较为密切的联系，因此，收付上述款项，应当使用税务部门统一监制的统一收款收据。该统一收款收据不属于发票，但税收部门视同发票一样管理。但对于单位内部为经营管理和财务管理的需要，仅限于单位内部使用的自制或外购的内部结算凭证，大多与税收管理没有直接的联系，故不属于发票范围，也不必由税务机关监制。

（二）发票使用规定

（1）建立发票使用登记制度，设置发票登记簿，并定期向主管税务机关报告发票使用情况。

（2）出纳人员领用发票时，须办理发票的领用手续，填写发票领用单，经有关领导签字批准后，方可领用。

（3）发票应当按照发票号的顺序使用，不得隔页跳号使用，不得拆本使用，不得自行扩大专用发票的适用范围，更不能转让、代开发票。

（4）发票应如实填写，不得弄虚作假，不得填开发票使用业务范围以外的其他业务项目；发票一式各联必须一次复写，不得涂改，不得拆分填开，票面字迹要清晰，保持整洁；填写内容详细齐全，大小写金额必须相符，填开后要加盖填写经办人印章和填开单位财务专用章；不准代其他单位和个人填开发票；不准填开未经税务机关准许的其他单位的发票；不准填开白条等非法凭证代替发票；不准填开收款收据代替发票；不准盗用其他单位发票；付款单位或个人索要发票，不得拒绝填开。

（5）发票使用完毕，其存根联应当根据号码连续的要求进行整理并单独保存。

（6）发票只限于用票单位或个人使用，不得带到本省、自治区、直辖市以外的区域填开。到本省、自治区、直辖市以外的区域从事经营活动需要开具发票的，按《发票管理办法》的规定办理。

（三）发票的鉴别

1. 发票防伪标志鉴别法

发票监制章是识别发票真伪的重要法定标志。发票监制章的形状为椭圆形，上环刻制“全国统一发票监制章”字样，下环刻制“××税务局监制”字样，中间刻制税务机关所在的省、市全称或简称，字体为正楷，印色为大红色，在紫外线灯下，呈橘黄色，有荧光反应，套印在发票联的票头正中央。此外，还可从发票联采用有“SW”字样的防伪专用纸等方面识别，用发票防伪鉴别仪器识别防伪油墨，看其是否为统一的防伪油墨。对于增值税专用发票，还可对照光线审查发票联和抵扣联，看其是否使用国家税务总局统一规定带有水印图案的防伪专用纸印制。

2. 对照审查发票法

将用票单位发票的实际使用情况，与发票领购簿及发票领、用、存情况进行核对，审查是否存在私印发票、丢失发票、转借发票、虚开发票、代开发票、使用作废发票和超经营范围填开发票的问题。

3. 票面逻辑推理法

根据发票各个栏目所列的内容之间的关系、发票与用票单位有关经济业务之间的关系进行分析审核，从中发现问题。发票所列各项内容之间，有其内在的逻辑关系和规律性，如果违背了这些规律，就说明发票存在问题。如增值税专用发票中购销双方的名称与组织机构代码有直接的对应关系；根据销售货物或劳务的名称可以确定适用税率；根据计量单价、数量、单位、金额、税率和税额之间的逻辑关系可以推断金额和税额的计算有无错误等。

4. 联系实务法

发票与企业的购销业务有着直接的联系，而购销业务与企业存货数量及货币资金（包括债权、债务）的增减变化有着一定的对应关系，利用这一逻辑关系就可以审查发票使用有无问题。取得发票的金额与存货、费用增加额，货币资金减少额，流动负债增加额等呈同步变化趋势；填开发票的金额与存货减少额，货币资金或应收债权增加额等呈同步变化趋势。如果企业取得和填开的发票与购销业务之间的关系违背了上述规律，就有可能存在问题，需要进一步审查核实。

（四）发票的开具

1. 发票的开具要求

（1）发票开具使用的要求。填开发票的单位或个人必须在发生经营业务并确认营业收入时，才能开具发票，未发生经营业务一律不得开具发票；不得转借、转让或者代开发票；未经税务机关批准，不得拆本使用发票；不得自行扩大发票的使用范围。

（2）发票开具时限的要求。增值税专用发票开具时限的规定为：按增值税纳税义务发生时间开具。将货物交给他人代销，收到代销清单的当天为增值税专用发票开具时限，在收到代销清单前已收到全部或部分货款的，其纳税义务发生时间为收到全部或部分货款的当天，即收款的当天为开具增值税专用发票的时限。对于发出代销商品超过 180 天仍未收到代销清单及货款的，视同销售实现，一律征收增值税，其纳税义务发生时间为发出代销商品满 180 天的当天，即发出代销商品满 180 天的当天为开具增值税专用发票的时限。设有两个以上机构并实行统一核算的纳税人，将货物从一个机构移送其他机构用于销售，按照规定应当征收增值税的，为货物移送的当天。将货物作为投资提供给其他单位或者个体经营者，将货物分给股东或投资者的，均为货物移送的当天。一般纳税人必须按照上述规定的时限开具增值税专用发票，不得提前或滞后。

（3）发票开具地点的要求。发票限于领购单位和个人在本省（直辖市、自治区）范围内开具；任何单位和个人未经批准，不得跨规定的使用区域携带、邮寄、运输发票，禁止携带、邮寄或者运输发票出入国境。

（4）计算机开具发票的要求。用票单位使用计算机开具发票，必须报经主管税务机关批准，并使用税务机关统一监制的机开发票，即经税务机关批准的在定点印制发票企业印制的供计算机开具的发票。同时，开具后的发票存根联应当按照顺序号装订成册，以备税务机关检查。

2. 发票的填写

开具发票应当按照规定的时限、顺序，逐栏、全部联次一次性如实填开，即必须做到按号码、顺序填开，填写项目齐全，内容真实，字迹清楚，全部联次一次性复写或打印，内容完全一致，并在发票联或者抵扣联加盖单位财务专用章或发票专用章。

3. 发票的作废

因开票人员工作失误或其他原因开错的发票，应当在发票上加盖“作废”戳记，重新开具发票，不得在开错的发票上涂改。开错的“作废”发票必须全部联次妥善保管，粘贴在原发票存根上，不得私自销毁，以备查核。

发票统一换版或因政策变化等原因造成发票作废的，在规定的过渡期内，新旧版发票可以同时使用，到期后，旧版发票全部作废，按税务机关要求组织清理和上缴。

四、发票的保管

发票的保管是指对尚未开具的空白发票、已经开具的发票存根和作废的发票进行专门保存管理，确保其安全的全过程。若要做好发票保管工作，应完善发票保管制度。

（1）专人保管。确定专人负责发票管理、日常领发等工作。

（2）专库保管。要有专门的发票存放场所，配备专柜存放发票，并分门别类、按顺序和号码存放，以有利于发票的存取和盘查，确保发票的安全。

（3）专账登记制度。要按规定设立专门的账表反映发票印、领、用、存情况，并由领购人员签章，做到手续齐全，责任清晰。

（4）保管交接制度。发票保管人员发生变化时，应按下列程序办理交接手续：

1）清点库存发票和缴销的发票存根的种类和数量；

2）核对发出尚未缴销的发票的种类和数量；

3）清点、装订需要移交的有关账表、资料、印章和物品；

4）填写移交清单（一式三份，移交人、接收人、监交人各执一份）。

（5）定期盘点制度。每月底对库存未用的发票进行一次清点，填报《发票盘存报告表》，确保发票账实相符。

五、发票的缴销

发票缴销是指对纳税人领用发票的缴销。发票缴销包括：日常缴销；变更、注销税务登记时发票的缴销；改版、换版发票的缴销；次版发票的缴销；超期限未使用空白发票和发票存根联的缴销；霉变、水浸、鼠咬、火烧等其他情况的发票缴销；丢失、被盗发票的缴销和流失发票的缴销等。纳税人因注销、变更税务登记进行发票缴销的，按《中华人民共和国税收征收管理法实施细则》规定的注销、变更税务登记时限，向主管税务机关申请办理。

（一）日常缴销

用票人续购发票前，持已使用完的发票存根、在规定期限内未使用完的发票及发票领购簿，向税务机关报验缴销。

（二）变更、注销税务登记时发票的缴销

用票人税务登记变更、注销时，应持《税务登记变更表》或《注销税务登记申请审批表》，在主管税务机关办税服务厅发票管理窗口领取、填报《发票缴销登记表》，并持发票领购簿及未使用的发票交发票管理窗口办理发票缴销。

（三）改版、换版发票的缴销

纳税人按照税务机关改版、换版发票的有关通知，到发票管理窗口领取《发票缴销登记表》，填好后，连同发票领购簿及应缴销的改版、换版发票交发票管理窗口办理缴销。

（四）次版发票的缴销

纳税人使用发票发现次版时，应在发票管理窗口领取《发票缴销登记表》，填好后，连同发票领购簿及次版发票交发票管理窗口办理缴销。

（五）超期限未使用空白发票和发票存根联的缴销

纳税人的发票超期限未使用或存根联法定保存期满时，应填写《发票缴销登记表》，连同超期限未使用空白发票、存根联及发票领购簿，交发票管理窗口办理缴销。

（六）霉变、水浸、鼠咬、火烧等其他情况的发票缴销

纳税人的发票发生霉变、水浸、鼠咬、火烧等问题，应在发票管理窗口领取《发票缴销登记表》，连同发票领购簿及霉变、水浸、鼠咬、火烧残存发票交发票管理窗口办理

缴销。

（七）丢失、被盗发票的缴销

纳税人发生发票丢失、被盗时，按照规定办完丢失、被盗发票处理手续后，在发票管理窗口领取《发票缴销登记表》，填好后，随下列资料一起报送发票管理窗口办理缴销：

（1）《发票丢失被盗情况报告表》；

（2）证明遗失的材料；

（3）刊登作废声明的报样；

（4）发票领购簿。

第四节　纳税申报

一、纳税申报

纳税申报是指纳税人、扣缴义务人按照法律、行政法规的规定，在申报期限内就纳税事项向税务机关提交书面申报的一种法定手续。这是纳税人、扣缴义务人履行纳税义务、界定纳税人法律责任的主要依据，也是税务机关税收管理信息的主要来源和税务管理的重要制度。实行纳税申报制度有利于培养纳税人主动申报纳税的意识，明确纳税人的申报义务和征纳双方的法律责任，并对不依法申报的行为予以处罚，从而通过法律手段强化纳税申报制度的实行，营造纳税人自觉申报纳税的良好环境。

（一）纳税申报的对象

纳税申报的对象为纳税人和扣缴义务人。纳税人、扣缴义务人必须按照税法规定的期限申报纳税。纳税人在纳税期内没有应纳税款的，也应当按照规定办理纳税申报。纳税人享受减税、免税待遇的，在减税、免税期间应当按照规定办理纳税申报。

（二）纳税申报的内容

纳税申报的内容主要在各税种的纳税申报表或综合纳税申报表和代扣代缴、代收代缴税款报告表中体现，还有的是在纳税申报表附报的财务报表和有关纳税资料中体现。纳税人的纳税申报表和扣缴义务人的代扣代缴、代收代缴税款报告表的主要内容包括：税种、税目，应纳税项目或者应代扣代缴、代收代缴税款项目，计税依据，扣除项目及标准，适用税率或者单位税额，应退税项目及税额、应减免税项目及税额，应纳税额或者应代扣代缴、代收代缴税额，税款所属期限，延期缴纳税款、欠税、滞纳金等。

（三）纳税申报的期限

纳税申报的期限有两种：一种是法律、行政法规明确规定的；另一种是税务机关按照法律、行政法规的原则规定，结合纳税人生产经营的实际情况及所应缴纳的税种等相关情况予以确定的。两种期限具有同等的法律效力。纳税人、扣缴义务人都必须按照规定的期限办理纳税申报。

（四）纳税申报的要求

纳税人办理纳税申报时，应当按期、如实填写纳税申报表，并根据不同的情况相应报送下列有关证件、资料：（1）财务会计报表及其说明材料；（2）与纳税有关的合同、协议书及凭证；（3）税控装置的电子报税资料；（4）外出经营活动税收管理证明和异地完税凭证；（5）境内或者境外公证机构出具的有关证明文件；（6）税务机关规定应当报送的其他有关证件、资料。扣缴义务人办理代扣代缴、代收代缴税款报告时，应当如实填写代扣代缴、代收代缴税款报告表，并报送代扣代缴、代收代缴税款的合法凭证以及税务机关规定的其他有关证件、资料。

（五）一般纳税申报

纳税申报方式是指纳税人、扣缴义务人在发生纳税义务和代扣代缴、代收代缴义务后，在其申报期限内，依照税收法律、行政法规的规定到指定税务机关进行申报纳税的形式。《征管法》第二十六条规定："纳税人、扣缴义务人可以直接到税务机关办理纳税申报或者报送代扣代缴、代收代缴税款报告表，也可以按照规定采取邮寄、数据电文或者其他方式办理上述申报、报送事项。"目前，纳税申报的形式主要有下述几种。

1. 直接申报

直接申报又称上门申报，是指纳税人、扣缴义务人自行到税务机关办理纳税申报或者报送代扣代缴、代收代缴税款报告表，这是税收征管改革以前经常采用的一种传统的申报方式。

2. 邮寄申报

邮寄申报是指经税务机关批准的纳税人使用统一规定的纳税申报特快专递专用信封，通过邮政部门办理交寄手续，并向邮政部门索取收据作为申报凭据的方式。凡实行查账征收方式的纳税人，经主管税务机关批准，可以采用邮寄申报的办法。纳税人采取邮寄方式办理纳税申报的，应当使用统一的纳税申报专用信封，并以邮政部门收据作为申报凭据。邮寄申报以邮政部门寄出的邮戳日期为实际申报日期。

3. 数据电文申报

数据电文申报又称电子申报，是指经税务机关确定的电话语音、电子数据交换或网络传输等电子形式办理的纳税申报。例如目前纳税人采用的网上申报，就是数据电文申报的一种形式。数据电文申报是目前国际上正在兴起的纳税申报方式之一，具有准确、快捷、方便等特点，已越来越多地受到人们的重视。

纳税人若想采取电子形式办理纳税申报，应向主管税务机关提出申请，报经批准后才可以采用。

采用数据电文申报方式的纳税人，应当按照税务机关规定的期限和要求报送有关资料，在电子签字发生法律效力以前还要求定期向主管税务机关报送相关的书面申报资料。

（六）延期申报与零申报

纳税人、扣缴义务人因不可抗力需要延期申报的，应于其所延期申报税种的纳税申报期限终了前5日向主管税务机关提出延期申报申请，并填写延期申报申请审批表，经主管税务机关批准并向其发送核准延期申报通知书后，方可延期办理纳税申报。

纳税人和扣缴义务人在有效期间内，没有取得应税收入或所得，没有应缴税款发生，或者已办理税务登记但未开始经营或开业期间没有经营收入，除已办理停业审批手续以外，必须按规定的纳税申报手续进行零申报。纳税人进行零申报，应在申报期内向主管税务机关正常报送纳税申报表及有关资料，并在纳税申报表上注明“零”或“无收入”字样。

（七）减免申报与缓缴申报

符合减免税条件的企业，应在规定的期限内向所在地主管税务机关提交申请减免税报告，详细说明本企业的基本情况、相关指标、减免条件、政策依据，以及要求减免的税种、金额、期限，并填写纳税单位减免申请书一式三份。

纳税人或扣缴义务人必须按照法律、法规规定的期限缴纳税款，但有特殊困难不能按期缴纳的，可以申请延期缴纳税款。

纳税人申请延期缴纳税款应符合下列条件之一，并提供相应的证明材料：（1）水、火、风、雹、海潮、地震等自然灾害的灾情报告；（2）可供纳税的现金、支票，以及其他财产遭受查封、冻结、偷盗、抢劫等意外事故，由法院或公安机关出具的执行通告或事故证明；（3）国家经济政策调整的依据；（4）货款拖欠情况说明及所有银行账号的银行对账单、财务报表。

纳税人向主管税务机关填报延期缴纳税款审批表进行书面申报，经主管税务机关审核无误后，必须经省（自治区、直辖市）国家税务总局、地方税务局批准方可延期缴纳税款。但延期期限最长不能超过3个月，且同一笔税款不得滚动审批。

二、纳税申报的办理

以下以应纳增值税申报为例介绍纳税申报流程。

（一）增值税的纳税人

在中华人民共和国境内销售货物、销售服务、转让无形资产、销售不动产或者提供加工、修理修配劳务及进出口货物的单位和个人，为增值税的纳税义务人。按照经营规模的大小和会计核算健全与否等标准，增值税纳税人可分为一般纳税人和小规模纳税人。

一般纳税人是指经营规模达到规定标准、会计核算健全的纳税人，通常是年应税销售额超过小规模纳税人标准的企业和企业性单位。

小规模纳税人是指年应征增值税销售额在500万元及以下，并且会计核算不健全，不能按照规定报送有关税务资料的增值税纳税人。

（二）增值税的税率

增值税一般纳税人和小规模纳税人，在税款的计算方法、适用税率（征收率）及征收管理办法上有所不同。对一般纳税人实现凭票抵扣的计税办法，对小规模纳税人按照简易办法征收和管理。

一般纳税人适用的增值税税率有：基本税率16%，低税率10%、6%和零税率。

小规模纳税人适用的增值税征收率为3%，不得抵扣进项税额。

(三) 增值税应纳税额的计算

增值税应纳税额的计算公式为：

一般纳税人的应纳税额＝当期销项税额－当期进项税额

小规模纳税人的应纳税额＝含税销售额÷（1＋征收率）×征收率

进口货物的应纳税额＝（关税完税价格＋关税＋消费税）×税率

(四) 增值税的申报程序

增值税纳税人应在次月 1 日到 10 日内填制好纳税申报表，连同财务会计报表及说明资料，若为增值税一般纳税人，还需提供增值税专用发票的抵扣凭证，发票领、用、存月报表，增值税销项税额和进项税额明细表及税务机关要求申报的其他资料，向所在地税务机关办理纳税申报。

1. 小规模纳税人增值税申报

小规模纳税人应于各月终了后在规定的纳税申报期限内办理增值税申报。选择手工报税方式的纳税人可以到税务局办税服务厅领取或登录税务局网站服务区“表格下载”栏目下载《增值税纳税申报表（适用于小规模纳税人）》，正确填写并加盖公章，报送办税服务厅。

选择电子报税方式的纳税人可通过税务局网站办理电子报税。办理电子报税不需要向税务机关申请，小规模纳税人采用电子报税方式的，无须定期报送纳税申报表，但应保存备查。

小规模纳税人增值税申报一般流程见图 6－1。

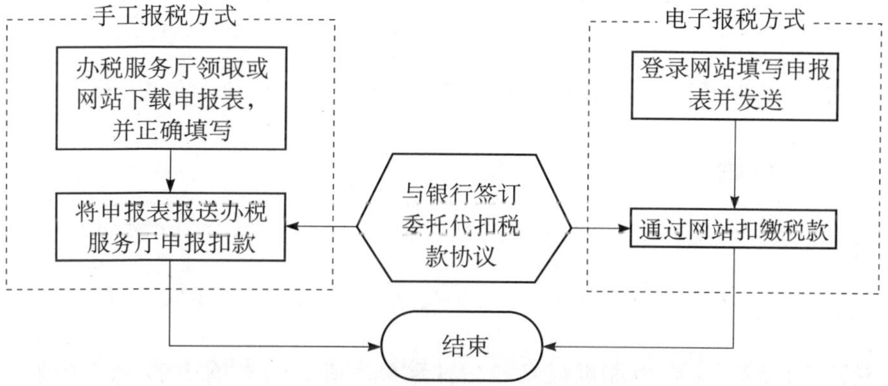

图 6－1　小规模纳税人增值税申报流程

2. 一般纳税人增值税申报

一般纳税人应于各月终了后在规定的纳税申报期限内进行网上报税。网上报税受理成功后，纳税人需将符合规定的纸质申报资料于申报的当月报送税务机关。申报流程可参见图 6－2～图 6－4。

（1）防伪税控一般纳税人（未使用远程抄报税软件）的增值税申报。其流程见图 6－2。

（2）防伪税控一般纳税人（使用远程抄报税软件）的增值税申报。其流程见图 6－3。

（3）非防伪税控一般纳税人的增值税申报。其流程见图 6－4。

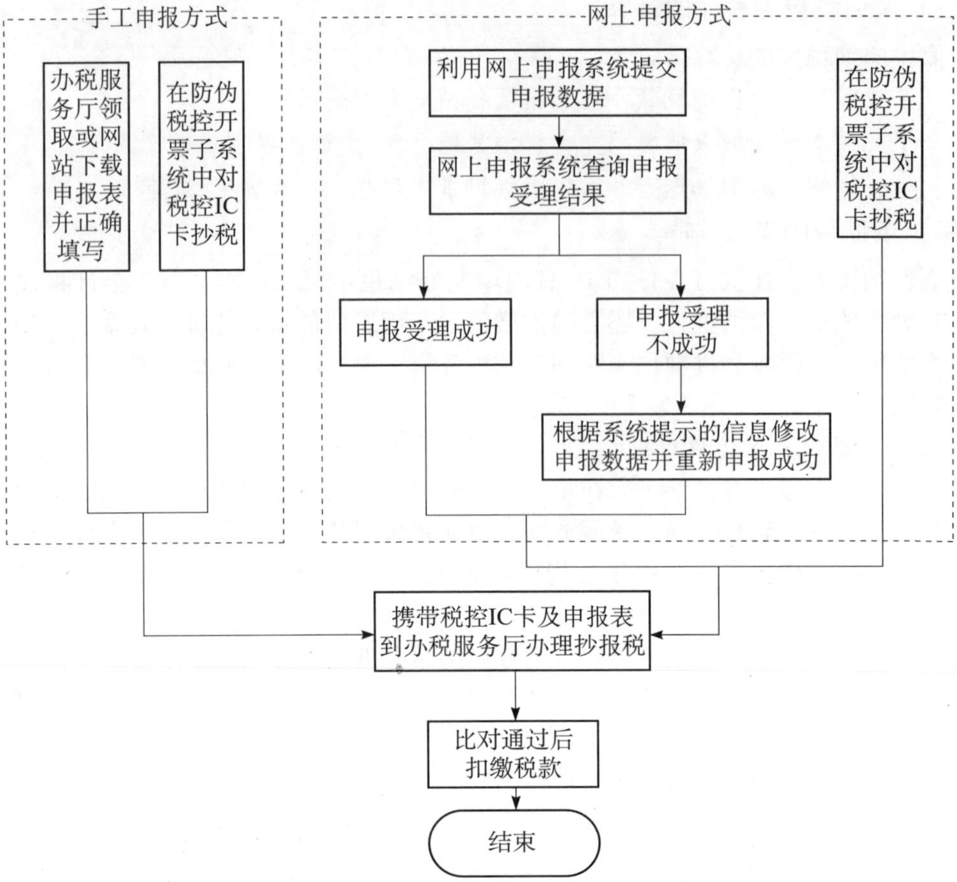

图 6-2　防伪税控一般纳税人（未使用远程抄报税软件）的增值税申报流程

三、税款的缴纳

纳税人应当按照主管税务机关确定的征收方式缴纳税款。税款缴纳方法一般有下述几种。

（一）自核自缴

生产经营规模较大、财务制度健全、会计核算准确、一贯依法纳税的企业，经主管税务机关批准，企业依照税法规定自行计算应纳税款，自行填写、审核纳税申报表，自行填写税收缴款书，到开户银行解缴应纳税款，并按规定向主管税务机关办理纳税申报、报送纳税申报资料和财务会计报表。

（二）申报核实缴纳

生产经营正常，财务制度基本健全，账册、凭证完整，会计核算较准确的企业，依照税法规定计算应纳税款，自行填写纳税申报表，按照规定向主管税务机关办理纳税申报，并报送纳税申报资料和财务会计报表。经主管税务机关审核后，填开税收缴款书，纳税人按规定期限到开户银行缴纳税款。

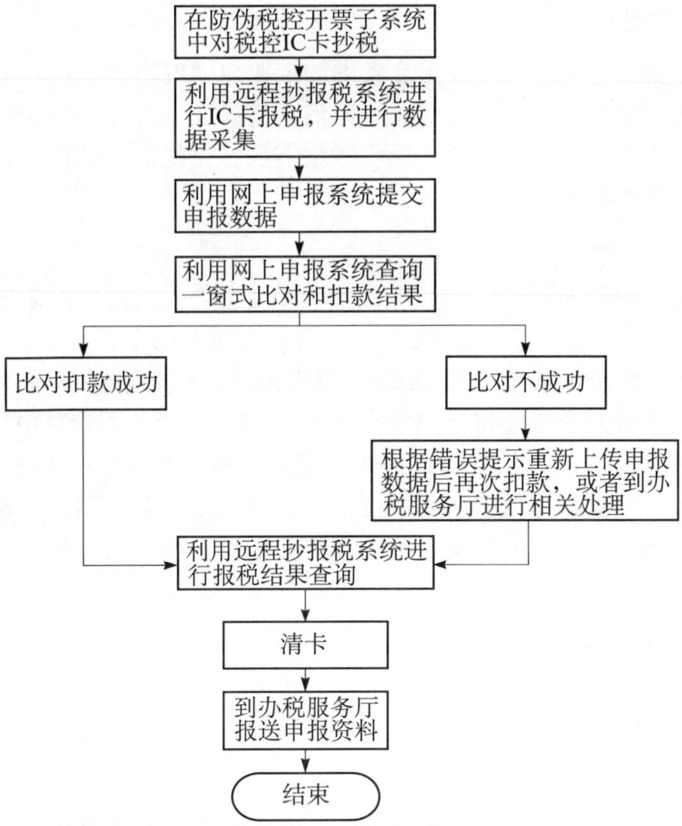

图 6-3　防伪税控一般纳税人（使用远程抄报税软件）的增值税申报流程

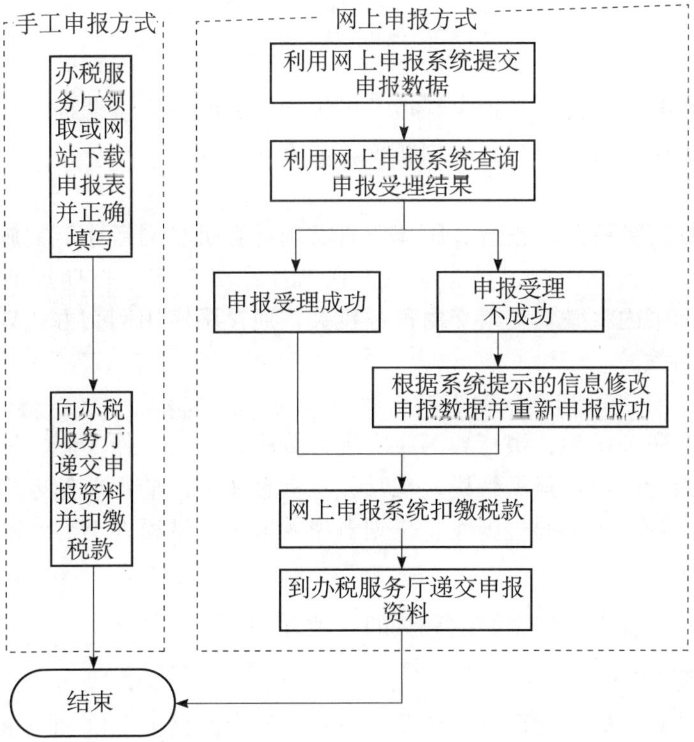

图 6-4　非防伪税控一般纳税人的增值税申报

（三）申报查定缴纳

财务制度不够健全，账簿、凭证不完备的固定业户，应当如实向主管税务机关办理纳税申报并提供反映其生产能力、原材料、能源消耗情况及生产经营情况等的资料，经主管税务机关审查测定或实地查验后，填开税收缴款书或者完税证，纳税人按规定的期限到开户银行或者税务机关缴纳税款。

（四）定额申报缴纳

生产经营规模较小，确无建账能力或者账证不健全，不能提供准确纳税资料的固定业户，按照税务机关核定的营业额和征收率，在规定期限内向主管税务机关申报缴纳税款。纳税人实际营业额与核定额相比升降在20%以内的，仍按核定的营业额计算申报缴纳税款；对当期实际营业额上升幅度超过20%的，按当期实际营业额计算申报缴纳税款；当期实际营业额下降幅度超过20%的，当期仍按核定营业额计算申报缴纳税款，经主管税务机关调查核实后，其多缴税款可在下期应纳税款中予以抵扣。需要调整定额的，可向主管税务机关申请调升或调降定额。但是对定额的调整规定对实行起点定额或保本定额缴纳税款的个体工商户不适用。

（五）转账缴纳

转账缴纳是指纳税人及扣缴义务人根据税务机关填制的缴款书通过开户银行转账缴纳税款的方式。

（六）银税一体化缴纳

银税一体化缴纳是指税务机关在税款征收工作中利用现代计算机网络技术，与有关银行、国库联网后，进行纳税人应纳税款的划解，以方便和简化纳税人的缴税手续，提高税款划解的效率。该征税方法具体分为下述三类。

1. 预储账户缴税

预储账户缴税是指纳税人在指定银行开设税款预储账户，按期提前储入税款，并在规定的期限内由税务机关通知银行直接划解税款的方式。

2. 支票缴税

支票缴税需在税务机关、银行、国库三家实现计算机联网后才能实施。该缴税方式不要求纳税人开立指定银行账户，只需纳税人在其任意资金账户按期提前储入当期应纳税款，并在规定的期限内将缴款支票交由税务机关，通过国库用倒交方式划解税款即可，纳税人不再到银行划款。

3. 税务机关、银行、国库联网实时缴税

实时缴税需在税务机关、银行和国库实现计算机联网后才能实施。该缴税方式不要求纳税人开立指定银行账户，只需纳税人在其任意资金账户按期提前储入当期应纳税款，并在规定的期限内由税务机关通过国库直接划解税款即可，纳税人不再到银行划款。

（七）现金缴纳

现金缴纳是指纳税人用现金缴纳税款的一种方式。

（八）委托代征缴纳

委托代征缴纳是指委托代征单位按照税务机关规定的代征范围和要求，以税务机关的

名义向纳税人征收零散税款，并向税务机关解缴的方式。

因税款的征收方式不同，税款的缴纳程序也有所不同。有纳税人直接向国家金库经收处缴纳税款的；也有国库经收处收纳税款，随同缴款书划转到国家金库的。纳税人缴纳税款后，税务机关必须给纳税人出具完税凭证。

完税凭证是税务机关收取税款时的专用凭证，也是纳税人履行纳税义务的合法证明，其式样由国家税务总局统一制定。完税凭证包括各种完税证、缴款书、印花税票等。

主要概念

征税对象　流转税　所得税　超额累进税率　超率累进税率　税务登记　纳税申报　完税凭证

思考讨论

1. 我国现行的主要税种有哪些？
2. 简述使用发票的规定。
3. “五证合一、一照一码”登记制度。
4. 简述纳税申报的方式。

案例分析

某交通货运企业A公司为小规模纳税人，本月取得收入100万元（含税）。某交通货运企业B公司为一般纳税人，主要业务是为生产企业提供运输劳务，本月取得收入1 000万元（不含税），其中耗用油品等花费400万元（不含税），货运客运场站服务费和运输工具修理费共计100万元（不含税），均取得增值税专用发票。假设其他可抵扣进项税额为5万元。分析A、B公司按现行的税法规定应纳何种税，应纳税额是多少。

技能实训

[实训目的]

熟悉税法的基本知识，能进行增值税、消费税、所得税等主要税种应纳税额的计算。

[实训要求]

拓展税收知识，了解主要流转税及企业所得税应纳税额的计算，根据所给的企业经营业务资料，掌握税收的计算和申报。

[实训考评]

根据纳税范围的界定，对计算结果的正确性进行评定。

资料一：

某中外合资化妆品生产企业为增值税一般纳税人，2018年2月发生以下业务：

(1) 从国外进口一批散装化妆品，支付给国外企业货款120万元、运抵我国海关前的运杂费和保险费30万元。

(2) 进口机器设备一套，支付给国外企业货款 35 万元、运抵我国海关前的运杂费和保险费 5 万元。散装化妆品和机器设备均已验收入库。

(3) 本月内企业将进口的散装化妆品全部生产加工为成套化妆品，对外批发销售取得不含税销售额 290 万元；向消费者零售取得含税销售额 51.48 万元。（化妆品的进口关税税率为 40%、消费税税率为 30%；机器设备的进口关税税率为 20%）

根据上述资料，分析确定该企业应缴纳哪些税金，并计算应缴纳的税额。

资料二：

某国有制药企业 2018 年度会计报表上的销售收入总额为1 000万元，会计利润总额为 100 万元，已累计预缴企业所得税 25 万元。2018 年其他有关情况如下：

(1) 管理费用 450 万元。

(2) 销售费用 300 万元。

(3) 支付在建办公楼工程款 60 万元，已列入当期费用。

(4) 支付诉讼费 2.3 万元，已列入当期费用。

(5) 另有来自境外的税后所得 64 万元，该所得已在境外按 20%的税率缴纳了所得税。

根据上述资料，计算该企业 2018 年应纳税所得额、应纳所得税额及 2018 年应汇算清缴的所得税额。

第七章 出纳会计档案保管和工作交接

学习目标

知识目标

通过本章的学习，了解出纳岗位所涉及的会计档案内容；熟知会计档案管理要求；了解出纳工作交接的必要性和重要性；掌握出纳工作交接的内容、程序及要求。

技能目标

通过本章的学习和训练，掌握出纳资料保管、传递、归档的要求和技能，掌握出纳各项工作交接的程序和办理技能。

※ 引导案例

※ 本章内容

※ 主要概念

※ 思考讨论

※ 案例分析

※ 技能实训

引导案例

几年前，有一个典型的出纳人员贪污、挪用公款案。一家小企业，财务部门设有财务经理、会计、出纳三个岗位。出纳员是一个刚从职业高中毕业的18岁女孩。按单位惯例，出纳员负责现金、银行存款的收付；掌管空白支票和企业在银行预留的法人代表印章、财务章；从银行取回银行对账单并与银行进行对账。

工作不久，女孩交了一个男朋友，年龄不到20岁。女孩特别喜欢这个男朋友，在交往中尽可能地满足男孩提出的要求。

一天，男孩要女孩找钱给他买辆摩托车，女孩先是不答应，于是男孩就不和她约会。百般无奈，女孩只好壮着胆子偷拿了一张7 000多元的支票为男孩买了摩托车。之后，女孩每日提心吊胆，一边希望别被发现，一边积极凑钱还账。可每月一千多元的工资，还钱谈何容易。女孩非常明白，她偷拿的支票只要银行的对账单一来，就可能被人发现，于是，她每天有事没事就往银行跑。银行对账单取到后，她赶紧把对账单拿回家，照着原对账单，将偷拿的那一笔款去掉，重新再打印一张，又到街上刻了一枚银行的印章盖上。回单位后又像模像样地做了一张银行存款余额调节表。女孩在忐忑不安中度过了一个多月，可什么事也没发生。之后男孩变本加厉地向女孩要钱，女孩的胆子也越来越大，在前后不到一年的时间里，共8次以此手段挪用公款近120万元。直到男孩携款外逃后，女孩才如梦方醒，自知罪孽深重，走投无路，便投案自首。

法官判决如下：女孩利用职务便利，挪用公款，数额巨大，但考虑有自首情节，被判无期徒刑；财务经理和企业法人代表也分别被判处有期徒刑。

第一节　出纳会计档案保管

一、会计档案的概念和内容

会计档案是指会计凭证、会计账簿和财务会计报告等会计核算专业材料，它是记录和反映单位经济业务的重要史料和证据。

为了加强会计档案管理，统一会计档案管理制度，根据《中华人民共和国会计法》和《中华人民共和国档案法》的规定，财政部、国家档案局联合发布了《会计档案管理办法》，并于1999年1月1日起正式实施。2015年12月11日，财政部、国家档案局令第79号发布修订后的《会计档案管理办法》，自2016年1月1日起施行。

各单位（包括国家机关、社会团体、企业、事业单位、按规定应当建账的个体工商户和其他组织）必须加强对会计档案管理工作的领导，建立会计档案的立卷、归档、保管、查阅和销毁等管理制度，保证会计档案妥善保管、有序存放、方便查阅，并严防毁损、散失和泄密。各级人民政府财政部门和档案行政管理部门共同负责会计档案工作的指导、监督和检查。

会计档案的具体内容包括：

（1）会计凭证类：原始凭证、记账凭证、汇总凭证、其他会计凭证。

（2）会计账簿类：总账、明细账、日记账、固定资产卡片、辅助账簿、其他会计账簿。

（3）财务会计报告类：月度、季度、年度财务报告，包括会计报表、附表、附注及文字说明；其他财务报告。

（4）其他会计资料类：银行存款余额调节表、银行对账单、其他应当保存的会计核算专业资料、会计档案移交清册、会计档案保管清册、会计档案销毁清册。

按照《中华人民共和国会计法》的规定，出纳人员不能负责会计档案的保管工作。但是，出纳人员在工作过程中必然会接触会计档案。出纳人员在有关会计事项处理完毕以后，要按《会计档案管理办法》的规定做好会计档案的整理、移交工作。其中，出纳人员接触的会计档案如下：

（1）当月正在处理的各种原始凭证、记账凭证等。

（2）本年度正在使用的银行存款日记账、现金日记账，空白的现金支票、转账支票和各种空白票据等。

（3）已经审核的银行对账单、已经审核并签字的银行存款余额调节表等。

（4）在出纳人员处保管的财务专用章、现金收讫章、现金付讫章等。

（5）贵重物品临时存放明细表等。

二、会计档案的归档

根据《会计档案管理办法》，各单位每年形成的会计档案，都应由会计机构按照归档的要求，负责整理立卷，装订成册，编制会计档案保管清册。

当年形成的会计档案，在会计年度终了，可暂由本单位财务部门保管一年。期满之后，原则上应由财务部门编造清册，移交本单位的档案部门保管；未设立档案部门的，应当在财务部门内部指定专人保管。

移交本单位档案部门保管的会计档案，原则上应当保持原卷册的封装，个别需要拆封重新整理的，档案部门应当会同财务部门和经办人共同拆封整理，以分清责任。

各单位对会计档案应当科学管理，做到妥善保管、存放有序、查找方便。同时，严格执行安全和保密制度，不得随意堆放，严防毁损、散失和泄密。

三、会计档案的保管期限

会计档案的保管期限，从会计年度终了后的第一天（1月1日）算起。会计档案的重要程度不同，其保管期限也有所不同。

各种会计档案的保管期限，根据其特点，可分为永久、定期两类。永久档案须长期保管，不可以销毁；定期档案根据保管期限分为10年、30年两种。根据《会计档案管理办法》的规定，各类会计档案保管期限见表7-1和表7-2。

表7-1　企业和其他组织会计档案保管期限表

序号	档案名称	保管期限	备注
一	会计凭证		
1	原始凭证	30年	
2	记账凭证	30年	

续前表

序号	档案名称	保管期限	备注
二	会计账簿		
3	总账	30 年	
4	明细账	30 年	
5	日记账	30 年	
6	固定资产卡片		固定资产报废清理后保管 5 年
7	其他辅助性账簿	30 年	
三	财务会计报告		
8	月度、季度、半年度财务会计报告	10 年	
9	年度财务会计报告	永久	
四	其他会计资料		
10	银行存款余额调节表	10 年	
11	银行对账单	10 年	
12	纳税申报表	10 年	
13	会计档案移交清册	30 年	
14	会计档案保管清册	永久	
15	会计档案销毁清册	永久	
16	会计档案鉴定意见书	永久	

表 7-2　财政总预算、行政单位、事业单位和税收会计档案保管期限表

序号	档案名称	保管期限			备注
		财政总预算	行政单位事业单位	税收会计	
一	会计凭证				
1	国家金库编送的各种报表及缴库退库凭证	10 年		10 年	
2	各收入机关编送的报表	10 年			
3	行政单位和事业单位的各种会计凭证		30 年		包括原始凭证、记账凭证和传票汇总表
4	财政总预算拨款凭证和其他会计凭证	30 年			包括拨款凭证和其他会计凭证
二	会计账簿				
5	日记账		30 年	30 年	
6	总账	30 年	30 年	30 年	
7	税收日记账（总账）			30 年	
8	明细分类、分户账或登记簿	30 年	30 年	30 年	
9	行政单位和事业单位固定资产卡片				固定资产报废清理后保管 5 年
三	财务会计报告				
10	政府综合财务报告	永久			下级财政、本级部门和单位报送的保管 2 年
11	部门财务报告		永久		所属单位报送的保管 2 年
12	财政总决算	永久			下级财政、本级部门和单位报送的保管 2 年

续前表

序号	档案名称	保管期限			备注
		财政总预算	行政单位事业单位	税收会计	
13	部门决算		永久		所属单位报送的保管 2 年
14	税收年报（决算）			永久	
15	国家金库年报（决算）	10 年			
16	基本建设拨、贷款年报（决算）	10 年			
17	行政单位和事业单位会计月、季度报表		10 年		所属单位报送的保管 2 年
18	税收会计报表			10 年	所属税务机关报送的保管 2 年
四	其他会计资料				
19	银行存款余额调节表	10 年	10 年		
20	银行对账单	10 年	10 年	10 年	
21	会计档案移交清册	30 年	30 年	30 年	
22	会计档案保管清册	永久	永久	永久	
23	会计档案销毁清册	永久	永久	永久	
24	会计档案鉴定意见书	永久	永久	永久	

注：税务机关的税务经费会计档案保管期限，按行政单位会计档案保管期限规定办理。

四、会计档案的移交、保管和使用

(一) 会计档案的移交

每个单位的会计档案由财务部门保管 1 年，期满后连同一套档案目录移交给本单位综合档案室保管。财务部门移交档案时，交接双方必须当面验收归档材料是否完整、系统、准确，卷内材料排列、编号是否符合要求，凡不符合要求的案卷，档案室有权拒绝接收，并限期改正后再办理交接手续。档案室对违反财会管理制度的行为有权进行检查纠正。

(二) 会计档案的保管

会计档案整理、归档后，原则上保持原卷的封装，不要随便打乱，不能拆卷，如有特殊情况，必须会同原会计人员和经办人员共同研究决定。任何人不准乱拆、乱订，但原封面不符合要求的，必须按规定要求重新加上封面，并填写好有关项目。会计档案要有专箱存放、保管，方便查找。

(三) 会计档案的使用

会计档案的使用主要包括以下三个方面：

（1）会计分析使用档案。

（2）会计检查使用档案。

（3）日常查考使用档案。

使用、借阅会计档案必须登记，并及时归还。应妥善使用会计档案，不得污损、毁坏，违者要追究责任，情节严重的要依法追究法律责任，严肃处理。

五、会计档案的鉴定、销毁

（一）会计档案的鉴定

会计档案的鉴定分为以下三步：

（1）初步鉴定。档案部门对到期档案依会计档案保管期限表做初步审查，提出销毁意见。

（2）复查鉴定。在初步鉴定的基础上，由档案部门和会计部门进行第二次鉴定，对初步鉴定不恰当的给予纠正。

（3）销毁鉴定。这是最后一次鉴定。由档案部门、财政部门、审计主管部门对销毁档案严格审核，对确实无保存价值的档案做出销毁的决定。

（二）会计档案的销毁

会计档案保管期满需要销毁的，由本单位档案部门提出销毁意见，编制会计档案销毁清册。单位负责人应当在会计档案销毁清册上签署意见。

销毁会计档案时，应由单位档案部门和财务部门共同派员监销。监销人在销毁会计档案前，应当按照会计档案销毁清册所列内容清点核对所要销毁的会计档案；销毁后，应当在销毁清册上签名盖章，并将监销情况报告本单位负责人。

对于保管期满但未结清的债权债务原始凭证和涉及其他未了事项的原始凭证，不得销毁，应单独抽出立卷，由档案部门保管到未了事项完结时。单独抽出立卷的会计档案应当在会计档案销毁清册和会计档案保管清册中列明。

正在项目建设期间的建设单位，其保管期满的会计档案不得销毁。

六、会计电算化条件下的会计档案管理控制

在会计电算化条件下，除了打印输出的账、证、表以外，整个系统开发的全套文档资料都属于会计档案的范围。另外，对存有会计数据的有关介质也应妥善保管。具体包括：

（1）实行会计电算化后的会计档案以计算机打印的书面形式保存，按《会计档案管理办法》的规定执行。

（2）全套系统文档视同会计文档保管，保管期截至该系统停止使用或有重大修改后的3年。

（3）妥善保存会计信息的磁性介质或其他介质，最好将存有会计数据的磁盘放在防潮的容器中保存。

（4）按会计档案管理的有关规定，将计算机打印输出的账簿装订成册，以保证会计档案的安全与完整。

第二节　出纳工作交接

一、出纳工作交接的作用

我国《会计法》第四十一条规定：“会计人员调动工作或者离职，必须与接管人员办

清交接手续。一般会计人员办理交接手续，由会计机构负责人（会计主管人员）监交；会计机构负责人（会计主管人员）办理交接手续，由单位负责人监交，必要时主管单位可以派人会同监交。”出纳人员因故不能在原出纳岗位工作时，必须按有关规定和要求办理好工作的交接手续，做好移交工作。通过交接，可以明确工作责任，便于接办的出纳人员熟悉工作，也有利于发现和处理出纳工作和资金管理工作中存在的问题，预防经济责任事故与经济犯罪的发生。交接后，如发现移交人在交接前经办的出纳业务有违反财务会计制度和财经纪律的，仍应由移交人负责；交接后，移交前的未了事项，移交人仍有责任协助接交人办理。

二、出纳工作交接前的准备工作

为了使出纳工作移交清楚，防止遗漏，保证出纳交接工作顺利进行，出纳人员在办理交接手续前，必须做好以下准备工作：

（1）将出纳日记账登记完毕，并在最后一笔余额后加盖名章。

（2）在出纳日记账启用表上填写移交日期，并加盖名章。

（3）整理应该移交的各项资料，对未了事项写出书面材料。

（4）出纳日记账与库存现金、银行存款总账核对相符，现金账面余额与实际库存现金核对一致，银行存款账面余额与银行对账单核对无误。如有不符，要找出原因，弄清问题所在，并加以解决，务必在移交前做到相符。

（5）编制移交清册。移交清册的内容包括：列明支票张数及支票号码；现金金额及票面额；发票张数及号码；账簿名称及册数；印章及其他物品。

实行会计电算化的单位，从事出纳工作的移交人还应当在移交清册中列明会计软件及密码、会计软件数据磁盘（磁带等）及有关资料、实物等内容。

三、出纳工作交接的内容

出纳工作交接的内容涉及出纳人员经手的会计资料、工作机具、密码印鉴、工作物品等，既有实物又有文件，其中还有一些涉及资金安全的密码、密钥等。由于各单位的具体情况不同，所以，出纳工作交接的具体内容也不可能完全一样。但是，从大的方面来看，出纳工作的交接应包括以下一些基本内容：

（1）会计凭证（原始凭证、记账凭证）、会计账簿（现金日记账、银行存款日记账等）、相关报表（出纳报告等）。

（2）现金、银行存款、金银珠宝、有价证券和其他一切公有物品。

（3）用于银行结算的各种票据、票证、支票簿等。

（4）各种发票、收款收据。包括空白发票、空白收据、已用或作废的发票或收据的存根联等。

（5）印章，包括财务专用章、预留银行印鉴，以及“现金收讫”“现金付讫”“银行收讫”“银行付讫”等业务专用章。

（6）各种文件资料和其他业务资料，如银行对账单，应由出纳人员保管的合同、协议等。

（7）办公室、办公桌与保险工具的钥匙，以及各种密码。

（8）本部门保管的各种档案资料和公用会计工具、器具等。

（9）经办未了的事项。

（10）实行会计电算化的，还应包括会计软件及密码、磁盘、磁带等有关电算化的资料和实物。

四、出纳工作交接的手续

出纳工作的交接必须在规定的期限内，向接交人办理清楚。办理交接手续时，一般应由本单位领导监督进行。具体交接时，监交人必须在场。监交人主要负责监督双方认真交接和履行交接手续，协调交接工作。

移交人在办理移交时，要按移交清册逐项移交，接交人应认真按移交清册逐项核对点收。

（1）现金、有价证券要根据出纳日记账和备查账簿余额进行点收。现金、有价证券必须与会计账簿记录保持一致。如不一致，移交人必须限期查清。

（2）会计凭证、会计账簿等会计资料必须完整无缺。尤其在账簿交接时，接交人应着重核对账账、账物是否一致，核对无误后，交接双方还应在账簿的“经管人员一览表”上签章，并注明交接的年、月、日。

（3）“银行存款”账户余额要与银行对账单核对，如不一致，应当编制银行存款余额调节表调节相符。如经调整，余额仍然不符，应及时查明原因，明确责任。银行存款余额调节表是为核对银行存款日记账和银行对账单是否一致而编制的表格。

各单位在逐笔核对银行存款日记账和银行对账单时，经常发现两者的余额不一致，究其原因主要有两种：双方账目记录发生错误；双方记账都没有错误，但是由于收付款结算凭证的传递和双方入账时间的不同，造成一方已入账而另一方因没有及时收到有关的结算凭证，暂时还不能入账的情况，即因未达账项导致的差异。对于第一种原因，双方要及时查找，立即更正；对于第二种原因，则可通过对未达账项的调整来消除影响。调整未达账项最常用的方法是编制银行存款余额调节表。

各单位的未达账项大概可分为四种情况：

第一，银行已经收款记账，而单位尚未收款记账的款项。

第二，银行已经付款记账，而单位尚未付款记账的款项。

第三，单位已经收款记账，而银行尚未收款记账的款项。

第四，单位已经付款记账，而银行尚未付款记账的款项。

由于以上四种未达账项的存在，单位与银行双方的账面余额出现差异是正常的。

（4）移交人经营的票据、印章和其他实物必须交接清楚。

（5）保险柜密码，重要工作台、室的钥匙应先按实际情况进行交接，待交接完毕后，要重新更换保险柜密码和重要工作台、室的锁具。

（6）实行会计电算化的单位，定期采用计算机打印现金日记账、银行存款日记账和有价证券明细账的，在不能满页打印时，不可在实际操作状态下进行交接，而应将账页打印出来，装订成册，再进行交接。

（7）移交时，应对工作计划和待办事项交代清楚。移交人移交工作计划时，要由移交人详细地介绍计划执行情况以及在日后执行过程中可能出现的问题，以便接交人接管后能顺利地开展工作。移交待办事项时，移交人应将处理方法和有关注意事项向接交人交代清楚，以保证工作的延续性。

（8）交接完毕，交接双方和监交人要在移交清册上签名或盖章。移交清册一般一式三份，交双方各执一份，存档一份。在移交清册上必须填明：单位名称、交接日期、交接双方和监交人的职务和姓名，以及移交清册页数、份数和其他需要说明的问题和意见。移交清册的示例见表 7－3。

表 7－3　　出纳工作移交清册

一、原出纳人员__________因工作调动，将出纳工作移交给__________接管。现办理如下交接。交接日期为____年____月____日。

二、具体业务的移交。

1. 库存现金：账面余额________元，与实存相符，日记账余额与总账余额相符。
2. 库存国库券________元，经核对无误。
3. 银行存款余额________元，与银行存款余额调节表核对相符。

三、移交的会计凭证、账簿、文件。

1. 本年度现金日记账一本。
2. 本年度银行存款日记账一本。
3. 空白现金支票____张（号码________）。
4. 空白转账支票____张（号码________）。
5. 托收承付登记簿一本。
6. 付款委托书一本。
7. 信汇登记簿一本。
8. 金库暂存物品明细表一份，与实物核对相符。
9. 银行对账单____月份____本，____月份未达账项说明____份。

四、印鉴。

1. 财务处转讫印章一枚。
2. 财务处现金付讫印章一枚。
3. 财务处现金收讫印章一枚。

五、保险柜钥匙。

1. 保险柜钥匙一枚。
2. 银行存单处钥匙一枚。
3. 密码。

六、其他工具。

1. 验钞机一台。
2. 支票打印机一台。

七、交接后工作责任的划分。

____年____月____日前的出纳责任事项由________负责，____年____月____日起的出纳责任事项由________负责，以上移交事项均经交接双方认定无误。

八、本清册一式三份，双方各执一份，存档一份。

移交人：
接交人：
监交人：

若出纳交接工作较为复杂，可先按交接的内容编制各类移交表（参见表 7－4～表 7－8）。交接完毕后，进行整理并编制移交清册。

表 7-4　　××企业有价证券及贵重物品移交表

移交日期：　　年　月　日　　　　单位：元　　第　　页

名称	购入日期	单位	数量	金额	备注

移交人：　　　　监交人：　　　　接交人：

表 7-5　　××企业银行存款移交表

移交日期：　　年　月　日　　　　单位：元　　第　　页

开户银行	币种	截止日	账面数	实存数	备注

移交人：　　　　监交人：　　　　接交人：

注：需附有银行对账单及银行存款余额调节表。

表 7-6　　××企业库存现金移交表

移交日期：　　年　月　日　　币种：　　单位：元　　第　　页

面值	数量	移交金额	接收金额	备注

移交人：　　　　监交人：　　　　接交人：

表 7-7　　××企业核算资料移交表

移交日期：　　年　月　日　　　　第　　页

名称	年度	数量	起止号码	备注

移交人：　　　　监交人：　　　　接交人：

注：核算资料主要包括出纳账簿、收据、借据、银行结算凭证、票据领用、票据使用及其他文件资料。

表 7-8　　××企业物品工具移交表

移交日期　　年　月　日　　　　　　　　　　　　　　　　　　第　页

名称	编号	型号	购入日期	单位	数量	备注

移交人：　　　　　　　　　　监交人：　　　　　　　　　　接交人：

注：物品工具包括会计专用用品及工具、一般办公用品。

五、出纳工作交接应注意的事项

（1）出纳人员进行交接时，一般应由会计主管人员监交，必要时，还可请上级领导一同监交。

（2）监交过程中，如果移交人交代不清，或者接交人故意为难，监交人应及时处理裁决。移交人不做交代或者交代不清的，不得离职，否则，监交人和单位领导均应负连带责任。

（3）移交时，交接双方一定要当面看清、点数、核对，不得由别人代替。

（4）交接完成后，接管的出纳人员应及时向开立账户的银行办理更换出纳人员印鉴的手续，检查保险柜的使用是否正常、妥善，保管现金、有价证券、贵重物品、公章等的条件和周围环境是否安全，如不够妥善、安全，要立即采取改善措施。

（5）接管的出纳人员应继续使用移交的账簿，不得自行另立新账，以保持会计记录的连续性。对于移交的银行票据和未用的支票，应继续使用，不要把它搁置、浪费，以免单位遭到损失。

（6）交接完成后，移交人应对自己经办的已经移交的资料的合法性、真实性承担法律责任，不能因为资料已经移交而推脱责任。

主要概念

会计档案

思考讨论

1. 会计档案管理的要求有哪些？
2. 简析出纳交接工作的程序。
3. 出纳交接工作时应注意哪些事项？

案例分析

某公司出纳将退休，准备由新招聘的小李接管出纳工作。小李进公司后除熟悉工作环境外，临时负责公司的日常事务性工作。一天，小李为了给新购进的复印纸腾出存放地点，在既未请示领导又未亲自查看的情况下，擅自将1960年至1970年期间形成的档案从柜中搬出，装入麻袋堆放在文印机要室的一个角落。半年后，小李接任出纳岗位的工作，公司办公室也有了调整，那袋放在文印机要室的档案再也没人问津，最终被人误认为是机要室无用的废纸予以销毁。公司在管理上存在什么问题？

技能实训

［实训目的］

明确做好出纳交接工作的主要事项。

［实训要求］

清楚出纳交接工作的内容、手续；能编制出纳工作移交清册。

［实训考评］

根据出纳交接工作的内容是否全面、交接手续是否完备、出纳工作移交清册的编制是否详尽等做出评定。

图书在版编目（CIP）数据

出纳实务/许秀萍，郑维主编．—2版．—北京：中国人民大学出版社，2019.1
ISBN 978-7-300-26549-0

Ⅰ.①出… Ⅱ.①许… ②郑… Ⅲ.①出纳-会计实务 Ⅳ.①F231.7

中国版本图书馆CIP数据核字（2018）第302051号

21世纪高职高专会计类专业课程改革规划教材
出纳实务（第二版）
主　编　许秀萍　郑　维
参　编　黄倩雪　干晓露
Chuna Shiwu

出版发行	中国人民大学出版社		
社　　址	北京中关村大街31号	**邮政编码**	100080
电　　话	010－62511242（总编室）		010－62511770（质管部）
	010－82501766（邮购部）		010－62514148（门市部）
	010－62515195（发行公司）		010－62515275（盗版举报）
网　　址	http://www.crup.com.cn		
经　　销	新华书店		
印　　刷	山东百润本色印刷有限公司	**版　　次**	2014年2月第1版
规　　格	185 mm×260 mm　16开本		2019年1月第2版
印　　张	13.25	**印　　次**	2021年8月第2次印刷
字　　数	313 000	**定　　价**	29.00元

版权所有　侵权必究　印装差错　负责调换